JN427285

가람 이병기 전집 27

교육학 Ⅲ

— 표준 문예 독본·표준 국문학사 —

이 도서는 2024년 국립대학육성사업의 지원을 받아 수행되었음
이 도서는 2024년 익산시와 전라북도의 지원에 의해 간행되었음

가람 이병기 전집

27

교육학 Ⅲ

표준 문예 독본·
표준 국문학사

전북대학교출판문화원

교육학 Ⅲ

표준 문예 독본 · 표순 국문학사

목 차

표쥰 문예 독본

편집자 주

1. 원본 자체의 맞춤법 오류 바로 잡아 표기하고, 각주를 붙여 원문의 표기를 기록하였다.
2. 일반 문법적 오류 아닌 작가의 시대적 사회적 관련으로 나타나는 비표준어적 표기는 그대로 인정하고 띄어쓰기도 그대로 하였다.
3. 원문의 한글(한자) 표기는 그대로 하였다.

표준 문예 독본

이병기李秉岐 정인승鄭寅承 백철白鐵 편編

『표준 문예독본』, 이병기 정인승 백철 엮음,
신구문화사, 1955. 표지

신구문화사新丘文化史 간刊

일러두기

1. 이 책은 고등학교 국어과의 현대문 보충 교재로 쓰기에 알맞도록 골라 엮은 것이다.
2. 시가, 수필, 기행문, 논문, 평론, 소설, 희곡 등 문학 전반에 걸쳐, 현대 문단의 유명한 대가들의 좋은 작품을 가려 실어, 문예적 취미와 정서적 교양을 향상시키는 동시에, 창작력의 함양과 수사修辭법의 세련洗鍊을 체득體得하게 하도록 힘썼다.
3. 고등학교 교육은 보통 교육으로의 최후 단계인 만큼, 장차 실사회에 나가 실제 활동을 함에서나, 또는 대학 진입을 위하여 입시入試 준비를 함으로서 나를 물론하고, 국어 수양에 전면적의 결정적인 복습 완성이 절대 필요함에 감하여, 이 책을 엮음에 있어 표준말, 표준 기사법, 한자 표준음, 외래어 표준 표기법 등 전반에 걸쳐 정확한 지침指針이 되도록, 광범 또 세밀한 고려를 더하였다.
4. 이 책은 고등학교 교재로 엮은 것이로되, 중학이나 대학 교재로도 쓸 수가 있으며, 또한 일반 독서가나 문필에 종사하는 한국 청년들에게 좋은 동무가 될 만하리라 스스로 믿는 바이다.

단기 4288. 4. 15.

엮은이 적음

목차

24. 노인 찬老人讚(隨筆)

25. 소설의 핀트(論文)

26. 추과 삼제秋果 三題(詩)

27. 작은 용사(童話)

28. 내가 본 세상(隨筆)

29. 시조 감상(評論)

30. 청춘과 예술(隨筆)

31. 나룻배와 행인(詩)

32. 대춘待春(隨筆)

33. 김소월의 추억(追憶)

34. 강화 기행(時調)

35. 조국祖國(戱曲)

표지그림 (馬의 彫刻)

1915년 女流彫刻家 로에더(Emi Roeder) 作

1. 봄비

변영로卞榮魯

나직하고 그윽하게 부르는 소리 있어,
나아가 보니, 아, 나아가 보니,
졸음 잔뜩 실은 듯한 젖빛 구름만이
무척이나 가쁜 듯이 한없이 게으르게
푸른 하늘 위를 거닌다.
아, 잃은 것 없이 서운한 나의 마음!

나직하고 그윽하게 부르는 소리 있어,
나아가 보니, 아, 나아가 보니,
아렴풋이 나는 지난 날의 회상回想 같이
떨리는 뵈지 않는 꽃의 입김만이
그의 향기로운 자랑 안에 자지러지누나!
아, 찔림 없이 아픈 나의 가슴!

나직하고 그윽하게 부르는 소리 있어,

나아가 보니, 아, 나아가 보니,
이제는 젖빛 구름도 꽃의 입김도 자취 없고,
다만 비둘기 발목만 붉히는 은실 같은 봄비만이
소리도 없이 근심 같이 내리누나!
아, 안 올 사람 기다리는 나의 마음!

2. 들

이효석李孝石

꽃다지, 질경이, 냉이, 민들레, 소루쟁이, 달래, 무릇, 시금치, 씀바귀, 돌나물, 비름, 는쟁이,...

들은 온통 초록 전氈에 덮여, 벌써 한 조각의 흙빛도 찾아 볼 수 없다. 초록의 바다다. 초록은 흙빛보다 찬란하고, 눈빛보다 복잡하다. 눈이 하얗게 깔렸을 때에는 흰 빛과, 능금나무의 자줏빛과, 그림자의 옥색빛밖에는 없어, 단순하기 옷 벗은 여인의 나체裸體와 같고, 봄은 옷 입고 치장한 여인과 같다.

흙빛에서 초록으로 — 이 기막힌 신기에 다시 한 번 놀라 볼 필요가 없을까? 땅은 어디서 어느 때, 그렇게 많은 물감을 먹었기에, 봄이 되면 한꺼번에 그것을 이렇게 지천으로 뱉아 놓을까? 바닷물을 고래같이 들이켰던가? 하늘의 푸른 정기精氣를 모르는 결에 함빡 마셔두었던가? 그것을 빗물에 풀어, 시절이 되면 땅 위로 쏟쳐 보내는 것일까? 그러나 한 포기의 풀을 뽑아 볼 때 잎새만이 푸를 뿐이지, 뿌리와 흙에는 아무 물들인 자취도 없음은 웬 일일까?

시험관試驗管 속 붉은 물에 약품을 넣으면, 그것이 금시에 새 파랗게 변하는 비밀, 그것과도 흡사恰似하다. 이 우주의 비밀의 약품 그것은 결국 알 바 없을까? 한 톨의 보리 알이 열 낱으로 나는 이치理致는 가르치는 이 있어도, 그 보리 알에서 푸른 잎이 돋는 조화造化의 동기動機는 옳게 말하는 이 없는 듯하다. 사람의 지혜란 결국 신비神秘 테두리를 뱅뱅 돌 뿐이요, 조화의 속의 속은 언제까지나 열리지 않는 팬도러(Pandora)의 상자일 듯 싶다. 초록 풀에 덮인 땅 속의 뜻은 초록 옷을 입은 여자의 마음과도 같이 엿볼 수 없는 저 건너 세상이다.

야들야들 나부끼는 초목의 양자樣姿는 부드럽게 솟는 음악, 줄기는 굵고, 잎은 연한 멜로디(melody)의 마디마디이다. 부피있는 줄기는 나팔소리요, 가는 가지는 거문고의 음률音律이라고도 할까? 알레그로(allegro)가 지나고 안단테(andante)에 들어갔을 때의 감동 — 그것이 봄의 걸음이다. 풀 위에 누워 있으면 은근한 음악의 율동律動에 끌려, 마음이 너울너울 나부낀다.

꽃다지, 질경이, 민들레…… 가지가지 풋나물을 뜯어 먹으면, 몸이 초록으로 물들 것 같다. 물들어야 될 것 같다. 물들어야 옳을 것 같다. 물들지 않음이 거짓말이다. 물들지 않으면 안될 것 같다.

새가 지저귄다. 꾀꼬리일까:

지평선이 아른거린다.

들은 내 세상이다.

언제까지든지 푸른 하늘을 우러러 보고 있으면 나중에는 현기증이 나며 눈이 둘러 빠질 듯싶다. 두 눈을 뽑아서 푸른 물에 이윽히 채웠다가, 라무네(lemonade) 병 속의 구슬 같이 차진 놈을 다시 살 속에 박아 넣은 것과도 같이 눈망울이 차고, 어리어리하고 푸른 듯하다. 살과는 동떨어진 유리알이다. 그렇게도 하늘은 맑고 멀다. 눈이 아픈 것은, 그 하늘을 발칙

하게도 오랫동안 두려움 없이 똑바로 쳐다볼 수 있는 사람이란, 세상에서도 가장 착한 사람이거나, 그렇지 않으면 가장 용기 있는 악한惡漢이어야 할 것이다. 그렇게도 푸른 하늘은 거룩하다.

눈을 돌리면 눈물이 푹 쏟아진다. 벌판이 새파랗게 물들어 눈앞에 아물아물한다. 이런 때에는 웬 일인지 구름 한 점도 없다. 곁에는 한 묶음의 꽃이 있다. 오랑캐꽃, 고들빼기, 할미꽃, 까치무릇, 마타리. 나는그것을 섞어 틀어 꽃다발을 겯기 시작한다. 각색 꽃잎과 꽃술이 무릎 위에 지천으로 떨어진다. 그것은 헤어지는 석류알보다도 많다.

나는 들이 언제부터 이렇게 좋아졌는지를 모른다. 지금에는 한 그릇의 밥, 한 권의 책과 똑같은 지위를 마음 속에 차지하게 되었다. 책에서 읽은 이론도 아니요, 얻어 들은 이치도 아니요, 몇 해 동안 하는 일 없이 들과 벗하고 지내는 동안에, 이유 없이 그것은 살림 속에 푹 젖었던 것이다. 어릴 때에 친구들과 벌판을 헤매며 찔레를 꺾으러 가시덩굴 속에 들어가고 쇠똥버섯을 따다 화로 속에 굽고, 메를 캐러 밭이랑을 들추며, 골풀로 말을 만들어 끌고 다니느라고 집에서보다도 들에서 더 많이 날을 지우던, 그 때가 다시 부활復活하여 돌아온 셈이나. 사람은 들과 떼려야 뗄 수 없는 인연이 있는 것 같다.

3. 동해안東海岸

노자영盧子泳

황룡산두黃龍山頭를 감도는 백양白羊 떼 같은 구름 덩이를 바라보며 안변역安邊驛에서 지체하기 두 시간, 차는 오후 4시 50분에야 겨우 안변역을 떠나게 되었다. 동해로 가는 기차! 꿈에조차 그립던 동해안을 이제 간다고 생각하니 심두心頭에 떠오르는 양미凉味는 살찐 유월의 녹음보다 더 시원하다.

차는 남천강南川江을 건너기 시작한다. 삼방三防 협곡峽谷과 석왕사釋王寺의 고운 정기精氣를 모두 싣고 둘레를 치고 굽이를 돌아 유유悠悠히 흘러오는 이 강수江水 이 고운 물결은 안변安邊 수전水田에 생명수生命水가 되어 연산年産 13만 석石이라는 큰 수확收穫을 주지 않는가? 차는 남천강을 건너고 오계 역梧溪驛을 지나 달아나기 시작한다. 차창으로 내다보니 멀리 산협山峽을 격隔하여 하늘의 은하銀河같이 허옇게 가로 막힌 것은 동해의 원경遠景이다.

꿈에조차 그립던 동해의 푸른 물이
저 멀리 하늘 가에 그림같이 비껴 있네.

이 맘도 흰 새가 되어 저 물 위에 날고저.

여기서부터는 동해안 지역地域이다. 그러나 차는 우회迂廻를 피하여 산중 계변溪邊으로 질주疾走한다. 찔레꽃이 눈송이같이 피어 있고 송림松林 사이에서는 노란 꾀꼬리가 푸두둥 뛰어 나온다. 초롱 같은 하얀 패래꽃 빼꾹초草 모두 볼 수가 있었다. 그러나 차가 어느덧 계곡溪谷을 넘어서니 망망茫茫한 동해가 하늘과 함께 안계眼界에 벌어진다. 어느덧 상음역桑陰驛, 여기는 요새 지대要塞地帶다. "촬영불가撮影不可"라고 간판看板이 붙어 있다. 앞으로는 가도 없고 끝도 없는 듯한 대해大海의 전개展開, 옆으로는 조그만 섬 하나가 반신半身을 해중海中에 파묻고 고요히 있다.

상음역을 떠난 차가 턴넬(tunnel)을 두어 곳 넘어서더니 동해를 발밑에 끼고 평행선平行線을 그리기 시작한다. 차창으로 손을 내밀면 동해수東海水를 한 줌 쥐어 올 듯. 아 그립다, 파란 물결이여! 작곡가作曲家 요한 웨슬레(John Wesley)가 다늅(Danube) 강江을 보고 "블류 리버"(Blue River)라고 찬미讚美하였으나, 사실 그 강을 가본 사람들은 그 강이 황토빛이라고 질색을 안나. 그러나 리본풀(ribbon-grass)보나 맑고 청조靑鳥의 날개보다 더 파란 이 물결은 뭐라고 찬사讚辭를 드릴 것인가? 하늘의 은하와 합수合水인 듯, 구슬을 깔아 놓은 듯한 이 동해는 영원의 청수경靑水鏡이라고나 할까?

금강산이 이 물결에 비치고, 이 물결이 금강산을 비춰, 언제나 맑은 자태는 천하의 한 폭 그림이리라. 더구나 기변磯邊에 부딪치는 고운 물결, 바위에 부딪치며 철썩하고 흩어지는 허연 물결은 하얀 찔레꽃이 바람에 지듯, 고운 구슬이 공중에 날듯, 그 고운 동작을 멈출 때가 없다. 황해안黃海岸은 간조干潮의 차差가 20여 척尺이나 되지마는, 동해안은 간조의 차가 별로 없다. 그래서 물결은 언제나 한 모양으로 철썩거린다. 인형人形의 바위 위에 백진주白眞珠를 조각彫刻한 듯, 고운 수포水泡 그 너머로 백범白帆이 조는 듯이 떠 있다. 어촌漁村을 지나고, 해만海灣을 돌고, 괴암怪岩의 기변磯邊으로 평행선을 그리고, 차는 언제나 멈출 줄을 모른다.

손을 잠그고 발을 넣을 듯한 동해변東海邊. 사람들은 지중해地中海가 맑고 나폴리(Napoli)가 좋다고 한다. 이탈리(Italy) 사람들은,

"나폴리! 아름다운나폴리!

죽기 전 나폴리를 보라."

고 말한다. 그러나 동해의 고운 물은 지중해에 비할 바가 아니다. 언제나 흐릴 줄을 모르고 언제나 붉을 줄을 모르는 상벽常碧의 바다! 아, 동해안은 하느님의 사랑하시는 호수湖水이리라. 이탈리 사람들은 나폴리의 바다를 보고 죽으라 하지마는, 나는 동해의 고운 바다를 보고 죽으라 하고 싶다.

동해의 푸른 바다는 당신의 가진 거울보다 더 맑고, 기변磯邊에 부딪치는 물결은 당신의 손에 끼신 진주眞珠보다 더 고우리라. 인어人魚가 암사슴의 대신으로 바다에 헤엄을 치고, 산호珊瑚가 삼월화三月花보다 더 곱게 피었으리라. 동해를 아니 보고 어찌 천하의 바다를 말할 것인가?

차는 좌우로 청송 백사靑松白砂를 끼고 달아난다. 여기는 자동 역慈東驛이다. 유난히도 소나무가 많다. 턴넬을 지나고, 나오고 또 들어가고, ―차는 턴넬 속으로 숨바꼭질을 여러 번 한다. 그러나 옆에는 언제나 소나무들이 청청한 머리채로써 시원한 그늘을 드리우고 있다. 그리고 한편으로는 눈 같은 모래가 임의 발자국이나 기다리는 듯이 곱게 펴어 있지 아니한가?

동해를 보고 죽자! 문호文豪 도데(Daudet)는 북해北海의 고래가 되고

싶다고 하였다. 그러나 나는 동해의 고래가 되고 싶다. 상벽常碧의 동해를 나의 유장遊場삼아 금강산에 비낀 달을 언제나 바라보면 이에 더한 기쁨이 없을 것이다. 내 마음은 노래를 잊은 카나리아(canary)였다. 그러나 오늘 저녁만은 다시금 한 마리 새가 되어 이 해변海邊에 날 듯하다.

4. 식목제植木祭

유치환柳致環

보라, 오늘,
보라빛 장백산맥長白山脈이 남으로 남으로 갈래 뻗은
아시아 동쪽 작은 반도半島의 산이란 산, 메란 메엔,
그 골짜기에 깃들여 사는 온 백성들이,
양춘의 따뜻한 햇빛을 받고 올라가,
옛 이스라엘 족속들이 나라를 찾아 광야에 호소하듯,
오랜 인욕忍辱에 헐벗긴 어머님인 조국을 애석하여,
마음으로 나무를 심어 아끼기에 강산이 허옇나니.

이 땅 아들딸의 눈물과 한숨이
속속들이 스며든 애닯은 산천이기에,
한 줌 흙, 한 포기 풀일망정
어찌 제 피나 살인 양 아끼지 않으랴?
이렇게 한 줄기 나무를 국토에 심음으로,
지난 날 무릅쓴 절치切齒를 다시 맹세하고,

엎드려 심는 포기포기 단성丹誠이 엉키었나니.

뜻 있는 나무여,
지난 날엔 그 불측한 능멸과
자신의 분노에 차라리 자라지 못했거니,

오늘은 이 호호浩浩한 대기大氣속에
백성의 지성至誠한 축복을 받들어
일월 성신과 더불어 울창하여
아아, 우렁찬 대국大國의 동량棟梁이 되라.

5. 보리

한흑구韓黑鷗

1.

보리.

너는 차거운 땅속에서 온 겨울을 자라 왔다.

이미 한 해도 저물어, 논과 밭에는 벼도 아무런 곡식도 남김없이 다 거두어 들인 뒤에, 해도 짧은 늦은 가을날, 농부는 밭을 갈고, 논을 잘 손질하여서, 너를 차디찬 땅속에 깊이 묻어 놓았었다.

차거움에 응결된 흙덩이들을, 호미와 고무래로 낱낱이 부숴 가며, 농부는 너를 추위에 얼지 않도록 주의해서, 굳고 차거운 땅속에 깊이 묻어 놓았었다.

"씨도 제 키에 열 길이 넘도록 심어지면, 엄이 나오기 힘이 든다."

옛 늙은 이의 가르침을 잊지 않으며, 농부는 너를 정성껏 땅속에 묻고, 이제 늦은 가을의 짧은 해도 서산을 넘은 지 오래이고 날개를 자주하여 까마귀들이 깃을 찾아 간 지도 오랜, 어두운 들길을 걸어서, 농부는 희망의 봄을 머리 속에 간직하며, 차거운 허리도 잊고 집으로 돌아오곤 했다.

2.

온갖 벌레들도 부지런한 꿀벌들과 개미들도, 다 제 구멍 속으로 들어가고, 몇 마리 산새들만이 나지막하니 울고 있던 무덤 가에는, 온 여름 동안 키만 자랐던 속새풀 더미가, 갈대꽃 같은 솜꽃만을 싸느란 하늘에 날리고 있다.

물도 흐르지 않고, 다 말라 버린 갯장변 밭둑 위에는, 앙상한 가시덤불 밑에, 늦게 핀 들국화들이 찬 서리를 맞고, 고개를 숙이고 있었다.

논둑 위에 깔렸던 잔디들도, 푸른 빛을 잃어버리고, 그 맑고 높던 하늘도 검푸른 구름을 지니고 찌푸리고 있는데, 너, 보리만은 차거운 대기大氣 속에서, 솔잎 끝과 같은 새파란 머리를 들고, 머리를 들고, 하늘을 향하여, 하늘을 향하여, 솟아 오르고만 있었다. 이제 모든 화초는 지심地心 속의 따스함을 찾아서, 다 잠자고 있을 때, 너, 보리만은 그 억센 팔들을 내뻗치고, 새말간 얼굴로 생명의 보금자리를 깊이 뿌리박고 자라 왔다.

날이 갈수록 해는 빛을 잃고, 따스함을 잃었어도, 너는 꿈쩍도 아니하고, 그 푸른 얼굴을 잃지 않고 자라 왔다.

칼날 같이 매서운 바람이 너의 등을 밀고, 얼음 같이 차디찬 눈이 너의 온몸을 덮어 엎눌러도 너는 너의 푸른 생명을 잃지 않았었다.

지금 어둡고 차디찬 눈 밑에서도, 너, 보리는 장미꽃 향내를 풍겨 오는 그윽한 유월의 훈풍薰風과, 노고지리 우지지는 새파란 하늘과, 산 밑을 휜히 비추어 주는 태양을 꿈꾸면서, 오로지 기다림과 희망 속에서, 아무 말이 없이 참고 견디어 왔으며, 오월의 맑은 하늘 아래 아직도 쌀쌀한 바람에 자라고 있다.

3.

춥고 어두운 겨울이 오랜 것은 아니었다.

어느덧 남향 언덕 위에 누른 잔디가 속잎을 날리고, 들판마다 민들레가 웃음을 웃을 때면, 너, 보리는 논과 밭과, 산등성이에 까지, 이미 푸른 바다의 물결로서 온 누리를 덮는다.

보리다.

낮은 논에도, 높은 밭에도 산등성이 위에도 보리다. 푸른 보리다. 푸른 봄이다.

아지랑이를 몰고 가는 봄바람과 함께 온 누리는 푸른 봄의 물결을 이고, 들에도, 언덕 위에도, 산등성이에도, 봄의 춤이 벌어진다. 푸르른 생명의 춤, 새말간 봄의 춤이 흘러 넘친다.

이윽고 봄은 너의 얼굴에서, 또한 너의 춤 속에서, 노래하고 또한 자라난다.

아침 이슬을 머금고, 너의 푸른 얼굴들이 새 날과 함께 빛날 때에는, 노고지리들이 쌍쌍이 짝을 지어, 너의 머리 위에서 봄의 노래를 자지러지게 불러 대고, 너의 깊고 아늑한 품속에 깃을 들이고, 사랑의 보금자리를 틀어 놓는다.

4.

어느덧 갯장변에 서 있는 수양버들이 그의 그늘을 시냇 속에 깊게 드리우고, 나비들과 꿀벌들이 들과 산 위를 넘나들고, 뜰안에 장미들이 그 무르익은 향기를 솜같이 부드러운 바람에 풍겨 보낼 때면, 너, 보리는 고요히 머리를 숙이기 시작한다.

온 겨울의 어둠과 추위를 다 이겨 내고, 봄의 아지랑이와, 따뜻한 햇볕과, 무르익은 장미의 그윽한 향기를 온몸에 지니면서, 너, 보리는 이제 모든 고초와 사명을 다 마친 듯이, 고요히 머리를 숙이고, 머리를 숙이고, 성자聖者인 양 기도를 드린다.

5.

이마 위에는 땀방울을 흘리면서, 농부는 기쁜 얼굴로 너를 한아름 덤썩 안아서, 낫으로 스르릉스르릉 너를 거둔다.

농부들은 너를 먹고 살고, 너는 또한 농부들과 함께 자란다.

너, 보리는 그 순박하고, 억세고, 참을성 많은 농부들과 함께 자라나고, 또한 농부들은 너를 심고, 너를 키우고, 너를 사랑하면서 살아 간다.

6.

보리, 너는 항상 그 순박하고, 억세고, 참을성 많은 농부들과 함께, 이 땅에서 영원히 사라지지 않을 것이다.

6. 수필隨筆의 영역領域

김진섭金晉燮

수필은 문학이냐, 혹은 문학이 아니냐? 그것이 만일에 문학이라면 수필은 문학의 어떤 분야分野에 속할 것이냐 하는 것이 과제課題이다.

수필이라는 것이 원래 극히 막연漠然하고 광범廣範한 문학 형식인만큼 간단히 설명하고 규정規定하기는 물론 곤난하다. 왜냐하면, 시時, 소설小說, 희곡戲曲등속의 문학이 일견 명료一見明瞭한 형식을 가지고 있는 데 대해서, 수필은 문학으로서의 일정한 형식을 갖지 못하고, 또 그것이 차라리 작품으로서의 형식을 갖지 않는 데에 그 특질이 있기 때문이다. 그것은 경우에 따라서는 제약制約도 없으며, 질서秩序도 없으며, 계통系統도 없이 자유롭고 산만散漫하게 쓰인 모든 문장까지도 포함할 수 있는 까닭으로, 수필은 흔히 비 문학적非文學的인 인상印象을 사람에게 주는 것이지마는, 사실, 문학은 자기의 협애狹隘한 영역 안에 수필이라 하는, 이 자유분방自由奔放하고 경묘 탈쇄輕妙脫灑하고 변화 무쌍變化無雙한 양자樣姿를 포용包容하기 어려운 느낌이 없지 않다.

그래서, 설사 분망 중奔忙中에 쓰인 일편의 서한書翰, 남 몰래 적힌 일엽一葉의 일기라도 그 문장 속에 필자筆者 그 사람의 생명이 약동躍動하고 있기만 하면, 그것이 훌륭한 수필 문학일 수 있는 것은 물론이요, 또 수필은 항상 형식을 무시하며, 그 점에 있어서 문학으로부터서의 이탈離脫을 선천적先天的으로 꾀하는 자인 까닭으로, 필자 자신이 전문적 수필가 내지乃至는 전문적 문인文人에만 한할 필요가 없음은 두말할 것이 없고, 그 제재題材 역시 그것이 반드시 "문학적인 것"일 필요도 조금도 없는 것이니, 여기 가령 과학자가 과학을 말하든, 정치가가 정치를 말하든, 혹은 여행가가 만연漫然한 견문見聞을 말하든, 여하간 말하는 사람의 누구임과 말하는 대상이 무엇임을 막론하고, 말하는 그 사람의 심경心境이 전 인생 위에 확충擴充되어 있기만 하면 그 말은 반드시 문학적 가치를 갖게 되기 때문이다.

그러므로 수필은 모든 영역에서 발견될 수 있는 것이요, 문학적 영역과 문학인의 필단筆端에서만 제공提供되는 것은 결코 아니다. 고도高度의 지식과 관찰력을 구비한 사람이 방관적 태도로 인생 사상事象을 관찰하여, 거기서 느낀 감흥을 솔직히 고백할 때 필자의 지성知性과 감성感性이 아울러 풍부하면 풍부할쑤록, 또 그것을 고백하는 결심이 고결高潔하면 고결할수록, 그 수필의 문학적 생명이 오랜 것은 두말할 것이 없다.

수필에 있어서 중요한 특성이 되는 것은 숨김없이 자기를 말한다는 것과, 인생 사상事象에 대한 방관적 태도, 이 두 가지에 있을 따름이요, 이것만을 기초基礎로 삼고 붓을 고요히 들매, 제목 여하는 물을 필요가 없다.

수필은 무엇이든지 담을 수 있는 용기容器라고도 볼 수 있을찌니, 무엇을 그 속에 담든 그것은 오로지 필자 자신의 자유로운 선택에 맡길 수밖에 없고, 그래서 수필은 그 담은 내용과 그것을 요리하는 필자에 의해서 그 취향趣向이 여러 가지로 변화할 것은 또한 물론이다.

그것을 요리하는 필자의 소질素質 여하, 기호嗜好 여하에 의해서, 혹은 경쾌輕快한 만문漫文이 될 수도 있는 것이고, 혹은 여운餘韻이 높은 산문시散文詩가 될 수도 있을 것이니, 모든 사람에게서 그리고 모든 영역에서 올 수 있는, 이 수필의 종별種別이 변화 무쌍할 것은 이理의 당연한 일이다, 확실히 문학은 수필에 의하여 자기의 영역을 넓히고 있고, 또 자기를 풍부하게 하여 가고 있는 것이 사실이다.

수필에는 일정한 형식이 없고, 또 모든 것이 수필의 재료가 될 수 있는 동시에, 아무렇게나 마음대로 쓸 수 있는 데에 수필이 횡행橫行 발호跋扈하는 이유가 있지마는, 또 수필은 누구나 쓸 수 있고 쓰기도 쉬운 대신, 좋은 수필을 얻기란 실로 곤난한 것이니, 수필만큼 단적端的으로 쓴 사람 자신을 표시하는 문장은 다시 없으며, 원래 좋은 수필에는 그 근저根柢에 특이特異한 "사람의 마음"이 있지 않아서는 아니 되기 때문이다. 수필은 문학 권내圈內뿐만이 아니라, 다른 영역으로부터서도 와서 문학 자체의 영역까지를 넓힌 것은 사실이로되, 좋은 수필이 흔하지 못한 사정은 확실히 문학의 권위權威를 저속低俗하게 하였다.

그러나, 물론 그 죄는 문학적 형식으로서의 수필 자체가 질 것은 아니요, 나쁜 수필을 쓰는 어중이가 져야 할 것은 두말할 것이 없다.

7. 물새 알 산새 알

박목월朴木月

물새는
물새래서, 바닷가 모래밭에
알을 낳는다.
보얗게 하얀
물새 알.

산새는
산새래서, 잎수풀 둥지 안에
알을 낳는다.
알락달락 얼룩진
산새 알.

물새 알은
간간하고 짭짜름한
미역 냄새,

바람 냄새.

산새 알은
달큼하고 향깃한
풀꽃 냄새,
이슬 냄새.

물새 알은
물새 알이래서,
아, 날갯죽지 하얀
물새가 된다.

산새 알은
산새 알이래서,
머리 꼭지에 빨강 댕기를 드린
산새가 된다.

8. 용기勇氣

이광수李光洙

사람이 이 세상에 있어 함이 있고자 하면, 먼저 용기가 있어야 합니다. 아무리 앎이 많고, 아무리 재주가 크더라도, 만일 용기가 없으면, 그는 아무 일도 할 수 없으리다.

용기가 없으면, 새로운 일을 비롯하지 못하며, 비롯된 일을 잘 만들지 못하며, 잘 만든 일을 좋이 지키지 못합니다. 일과 용기의 관계를 견주어 보건대, 기관機關과 기차 같은 것이니, 기관 없는 기차가 어떻게 움직이리까? 나아가리까? 그 가고자 하는 곳에 나다르리까?

용기란 것을 널리 말하면, 무엇이든지 얼른 달겨들고, 굳이 지켜 가는 힘이라 할 터이나, 참 용기는 오직 좋은 일과, 옳은 일에만 나타나는 힘을 가리킴이외다.

세상 일의 많음이 소의 털 같사외다. 그러므로 용기를 무덕지게 가져야 합니다. 무슨 일함의 어려움이 맨손 끝으로 시우쇠를 뚫음 같사외다. 그러하므로 날랜 기운을 달구고 달구어, 그 끝을 열쌔게 하여야, 뚫고 나가는 것입니다. 또 사람은 어느 때, 어느 곳에서 무슨 일이 얼마만큼 생길 것을 모르고 지냅니다. 그러하므로 늘 용기를 몸에 가득하게 하여야, 때와 일을 따라, 부릴 수 있습니다.

한국에 예로부터 큰 용기를 드러낸 이가 많으니, 그 어른들의 용기가 각각 그 세상 사기史記를 꽃밭 같이 아름답게 하였습니다. 그 어른들의 이름은 혹 이름난 장수와, 혹 큰 일 한 영웅으로, 아무 때까지든지 한결같이 우리들에게 기림을 받습니다.

그러나, 용기는 쌈하는 마당이나, 큰일에만 드러나는 것이 아니라, 아무 때 아무 일에라도 드러나는 것이니, 우리들이 참 용기를 가졌기만 하면, 날마다 지내는 작은 일에도, 큰 용기를 부려 볼 기회가 많이 있는 것이외다.

옳음을 함이 큰 용기외다. 그름을 아니함이 또한 큰 용기외다.

옳은 일에 몸과 목숨을 버리되, 싫다 아니함은 가장 기릴 만한 용기외다. 그 대신 그른 일에는 눈과 마음을 두기만 하여도, 이것이 가장 용기 없는 일이외다.

옛날 용기 있는 이는, 다 옳은 일 하려 하는 마음은 채찍질을 하고, 그른 일에 가는 손은 칼질을 하던 사람들이외다.

그른 일을 아니하려면, 큰 용기가 있어야 합니다. 그른 일이 버릇된 것을 떼는 데는 더욱 큰 용기가 있어야 합니다. 속으로 그른 마음 뿌리를 빼어 버리는 용기는 밖으로 큰 대적對敵을 물리치는 용기보다 덜하지 아니하외다.

사람은 약한 것이외다. 용기를 가진 뒤에 굳세어집니다. 일은 어려운 것이외다. 용기 앞에만 쉬워집니다. 모든 사람과 일이 다 가지런한 것이외다. 오직 용기를 드러내는 사람과, 용기를 드러낸 일이 우뚝하게 그 위에 솟아납니다.

무엇이든지 하려 하면, 용기가 있어야 합니다. 아무든지 이기려 하면,

용기가 있어야 합니다. 천만 사람이 앞에 있을찌라도, 내가 가려 하면, 용기가 있어야 합니다. 모든 사람이 다 버리는 일을 혼자 하려 하면, 용기가 있어야 합니다. 모든 사람이 다 그렇지 아니하다 하는 마당에서도, 나 혼자 그렇다 하려 하면, 용기가 있어야 합니다. 해진 옷과, 떨어진 신으로, 훌륭한 옷 입은 이 틈에 섞여, 부끄러워하지 아니하려 하면, 용기가 있어야 합니다. 아는 것을 안다 하고, 모르는 것을 모른다 하려 하면, 용기가 있어야 합니다. 할 일을 하고, 아니할 일을 아니하려 하면, 용기가 있어야 합니다. 구차한 속에서, 내 지키는 바를 지키고, 비웃음과 못견디게 구는 밑에서, 내 하는 바를 하려 하면, 용기가 있어야 합니다. 분함을 견디고, 욕됨을 참아서, 다른 날 크게 됨을 기다리려 하면, 용기가 있어야 합니다. 넘어지면 일어나고, 부서지면 주워 모아서, 마지막 되기까지 가려 하면, 용기가 있어야 합니다. 크고 좋은 일을 하여, 크고 좋은 사람이 되려 하면, 반드시 용기가 있어야 합니다.

이 세상 모든 것이 다 용기 있는 이의 차지외다. 우리들은 용기를 기르고, 쌓고, 그리하여 부립시다. "용기 있는 이", 이 이름으로 우리를 부르게 합시다.

9. 무지개

김동인金東仁

비가 개었다.

동시에 저편 벌 건너 숲 위에는 둥그렇게 무지개가 뻗쳤다. 오묘하신 하느님의 재주를 자랑하듯이 칠색의 영롱한 무지개가 커다랗게 숲 이편 끝에서 저편 끝으로 걸치어졌다.

소년은 마루에 걸터앉아서 그것을 바라보고 있었다. 소년의 마음은 차차 뛰놀기 시작하였다. 찬란히 빛나는 무지개는 마치 소년을 오라는 듯이 그의 아름다운 자태를 소년의 앞에 커다랗게 벌리고 있었다.

한나절을 황홀히 그 무지개를 바라보고 있던 소년은 마음 속에 커다란 결심을 하였다.

"그 무지개를 잡아다가 뜰 안에 갖다 놓으면 얼마나 훌륭하고 아름다울 것인가?"

소년은 방 안에 있는 어머니를 찾았다.

"어머니!"

"왜?"

어머니는 바느질을 하던 손을 멈추고 사랑하는 아들을 내다보았다.

"어머니. 나, 저 무지개 잡으러 가겠어요, 예?

어머니는 일감을 놓았다. 그리고 뚫어질 듯이 아들의 얼굴을 보았다.

"예?"

"얘야, 무지개는 못 잡는단다. 멀리 하늘 끝 닿는 데 있어서 도저히 잡지 못한단다."

"아니예요, 저 벌 건너 숲 위에 걸려 있는데......"

"아니다. 보기에는 그렇지만, 너의 이 어머니도 오십 년 동안을 그것을 잡으려면서 도 그것을 못 잡았구나."

"그래도.....난 잡아요, 예? 내 얼른 가서 잡아 올게."

어머니는 다시 일감을 들었다. 그러나 그의 눈에는 수심이 가득 찼다.

"예? 가요."

찬란히 빛나는 무지개의 유혹은 이 소년에게는 무엇보다도 더 강한 것이었었다. 어머니의 사랑이 품보다도, 따뜻한 가정보다도, 맛있는 국밥보다도, 무지개의 유혹뿐이 이 소년의 마음 전체를 누르고 지배하였다. 네 번 다섯 번 소년은 어머니에게 간청하였다.

어머니도 마침내 이 소년의 바람은 꺾을 수 없이 강한 것임을 알았다. 그리고 뜻에 없는 허락을 하였다.

"정 그럴 것 같으면 가 보기는 해라. 그러나 벌 건너 저 숲까지 가 보고 거기서 잡지 못하거든 꼭 돌아와야 한다."

그런 뒤에 어머니는 아들을 위하여 든든히 차림을 차려 주어서 떠나보냈다.

"어머니! 그럼 내 얼른 가서 잡아 올께요. 꼭 기다려 주세요."

그리고 커다란 희망으로 떠나는 아들을 늙은 어머니는 눈물로써 보냈다.

소년은 걸음을 다하고, 힘을 다하여, 벌을 건너 갔다. 그리고 바라던 숲에까지 이르렀다.

그러나 이상ㅎ다. 무지개는 벌써 그 곳에 있지 아니하였다. 찬란히 빛나는 무지개는 더 저편으로 썩 물러서서, 그래도 소년을 이끄는 듯이 아름다운 자태를 커다랗게 벌리고 있었다.

"가깝기는 가까왔다. 그러나 좀 더 가야겠구나!"

소년은 또 다시 무지개를 바라고 갔다.

소년의 몸은 좀 피곤하여졌다. 동시에 마음도 좀 피곤하여졌다. 그러나 눈앞에 찬란히 빛나는 무지개를 바라볼 때에 소년은 용기를 다시 내어서 무지개를 향하여 걸었다.

얼마만큼 가서 이만하면 되었으려니 하고 소년은 눈을 들어서 보았다. 그러나 찬란히 빛나는 무지개는 역시 같은 거리에서 그를 오라고 유혹하고 있다.

소년은 높은 메도 어느덧 하나 넘었다. 넓은 강도 하나 건넜다.

그러나 무지개는 좀체 잡을 수가 없었다.

그러나, 그러나 그 무지개의 찬란한 광채는 끊임없이 소년을 오라는 듯이 유혹하였다. 잡힐 듯 잡힐듯하면서도 잡혀 주지 않는 그 무지개는 역시 소년에게는 커다란 유혹이었었다.

소년은 용기를 내었다. 그리고 무지개를 향하여 또 달음박질하였다.

무지개를 잡으려는 오로지 한 조각의 붉은 마음으로 피곤도 잊고, 아픔도 잊고, 뛰어가던 소년은 어떤 산마루에 까지 이르러서 마침내 쓰러졌다. 인제는 한 걸음도 더 걸을 용기와 기운이 없었다.

소년은 그 자리에 쓰러지면서 피곤한 잠에 잠기고 말았다.

어지럽고 사나운 꿈 —그 가운데서도 소년의 눈에는 끊임없이 찬란한 무지개의 광채가 어릿거렸다. 그리고 그 무지개의 광채와 어울리는 아름다운 음악이 끊임없이 들렸다.

많은 소년들과 많은 소녀들이 꽃으로 온 몸을 장식하고, 팔을 서로 맞잡고 노래하며 돌아가고 있었다. 그리고 그 소년 소녀의 둥그러미 속에는 칠색이 영롱한 무지개가 마치 자기의 둘레에 있는 많은 소년과 소녀들을 애호하듯이 커다랗게 팔을 벌리고 있었다.

"즐거움은,

행복은,

뉘 것?

누릴 자

누구?"

소년과 소녀들의 노래 소리는 부드럽고 아름답게 울려 온다.

얼마를 이러한 꿈에 잠겨 있던 소년은 그 꿈에서 펄떡 깨면서 눈을 떴다.

조금 아래 그다지 멀지 않은 곳에서, 무지개는 역시 이 소년의 오기를 기다리는 듯이 아름다운 광채를 내며, 팔을 벌리고 있었다.

"조금 더! 이제 한 걸음!"

소년은 후더덕 일어섰다.

쏘는 다리, 저린 오금!

피곤으로 말미암아 소년은 하마터면 넘어질 뻔하였다.

소년은 다리에 힘을 주었다.

온 몸에 있는 힘을 다 주었다.

눈 아래에서 황홀히 빛나는 무지개는 그로 하여금 없는 힘을 다시 내게 한 것이었었다. 또다시 그는 무지개를 향하여 달음박질을 하였다.

그러나, 산 중턱에 걸린 줄 알고 뛰어 내려오던 소년은 중턱에서 무지개를 만나지 못하였다. 그리고 산 아래까지 그냥 내려왔지만 무지개는 역시 멀리 물러 서서 마치 소년의 어리석음을 비웃는 듯이 빛나고 있었다.

"아, 곤하다!"

소년은 맥이 풀려서 털썩 주저앉았다.

소년은 뒤숭숭한 소리에 놀라 깨었다. 그는 피곤함을 못 이기어 어느덧 또한 쓰러져서 잠이 들었었던 것이었다.

깨어서 보니까 그 근처에는 어느덧 많은 소년들이 모여 있었다. 그리고 그들은 무엇을 다투고 있었다. 무엇을 다투는가고 자세히 들으니 그들은 무지개의 있는 방향을 서로 이 편이다 저 편이다 다투는 것이었었다.

"무지개는 이편 쪽에 있다."

어떤 소년은 동쪽을 가리키며 이렇게 말했다.

"정신없는 소리 말아라. 무지개는 저 쪽에 있다."

다른 소년은 반대했다.

"너희들은 눈이 있냐, 없냐? 무지개는 저 쪽에 있지 않냐?

아직껏 너희들에게 속아서 너희들만 따라 왔지만 무지개는 역시 내 생각대로 저쪽에 있다."

또 다른 소년은 또 다른 데를 가리켰다.

그러나, 그 많은 소년들이 제각기 가리키는 곳이 한 곳도 정확한 곳이 없었다. 모두 뚱딴지 곳만 가리키면서 서로 다투고 있는 것이었다.

우리의 소년도 마침내 일어났다. 그리고 점잖은 웃음으로 그들을 찾았다.

"여보시오! 당신네들도 무지개를 잡으러 떠난 분들이요?"

"그렇소."

"당신네의 말을 들으니까 무지개는 이 곳에 있다, 저 곳에 있다, 다투는 모양이지만 무지개는 바로 요 앞에 있지 않소?"

소년은 무지개를 손가락으로 가리켰다. 다른 사람들은 소년의 가리키는 곳을 바라보았다. 그러나 무지개는 보이지 않는 모양이었었다. 역시 다툼은 계속되었다.

그리고 한참 서로 다투던 소년들은 의견이 모두 맞지 않아서, 그 곳에서 제각기 제가 생각하는 곳을 찾아서 아름다운 무지개를 잡으러 서로 손을 나누어서 떠나기로 하였다.

그것을 눈이 멀거니 바라보고 있던 우리의 소년도 마침내 일어섰다. 그리고 그는 그 자기가 무지개가 있다고 믿는 곳을 향하여 또한 피곤한 다리를 옮겼다.

무지개는 역시 소년의 눈앞 몇 걸음 밖에서 찬란한 광채를 내고 있었다.

"이번에는 꼭…!"

눈앞에 커다랗게 보이는 무지개에 소년의 용기는 백 배나 더하여졌다.

어떤 곳에서 소년은 또 다른 많은 소년의 무리를 보았다. 그들은 모두 든든한 길신갈이를 차리고 있었다. 소년은 그들에게 가까이 가서 말을 붙여 보았다.

"노형들은 어디로 가시오?"

"가는 게 아니라, 갔다가 오는 길이요."

뭇 소년들은 이구 동성으로 대답을 하였다. 그들은 모두 끝없이 피곤한 듯이 눈에는 정기가 없고, 몸은 쇠약으로 말미암아 떨고 있었다.

"어디를 갔다가 오시오?"

"무지개를 잡으러."

"예? 그래 잡았소?"

"여보, 말도 마오. 그것에 속아서 공연히 좋은 세월을 헛되이 보냈소."

"집을 떠난 것은 언제쯤이요?"

"모르겠소. 감감하니까……"

"그래, 이젠 그만두겠소?"

"그만두지 않고! 눈앞에 보이는 것 같기에 그것에 속아서 이제나 저제나 하고 아직껏 왔지만, 인젠 무지개라는 것은 도저히 잡지 못할 것인 줄을 깨달았소."

"그래도 요 앞에 있지 않소?"

"하하하…"

그들은 웃었다.

"그러기에 말이요. 눈앞 몇 걸음 앞에 있는 것 같기에 그것에 속아서 아직껏 세월만 허송했소."

소년은 낙담하였다. 그리고 자기도 그만 돌아가 버릴까 하였다.

그러나 이상ㅎ다. 그 때에 그 무지개는 쑥 더 소년에게 가까이 오며, 그 광채며 빛깔이 더욱 영롱하여져서 단념하려는 소년으로 하여금 또다시 단념ㅎ지 못하게 하였다.

"아아 아!"

소년은 커다란 한숨과 함께 다시 용기를 내었다.

"여보! 조금만 더들 가 봅시다그려, 조금만."

소년은 그들에게 동행을 청하였다. 그러나 그들은 끝끝내 듣지 않았다.

몇 번을 권하여 본 뒤에 소년은 그들의 마음을 도저히 돌이키지 못할 것을 알았다. 그리고 그들과 작별한 뒤에 자기는 역시 그 찬란한 무지개를 향하여 길을 떠났다.

어떤 곳에서 그는 두 소년을 만났다. 그 두 소년은 무엇이 기쁜지 몹시 만족한 듯이 벙글벙글 웃고들 있었다.

소년은 그들에게 가까이 갔다.

"여보, 말 좀 물읍시다."

"무슨 말요?"

"좀 이상한 말을 묻는 듯하나, 당신네들은 무지개를 못 보았소?"

사실 소년은 그 때에 무지개를 잃어버린 것이었었다.

어디로 갔나? 아직껏 눈앞에 찬란히 보이던 그 무지개는 하늘로 솟았는지, 땅으로 새었는지, 홀연히 그의 앞에서 그 아름다운 자태를 감춘 것이었었다.

소년은 눈이 벌겋게 되어 찾았다. 그리고 종내 찾지 못하여 낙담하였을 때에 그의 앞에 두 소년이 나타난 것이었었다.

두 소년은 빙긋 웃었다.

"무지개 말씀이요? 무지개는 우리가 벌써 잡았소."

소년은 낙담하였다. 그리고 낙담에서 절망으로, 절망에서 비분으로, 걷잡을 새 없이 소년의 마음이 떨어져 들어갈 때에, 이상도 하다, 홀연히 그의 앞에 역시 칠색이 찬란하게 빛나는 무지개가 문득 나타났다. 그 광채는 아직까지의 무지개보다 더 찬란하였다. 그 빛깔은 아직까지의 그 무지개보다 더 훌륭하였다.

소년의 마음은 절망에서 희망으로 한 숨에 뛰어 올라왔다.

"여보! 봅시다, 봅시다."

"무에요?"

"그 노형네가 잡았다는 무지개를!"

두 소년은 장한 듯이 품안에서 자기네의 자랑거리를 꺼내어 소년에게 보였다.

소년은 그것을 보았다. 그리고 하마터면 웃을 뻔하였다. 그것은 평범하고 변변ㅎ지않은 기왓장에 지나지 못하였다. 두 소년은 하나씩 기왓장을 얻어 가지고 기뻐하던 것이었었다.

"이게 무지개요? 이건 기왓장이구료!"

두 소년은 각기 자기네의 보물을 다시금 살폈다. 그리고 한 소년은 부르짖었다.

"오, 무지개! 무지개! 나는 드디어 무지개를 잡았다. 이게 무지개가 아니고 무어란 말이요?"

그러나, 한 소년은 한참 신이 없이 자기의 가지고 있는 물건을 들여다보다가, 커다란 한숨과 함께 그 무지개를 높이 들었다. 절망의 부르짖음을 말하였다.

"아니로구나, 아니야! 이것은 무지개가 아니야! 아직껏 무지개로 믿고 기뻐하던 것 은 한낱 기왓장에 지나지 못하구나!"

그리고, 그는 그 기왓장을 내어 던지고 우리의 소년에게 물었다.

"노형도 무지개를 잡으러 떠난 사람이요?"

"예"

우리의 소년은 대답하였다.

"그럼, 우리 같이 갑시다. 나는 무지개를 꼭 잡고야 말겠소."

여기서 서로 뜻이 맞은 두 소년은, 만족의 한 소년을 남기고, 또한 그 찬란한 무지개를 잡으러 길을 떠났다.

두 소년은 험한 산을 넘었다. 물결 센 물을 건넜다. 가시덤불을 헤쳤다. 자갈밭을 지나갔다. 그들은 오로지 무지개를 잡으려는 열정으로 온갖 간난을 참으면서 앞으로 앞으로 갔다.

그들은 가는 길에서 수많은 소년들을 보았다. 어떤 사람은 그 무지개를 잡으려다가 잡지를 못하고 낙망하여 집으로 돌아가는 것이었었다. 어떤 사람은 변변ㅎ지 않은 기왓장을 얻어 가지고 기뻐하는 것이었었다. 그리고 그 가운데 가장 많은 수효를 차지한 사람들은 무지개를 잡으려다 잡으려다 종내 잡지 못하고, 심신이 피로하여 쓰러져서 괴로운 부르짖음만 발하는 것이었었다.

"아, 무지개! 무지개! 그것은 마침내 사람의 손으로는 잡지 못할 것인가?"

그들은 목쉰 소리로 이렇게 부르짖으며 손을 헤적거리고 있었다. 그리고 그 가운데는 낙망과 피곤의 끝에 벌써 저 세상으로 간 사람도 많이 섞여 있었다.

이런 광경을 볼 때에 두 소년의 용기는 꺾여졌다. 그리고 자기들도 몇 번을 이 여행을 중지할까 주저하였다.

아아, 그러나 그런 때마다 그들의 눈앞에는 더욱 찬란하고, 더욱 빛나고, 더욱 훌륭한 무지개가 마치 그들을 오라는 듯이 두 팔을 벌리는 것이었었다.

여기서 다시금 용기를 얻은 두 소년은 험한 길을 무지개를 향하여 앞으로 앞으로 가는 것이었다.

어떤 험한 산골짜기까지 이르러서 동행하던 소년은 마침내 쓰러졌다.

"여보! 난 인젠 더 못 가겠소. 무지개는 도저히 잡지 못할것임에도 인제야 겨우 깨달았소."

동행하던 소년은 이렇게 한숨을 쉬었다.

"여보, 정신을 차려요. 여기까지 와서 이제 넘어진단 웬 일이요?"

소년은 동행하던 친구를 흔들었다. 그러나 친구는 움직이지도 않았다. 소년은 다시 흔들었다.

"여보! 정신을 차려요."

아, 그러나 그 때는 벌써 동행하던 친구는 차디찬 몸으로 변하여 버렸다.

소년은 거기서 통곡을 하였다. 그리고 자기도 그런 야망은 버릴까? 그의 결심을 흔들리었다. 무지개는 도저히 잡지 못할 것인가 하는 의심이 강렬히 일어났다.

그러나, 그러나, 그 때에 그의 눈앞에는 다시금 찬란히 빛나는 무지개가 마치 그의 마음 약한 것을 비웃듯이, 커다랗게 웃고 있었다.

소년은 다시 일어났다. 그리고 또다시 용기를 내었다.

위태스러운 산길, 험한 골짜기, 가파로운 멧갓, 깊은 물- 온갖 곤난은 또한 그를 괴롭게 하였다. 그러나 그는 더욱 용기와 희망을 내어 가지고, 무지개로 가까이 갔다.

그러나, 얼마를 더 간 뒤에 소년도 마침내 인젠 한 걸음도 더 걸을 수가 없게 되었다. 그리고 그는 거기서 무지개는 도저히 잡지 못할 것임을 처음으로 깨달았다.

그는 몸을 커다랗게 땅에 내어던졌다. 그리고 드높은 하늘을 쳐다보았다.

"아아, 무지개란 기어이 사람의 손으로는 잡지 못할 것인가?"

아직껏 그와 같은 길을 걸은 수많은 소년들이 부르짖은 그 부르짖음을, 이 소년은 여기서 또한 부르짖지 않을 수 없었다.

그리고 그는 여기서 그 야망을 마침내 단념하기로 결심한 것이었다.

그 때에는 이상ㅎ다. 아직껏 검었던 머리는 갑자기 하얗게 되고, 그의 얼굴에는 전면에 수없는 주름살이 잡혔다.

10. 단발령斷髮令을 넘으며

이무영李無影

"빵빵!"

내 집만 여겨 의식意識 없이 머리맡 시계를 찾다 말고, 꿈속같이 들려오는 빵차 소리에 나는 머리를 번쩍 들었다. 차속이다. 그 때까지도 의식이 아렴풋하여 찻간을 둘러보았다. 확실히 찻간이다. 부상병負傷兵처럼 구즈레한 등산객登山客들이 혹은 바랑을, 혹은 옆 사람의 어깨를 베개삼아 폭염暴炎 밑의 새우처럼 꼬부라졌다.

나는 그제서야 내가 내금강 행內金剛行 전철電鐵 찻간에서 감로수甘露水 같은 여름 새벽 잠에 취했었음을 깨달았다. 꿀물처럼 달던 여름 새벽의 짤막한 잠 맛을 기억記憶에서 아끼며 무심코 내다본 차창 밖에 전개展開되는 아담雅淡한 풍경, 수려秀麗한 연봉連峰이 죽순竹筍처럼 종긋종긋 안개 위로 솟았다. 자옥한 안개 속이건만, 오히려 두드러져 보이는 산봉우리, 가도 가도 변함이 없는 골짜기와 산등성이, 네모난 창틀이며, 틀에 맞추어 낀 유리며, 가장 완성된 풍경화風景畫를 보는 때와 같은 착각錯覺을 일으키게 한다. 이런 것이야말로 예술藝術이다 싶었다. 적어도 완성된 예술이라면 이만한 경치에 이르러야 한다 싶었다.

이 자연의 풍경이야말로 숭고崇高한 예술이다. 이것이야말로 예술의 극치를 다한 것이다. 시속時速 40여 마일의 속도로 차가 닫건만, 오히려 변할 줄 모르는 아름다움. 가면 갈수록 산등성이가 높아지고, 우통 벗은 전나무가 산의 높아짐을 말해 줄 뿐이다. 한 등성이 한 등성이 높아감을 따라, 한 포기 한 포기 고산 식물高山植物이 늘어가는 이 풍경화風景畵, 덕지덕지 채색칠만을 하여 부자연한 새 맛만을 찾는 저급低級한 예술과의 차이差異는 실로 여기에 있느니라.

문득 산기슭에 기울어진 집 한 채가 나타난 것도 부자연하지않다. 집 뒤 산등성이는 보리를 갈아서 마치 아라비아의 줄진 말잔등을 연상聯想시키는 것도 이 풍경에는 없지 못할 정서情緖다.

필시 산전山田을 일구어 입에 풀칠을 해가는 집이겠고 보니, 새벽 연기가 없을 겐고? 체구體軀가 큰 사람일쑤록에 여유餘裕가 있는 법이다. 산이 높아갈쑤록에 나무도 여유가 있어 부인다. 쇠똥이 구르는 갰밭에 갖다 놓아도 오히려 고산 식물高山植物로서의 여유와 늡늡함이 슬어지지 않을 미끈미끈한 나무가 등성이를 넘을 때마다 늘어간다.

산이 높아지자, 섬나라 벙쫄설럼 낭사던 빵사도 숨이 가쁜 모양이다. 허위단심 기어 올라가다가 말고는 경적警笛만 빵 빵 울린다.

코를 골며 창도 역까지 기어 올라온 빵차는 더는 할 수 없다는 듯이 S자 형形으로 갈팡질팡한다. 쳐다보면 까마득한 상상봉, 굽어보면 기천척幾千尺의 골짜기, 탈진한 빵차 속에서는 솔씨 까먹는 산새 소리가 귀를 의심할만큼 영악스럽게 들려 온다.

그 때다. 즐비하게 쓰러졌던 승객 중의 한 사람이,

"단발령!"

하고 고함을 친 것은, 그것은 군대軍隊에서만 단련된 호령에 가까운 야성

野聲이었다. 나는 덧없이 그를 쳐다보았다. 험상궂은 바위 그대로를 모형 뜬 것 같은 얼굴이다. 그 무뚝뚝한 얼굴 어느 구석에 미美를 감득感得할 만한 신경神經이 있는가 싶어 두 번 세 번 나는 그를 쳐다보았다. 수십만의 산 목숨을 한 칼로 무찌르던 나폴레온이 로마 사원寺院의 벽화壁畵 한 장 앞에서 머리를 숙였다던 그 심경心境이 이해理解되는 듯싶었다.

인식론認識論의 제창자提唱者인 칸트로서도 임종臨終때는 원형圓形인 것만은 생각하고 사과를 달걀이라고 했다는 말이 있지마는, 예술에 대한 인간의 감상력鑑賞力도 그 극치에 달한 때는 오직 좋다는 표현밖에 못하는 것이 아닌가 싶다. 그렇지 않다면 그토록이나 선망羨望의 전부全部이던 단발령 상상봉에 평행선으로 차체車體가 놓였을 때, 응당 누구의 입에서나 환호歡呼의 고함이 터졌어야 할 것이었다. 그러나 기천 척의 유곡幽谷을 좌우로 내려다 볼 수 있는 그 정점頂點에 차가 닿았을 때 찻간에서는 숨소리조차 나지 않았었다.

"아, 정말 나도 머리를 깎아 버리고 싶다…"

내가 이런 생각을 한 것도 차가 단발령의 유곡幽谷을 거의 다 내려왔을 때였던 것이다. 내가 뻥차와 함께 모들뜨기 숨을 내쉰 것도 물론 이 때였다.

11. 근화사槿花詞

정인보鄭寅普

신시神市로 내린 우로雨露 꽃 점진들 없을쏘냐?
왕검성王儉城 첫 봄빛에 피라시니 무궁화無窮花를.
지금도 너 곧 대하면 그제런 듯하여라.

저 메는 높고 높고, 저 가람은 예고 예네.
피고 또 피오시니, 번으로서 헤올 것가?
천만 년 무궁한 빛을 길이 뵐까 하노라.

다무숙 유한幽閑ㅎ고나, 모여 핀 양 의초롭다.
태평 효일太平曉日[1]이 둥두렷이 돋아올 제,
옛 향기 일시에 도니, 강산 화려하여라.

1 '태평연월'의 오자.

12. 불국사佛國寺에서

현진건玄鎭健

칠월 십 이 일 아침 첫차로 경주를 떠나 불국사로 향하다. 떠남 임시에 봉황대鳳凰臺에 올랐건만 잔뜩 찌푸린 일기에 짙은 안개는 나의 눈까지 흐리고 말았다. 시포屍布를 널어 놓은 듯한 희미한 강 줄기, 몽롱한 무덤의 봉우리, 쓰러지는 듯한 초가집 추녀가 도무지 눈물겹다. 어젯밤에 나를 부여잡고 울던 옛 서울은 오늘 아침에도 눈물을 거두지 않은 듯. 그러지 않아도 구슬픈 내 가슴이어든, 심란한 이 정경에 어찌 견디랴? 지금 떠나면 일 년, 십 년, 혹은 이십 년 후에나 다시 만날지 말지 기약 없는 이 작별을 앞두고 눈물에 젖은 임의 얼굴! 내 옷소매가 축축히 젖음은 안개가 녹아 내린 탓만 아니리라.

장남감 기차는 반 시간이 못되어 불국사역까지 실어다 주고 역에서 등대했던 자동차는 십 리 길을 단숨에 껑청껑청 뛰어서 불국사에 닿았다. 뒤로 토함산吐含山을 등지고, 왼편으로 울창한 송림을 끌며, 앞으로 광활한 평야를 내다보는 절의 위치부터 풍수장이 아닌 나의 눈에도 벌써 범상ㅎ지 아니했다. 더구나 돌 층층대를 쳐다볼 제 그 굉장한 규모와 섬세한 솜씨에 눈이 어렸다. 초창 당시엔 낭떠러지로 있던 곳을 돌로 쌓아 올리고 그리고 이 돌 층층대를 지었음이리라. 동쪽과 서쪽으로 갈리어 위 아래로 각각 둘씩이니, 전부는 네 개인데, 한 개의 층층대가 대개 열 일곱 여덟 계단이요, 길이는 오십 칠팔 척으로, 양 가에 놓인 것과 가운데 뻗친 놈은 돌 한 개로 되었으니, 얼마나 끔찍한 인력을 들인 것을 짐작할 것이요, 오늘날 돌로 지은 대건축물에도 이렇듯이 대패로 민 듯한 돌은 못 보았다 하면, 얼마나 그 때 사람이 돌을 곱게 다룬 것을 깨달을 것이다. 돌 층층대의 이름은, 동쪽엔 아랫 것은 청운교靑雲橋, 위엣 것은 백운교白雲橋요, 서쪽엔 아랫 것은 연화교蓮花橋, 위엣 것은 칠보교七寶橋라 한다. 층층대라 하였지만, 아래와 위가 연락되는 곳마다 요새 말로 네모난 발코니가 되고, 그 밑은 아치가 되었는데, 인도자의 설명을 들으면 옛날에는 오늘날의 잔디밭 자리에 깊은 연못을 팠고 아치 밑으로 맑은 물이 흐르며 그림배가 드나들었다 하니, 돌 층층대를 다리라 한 옛 이름의 유래를 터득할 것이다.

층층대 상하에는 손잡이 돌이 우뚝우뚝 서고 쇠사슬인지 은사슬인지 둘러 꿴 흔적이 아직도 남았다. 귀인이 이 절을 찾을 때엔 저편 못 가에 내려 그림배를 타고 들어와 다시 보교를 타고 이 돌 층층대를 지나 절 안으로 들어가기도 하였단다. 너른 못에 연꽃이 만발한데 다리 밑으로 돌아드는 맑은 흐름엔 으리으리한 누각과 석불의 그림자가 용의 모양을 그리고 그 위로 소리 없이 떠 나가는 그림배, 나는 당년의 광경을 머리 속에 그리며 스스로 황홀하였다. 활동사진에서 본 물의 도시 베니스의 달 비낀 바닷가에 그림배를 저어 가는 청춘 남녀의 광경이 선하게 나타난다.

이 돌 층층대를 거치어 문루를 지나 서니, 유명한 다보탑多寶塔과 석가탑釋迦塔이 눈 앞에 나타난다. 이 두 탑은 물론 돌로 된 것이다. 그렇다, 그것은 만져 보아도 돌이요 뚜들겨 보아도 돌임에 틀림이 없다. 그러나 석가탑은 오히려 그만둘찌라도, 다보탑이 돌로 되었다는 것은 아무리 하여도 눈을 의심 않을 수 없었다. 연한 나무가 아니요, 물씬물씬한 밀가루 반죽이 아니고, 육중하고 단단한 돌을 가지고야 저다지도 곱고, 예쁘고, 의젓하고, 아름답고, 빼어나고, 공교롭게 잔손질을 할 수 있으랴? 만일 그 탑을 만든 원료가 정말 돌이라면, 신라 사람은 돌을 돌같이 쓰지않고 마치 콩고물이나 팥고물처럼 마음대로 뜻대로 손가락 끝에 휘젓고 주무르고 하는 신통력을 가졌던 것이다. 귀신조차 놀라고 울게 하는 재주란 것은 이런 솜씨를 두고 이름이리라.

탑의 네 면엔 자그마한 예쁜 돌 층층대가 있고, 그 층층대를 올라 서니, 가운데는 위층을 떠받치는 중심 기둥이 있고, 네 귀에도 병풍을 접쳐 놓은 듯한 돌 기둥이 또한 섰는데, 그 기둥과 두 층대의 석반을 받든 어름에는 나무로도 오히려 깎아 내기가 어려울 만한 소로가 튼튼하게, 아름답게 손바닥을 벌리었다. 지붕 위에 제 이층의 네모난 돌 난간이 둘러 쟁반 같은 이층 지붕을 받들었고, 그 위엔 팔모난 돌 난간과, 세상에도 진기한 꽃잎 모양을 수놓은 듯한 돌 쟁반이 탑의 팔모 난간을 받들었다. 석공이 기절했던 것은 물론이어니와, 이런 기상천외奇想天外의 의장意匠은 또 어디서 얻어 온 것인고? 바람과 비에 시달린 지 천여 년을 지낸 오늘날에도 조금도 기울어지지 않고, 이지러지지 않고, 옛 모양을 변하지 않았으니, 당대의 건축술도 또한 놀랄 것이 아니냐?

들으매, 이 탑의 네 귀에는 돌 사자가 있었는데, 두 마리는 동경 모요리점의 손에 들어갔다 하나 숨기고 내어 놓지 않아 사실 진상을 알 길이 없고, 한 마리는 지금 영국 런던에 있는데 다시 찾아 오려면 오백만 원을 주어야 내어 놓겠다 한다던가? 소중한 물건을 소중한 줄도 모르고 함부로 굴리며, 어느 틈에 도둑을 맞았는지도 모르니, 이런 기막힐 일이 또 있느냐? 이 탑을 이룩하고 그 사자를 새긴 이의 영이 만일 있다 하면, 지하에서 목을 놓아 울 것이다.

석가탑은 다보탑 서쪽에 있는데, 다보탑의 혼란한 잔솔질과는 딴판으로 수법이 매우 간결하나마 또한 정중한 자태를 잃지 않았다. 다보탑을 능라와 주옥으로 꾸밀 대로 꾸민 성장미인盛裝美人에 견준다면, 석가탑은 수수하게 차린 담장한 미인이라 할까? 높이 이십 칠 척, 층은 역시 삼층으로, 한 층마다 수려한 돌 병풍을 두르고, 병풍 네 귀에 병풍과 한데 얼러 놓은 기둥이 있는데, 설명자의 말을 들으면, 이 탑은 한 층마다 돌 하나로 되었다 하니, 그 웅장하고 거창한 규모에 놀랄 만하다.

다보탑과 석가탑에 무한한 감탄과 감개를 말지 않다가 대웅전大雄殿을 들여다보니, 정면에 엄연히 선 삼위불三位佛의 입상立像이 보통 부처님보다는 어마어마하게 크다마는, 신라 당시의 유물은 아니고, 영묘조英廟朝때 개축할 적에 만들어 놓은 것이라 하며, 다만 경탄할 것은 개축할 때 천장과 벽에 올린 휘황찬란한 단청이 삼백여 년을 지난 오늘날에도 조금도 빛이 변하지 않았나는 것이다. 무슨 물감을 어떻게 풀어서 썼는지, 채색학자의 연구 문제라던가?

앞길이 바쁘매 아침도 굶은 채로 석굴암을 향해 또다시 걸음을 옮기었다. 여기서 십 리 안팎이라니 그리 멀지 않되, 가는 길이 토함산을 굽이굽이 돌아 오르는 잿길이요, 날은 흐리어 빗발까지 오락가락하건마는, 이따금 모닥불을 담아 붓는 듯한 햇발이 구름을 뚫고 얼굴을 내미는 바람에 두어 모롱이도 못 접어들어, 나는 벌써 숨이 차고 전신에 땀이 흐른다.

창울한 송림은 볼 수 없건마는, 우거진 잡목 사이에 다람쥐가 넘나드는 것도 또한 버리지 못할 정취다. 거의 상봉을 다 올라와서 동해 가로 내다

앉은 치술령鵄述嶺을 손가락질할 제 장렬하던 박제상朴堤上의 의기가 다시금 가슴을 친다. 저 치술령이야말로 박제상의 아내가 남편을 보내며 울던 곳이다. 단신單身 홀몸으로 적국에 들어가는 남편을 부르고 또 불렀건만, 박제상은 다만 손을 지어 보이고 의연毅然히 동해에 배를 띄웠다. 물과 하늘이 한데로 어우러진 곳에 남편의 탄 배가 가물가물 사라질 제 그의 안타까운 마음은 어떠하였으랴! 피눈물로 울고 울다가 그만 잦아지고 말았다. 거기는 지금에도 그 부인의 망부석望夫石이 그대로 남아 있어 행인의 발길을 멈춘다 하거니와, 천추에 빛나는 의기를 남기고 왜국 목도木島에서 연기로 사라진 박제상의 충혼 의백忠魂義魄은 지금 어디서 헤매는고?

끓는 물도 차다시고 모진 매도 달다시네.
살을 찝는 쇠사슬도 헌 새끼만 여기시네.
비수匕首가 살을 오려도 태연자약하시다.

온 몸에 불이 붙어 지글지글 타 오르되.
웃음 띤 환한 얼굴 봄바람이 넘노는 듯.
이 몸이 연기 되거든 고국으로 날려라.

동해에 배 뜨나니, 가신 임을 어이하리?
속절없는 피눈물에 잦아지니 목숨이라.
사후에 넋이곧 있으면 임의 뒤를 따르리라.

치술재 빼난 봉을 묻어 넘은 이 빗발아,
열녀의 남은 한을 이제도 실었느냐?

나그네 소매 젖으니, 눈물인가 하노라.

숨이 턱에 닿고 온 몸이 땀에 미역을 감는 한 시간 나마의 길을 허비하여 나는 겨우 석굴암石窟庵 앞에 섰다. 멀리 오는 순례자를 위하여 미리 준비해 놓은 듯한 석간수石澗水는 얼마나 달고 시원한지! 연거푸 두 구기를 들이켜매 피로도 잊고 더위도 잊고 상쾌한 맑은 기운이 심신을 엄습하여 표연히 티끌 세상을 떠난 듯도 싶다. 돌층대를 올라서니 들어가는 좌우 돌 벽에 새긴 인왕仁王과 사천왕四天王들이 흡뜬 눈과 부르걷은 팔뚝으로 나를 위협한다. 어깨는 엄청나게 벌어지고 배는 홀쭉하고, 사지의 울퉁불퉁한 세찬 근육! 나는 힘의 예술의 표본을 본 듯하였다.

한번 문 안으로 들어서매 석련대石蓮臺위에 올라 앉으신 석가釋迦의 석상은 그 의젓하고도 봄바람이 도는 듯한 환한 얼굴이 저절로 보는 이의 불심佛心을 불러 일으킨다. 한 군데 빈 곳 없고 빠진 데 없고 어디까지 원만하고 수려한 얼굴, 알맞게 벌어진 어깨, 수려시 내민 가슴, 통통하고도 점잖은 두 팔의 곡선미, 장중한 그 모양은 정말 천추에 빼어난 걸작傑作이라 하겠다.

좌우 석벽의 허리는 열 다섯 간으로 구분되었고, 각 간마다 보살과 나한羅漢의 입상을 병풍처럼 새기었는데, 그 모양은 다 각기 달라 혹은 예쁘고 혹은 엉성궂고 늠름한 기상과 온화한 자태는 참으로 성격까지 빈틈없이 표현하였으니, 신품이란 말은 이런 예술을 두고 이름이리라.

더구나 뒷 벽 중앙에 새긴 십일면 관음 보살觀音菩薩은 더할 나위 없는 여성미女性美와 육체미肉體美까지 나타내었다. 어디까지 아름답고 의젓한 얼굴찌는 그만두더라도, 곱고도 부드러운 곡선을 그리며, 드리운 왼편 팔, 엄지와 장지 사이로 사부시 구슬 줄을 들었는데, 그 예쁜 손가락이

곰실곰실 움직이는 듯. 병을 치키어 쥔 포동포동한 오른 팔뚝! 종교 예술품으로 이렇게 곡선미를, 여성미를 영절스럽게도 나타낼 수 있으랴? 그나 그뿐인가? 수없이 늘인 구슬 밑에 하늘하늘하는 옷자락은 서양 여자의 야회복夜會服을 생각나게 한다. 그 아른아른한 옷자락 밑으로 알맞게 불룩한 젖가슴, 조붓하면서도 슬밋한[2] 허리를 대어 둥그스름하게 떠오른 허벅지, 토실토실한 종아리가 뚜렷이 드러났다. 그는 살아 움직인다! 그의 몸엔 분명히 맥이 뛰고 피가 흐른다. 지금이라도 선뜻 벽을 떠나 지긋이 감은 눈을 뜨고 방그레 웃을 듯. 고금의 예술품을 얼마쯤 더듬어 보았지만, 이 묵묵한 돌부처처럼 나에게 감흥을 주고 법열法悅을 자아낸 것은 드물었다. 나는 마치 일생을 두고 그리고 그리던 고운 임(보살님이시여! 그릇된 말씨의 모독冒瀆을 용서하사이다. 보살님이 내 가슴에 붙여 주신 맑은 불길은 이런 모독쯤은 태우고야 말았습니다)을 만난 것처럼, 나는 그 팔뚝을 만지고 손을 쓰다듬고 가슴을 어루만지며, 어린 듯 취한 듯 언제든지 차마 발길을 돌릴 수가 없었다.

벽 위에는, 둘러 가며 좌우 각각 다섯 곳에 불좌를 만들었고, 왼편엔 네 분 보살님, 오른편엔 두 분 보살님과 지장 보살地藏菩薩과 및 유마 거사維摩居士의 좌상을 모시었는데, 그 솜씨도 또한 심상ㅎ지 않았다.

석굴암의 옛 이름은 석불사石佛寺로, 신라 경덕왕景德王때 이룩한 절이라 한다. 석굴이라 함은 곧 돌을 파내어 절을 지은 것이며, 부처님을 새기고 모신 것도 모두 돌이요, 땅바닥도 돌이요 천장도 물론 돌이다. 굴의 구조는 동남으로 향하여 평면 원형圓形으로 좌우 직경이 이십 이 척 육 촌, 앞뒤 직경이 십 일 척 칠 촌 이 푼, 들어가는 데의 넓이 실 일 척

---

2 '슬밋한' 오기.

일 촌 오 푼, 옆 벽의 두께 약 구 척이라 한다. 천여 년의 바람과 비에 귀중한 옛 솜씨가 더러 이지러지고 무너진 것은 아깝기 한량 없지마는, 십 오년 전에 크게 수리한 탓으로 도리어 옛 것과 이젯 것을 분간하기 어렵게 된 것은 더욱 한할 노릇이다.

그러나, 앞 문은 지금 손질이 많았지만, 정작 굴 속은 별로 수선한 것이 없고, 아직도 옛 윤곽이 뚜렷이 남았음은 불행 중 다행이라 할까? 그 안에 모신 부처님, 관세음보살觀世音菩薩, 나한羅漢님네들의 좌상과 입상이 어느 것 하나 세상에 뛰어나는 신품神品 아님이 없다는 것은 좀된 붓끝이 적이 끼적거린 바로되, 석가님이 올라 앉으신 돌 연대蓮臺도 훌륭하거니와, 더구나 천장의 장치에 이르러서는 정말 찬란하다 할 밖에 없다. 하늘 모양으로 궁륭상穹窿狀을 지었고, 그 복판에 탐스러운 연꽃 모양을 떠 놓은 것은 또 얼마나 그 의장이 빼어나고 솜씨가 능난한가? 온전히 돌이란 한 가지의 원료로 이대도록 공교하고 굉걸하고 아름다운 건축물을 낳아낸 것은, 모르면 몰라도 동양 서양의 건축사에 가장 영광스러운 한 장을 점령할 것이다.

굴 문을 나서니 밖에는 선경仙境이 또한 나를 기다린다. 훤하게 티진 눈 아래 예쁜 파란 산들이 띄엄띄엄 들레들레 머리를 조아리고, 그 사이 사이 흰 물줄기가 굽이굽이 골 안개에 싸이었는데, 하늘 끝 한 자락이, 꿈결 같은 푸른 빛을 드러낸 어름이 동해 바다라 한다. 오늘같이 흐리지 않은 날이면, 동해 바다의 푸른 물결이 공중에 달린 듯이 떠 보이고, 그 위를 지나가는 큰 돛, 작은 돛까지 나비의 날개처럼 곰실곰실 움직인다 한다. 더구나 이 모든 것을 배경으로 아침 햇발이 둥실둥실 동해를 떠 나오는 광경은 정말 선경仙境중에도 선경이라 하나, 화식火食먹는 나 같은 속인俗人엔 그런 선연仙緣이 있을 턱이 없다.

13. 고향

이하윤異河潤

새처럼 날개 있다면.
훨훨 날아 다녀 오리.
가다 오다
외로운 나무 가지에 쉬어 가리, 자고 오리.
아, 그리운 고향이여,
아름다운 산천이여!

바람 되어 불면서 가리,
재를 넘어 다녀오리, 들을 지나 다녀오리.
사악邪惡은 물리쳐라!
바다 멀리 몰아 내고, 쓸어 넣고-
고향 하늘 돌고 오리,
우리 고향 돌고 오리.

물에 사는 고기라면,

강물 오르고 내리고.
내 동네 맑은 물에 놀고 오리,
숲 밑에 쉬고 오리, 돌 틈에 자고 오리.
꿈을 지닌 거울이여!
추억을 비춰 보라, 나는 햇발을 뿜으련다.

개라도 다녀올 곳,
고양이도 다녀 올 곳,
산천엔 변함 정녕 없으려니,
초목은 말이 정녕 없으려니,
강토는 짓밟혀도, 거울마저 흐리어도,
우리 마음 맑고 굳고, 우리 이상理想 더 빛나리.

14. 새 양복

이양하李敭河

오래간만에, 참으로 오래간만에 여름 옷을 한 벌 장만하였다. 그러나 불행하게도 옷감의 선택選擇이 좋지 못하였다. 전등불 아래 보는 빛이 수수한 브라운이요, 세로 박힌 무늬는 무슨 빛인지 분명하지는 아니하나, 어떻게 보면 브라운의 너무나 겸허謙虛하고 단조單調함을 깨뜨리고 델리키트한 뉘앙스를 보여 줄 것도 같아서, 달리 더 생각하지 아니하고 맡겨 버렸었다. 그러나 옷이 다 되어 막상 입고 나서니 전등불 아래서 보던 빛과는 아주 딴판이다. 전체의 기조基調가 되는 브라운이 겸허謙虛한 브라운인데는 틀림이 없으나, 세로 간 줄무늬는 이제 보니 바이얼리트— 그것도 아주 선명鮮明한 바이얼리트요, 그것이 지색地色의 브라운과 어우러져 나타나는 빛갈은 보랏빛에 가까운 이상한 뉘앙스의 빛갈이다. 바이얼리트 자체로 말하면 누구나 다 사랑하지 아니ㅎ지 못할 꽃의 하나요, 그 빛갈도 아름다운 빛갈의 하나임에 틀림이 없을 것이다. 그러나 보랏빛, 내 옷 빛으로서의 보랏빛, 그것은 생각만 하여도 몸서리가 쳐지는 것이다. 나는 의복에 있어서는 역시 "훌륭하게, 그러나 호화롭지 않게" 하는 쉐익스피어의 가르침을 무엇보다 귀한 가르침이라고 생각하는 자로, 청초淸楚하고 아담雅淡하게 입으려고는 할망정, 호화롭게 입으려고는 꿈에도 생각지 아니하는 자이다.

그런데 바이얼리트 내지乃至 보라로 말하면, 화려華麗하고 호사한 빛일 뿐 아니라, 제일로 보아 여름에 입어 마땅하다 할 만한 서늘한 감촉感觸과는 도대체 인연因緣이 먼 빛이 아닌가!

여기 오래간만에 새 옷은 입었으나, 마음이 편할 리가 없다. 더욱이 상당히 좋은 취미趣味를 갖고 또 그림을 한다고 하느니만큼, 그의 색채감色彩感에 각별各別한 신뢰信賴를 두지 아니ㅎ지 못할 친구의 하나가 새 옷 입은 나를 평하여 봄바람에 불리어 돈푼이나 쓰고 다니는 시골뜨기 같다고 한 이래의 나의 괴로움이란 그야말로 형용할 수가 없다. 학교에 가서도 도무지 일이 손에 붙지 아니한다. 그리고 만나는 동료同僚들이 혹 내 옷을 화제話題로 삼는 때는, 물론 오래간만에 해 입은 옷이니 인사겸 이야기 하는 데 지나지 아니하는 것이련마는, 어쩐지 나의 악취미惡趣味를 조롱嘲弄하는 것만 같아서 어쩔 줄을 모른다. 칠팔 세 때의 조급躁急을 아직 가지고 있었던들, 나는 그 당장에 옷을 벗어며 때렸을 것이다. 아니, 지금에 있어서도 내가 쉬 또 하나 다른 옷을 상만할 반한 여유餘裕만 가졌다면, 이 옷을 집어치운 지 이미 오래었겠다.

나의 취미란-이러한 데 취미란 말을 쓸 수 있을는지 의문疑問이지마는 대개 이렇게 까다롭고 결벽潔癖스러운 것이다. 아니, 까다롭고 결벽스럽다느니보다 어떤 독자讀者는 옹졸하고 쇄설스럽다고 빈축嚬蹙할는지도 모르겠다. 나 자신 나의 청탁淸濁이 이다지도 심하지 아니하였던들, 나의 일상日常이 좀더 평탄平坦한 것이 되지 아니할까 하고 반성反省하는 때가 있다. 왜 그러냐 하면, 이와 같이 사소些少한 일에 이렇게 마음을 쓰는 소심小心한 사람이, 음식飮食, 거주居住, 오락娛樂, 독서讀書 기타 백반 사상

百般事象에 처하여 겪을 괴로움을 생각하여 보라. 그야말로 이마의 잔 주름 펼 날이 없을 것이 아닌가? 그러나 나는 또 한편 이렇게 생각한다. 우리가 우리의 신변身邊의 사소한 일에 이르기까지 일정一定한 취미를 갖고, 그 취미를 살리려고 힘쓴다는 것은, 그렇게 일소一笑에 붙일 일이 아니라고. 우리는 우리의 보통 가정에 가면, 흔히 이가 실 듯한 괴상한 빛으로 대문을 채색彩色하고, 또 벽에는 노상路上에서 파는 정체正體모를 산수도山水圖니 미인도美人圖니 하는 것을 붙인 것을 본다. 그리고 또 우리는 우리가 보기에는 악취미에 틀림이 없는 한 개의 파라솔, 한 감의 치마를 사기 위하여, 밥 한 두끼 굶는 것쯤은 사양辭讓하지 아니하는 가두街頭의 여성을 상상想像할 수가 있다. 그러나 우리는 이들을 그저 웃어 버릴 수가 있을까? 이러한 것은 말하자면 그들의 아름다운 것을 추구追求하는 마음, 우리의 이 어지러운 주위보다는 한 걸음 높고 맑고 깨끗한 세계를 동경憧憬하는 마음, 다시 말하면 엉클어진 잡초雜草를 잡아 제치고, 그 가운데 한 송이 꽃을 피워 보고자 하는 갸륵한 마음을 말하는 것이 아닐까? 그리고 이러한 노력이야말로 이 세상을 무지無知와 빈궁貧窮과 죄악罪惡에서 건지고자 하는 학자나 정치가나 종교가의 노력에 못지 아니하게 귀한 노력이니, 잘 이끌고 북돋기만 하면, 족히 이 세상을 움직일 수도 있는 것이 아닐까?

나는 잠간 스스로 이렇게 변명辯明하여 본다. 그러나 한번 다시 벽에 걸린 옷을 돌아볼 때, 얼굴이 화끈거리는 것은 어찌할 도리가 없다. 악취미는 역시 틀림 없는 악취미다.

15. 개미

박두진朴斗鎭

불볕 짜랑짜랑 내리쬐는 산 기슭 황토에, 사흘 굶고 허리 졸라맨 벌레, 개미 떼가 산다.

일천 마리 한 겨레가 한 굴에 살아, 입아귀에 제각기 모래 알, 흙 알을 물고 연달아 굴을 드나든다. 드나들면 드나드는 대로 굴은 자꾸 깊어지고, 굴 밖 두던엔 덩그렇게 모래 성城이 점점 높아진다.

성 쌓고 굴 파 놓은 그들은 이어 완연蜿蜒 장진長陳 늘이고 풀섶으로 나뭇가지로 모두들 먹이를 찾아 나간다. 송충이, 풍뎅이, 비단벌레, 땅깨비, 지렁이, 닥치는 대로 막 들이덤벼 물고 늘어진다. 물리면 끌고 굴 속으로 들어간다. 산 놈은 산 채로 죽은 놈은 죽은 채로…

해돋이 이슬이 구슬 같이 빛날 때부터 밤 되어 다시 이슬 내리기까지 영영營營한 종일내, 그들은 삶을 쌓는다. 내일을 의혹疑惑 않는다.

굴 안엔 여왕女王, 날개 돋친 개미가 하얀 알을 오소소 낳아 놓고, 도글도글 굴리며 만지며, 어서 까서 새끼들이 나오기를 기다리고 앉았으리니라.

16. 시 감상詩鑑賞

주요한朱耀翰

보슬비

황포黃浦에 보슬보슬
내리는 실비는
오늘도 한 나절을
모래알만 울려 놓았소.

기다릴 때엔 안 오다가도
설운 날이면 보슬보슬
만나지도 못하는 갈라진
그 사람의 눈물이랄까?

설운 날이면 보슬보슬.
어영도魚泳島 갈매기들
날개가 축진해서

떼를 지어 날아 드오.

수로水路 삼백 리를
뱃길로 떠 도는 몸이라.
남포南浦의 사공님
지금쯤은 어느 곳에서
보슬비에 눈물겨울꼬?

–김억 지음. "동광"에서

◇작자作者–안서岸曙 김억金億은 신시新詩운동의 선구자先驅者의 한 사람으로, 시집詩集 "해파리의 노래"가 있고, 번역 시집 "오뇌懊惱의 무도舞蹈"에서 프랑스의 상징파象徵派 시인詩人을 우리말로 소개하였으며, 인도 시인 타고어(Tagore), 나이두(Naide) 등도 소개하였고, 또 민요 시집民謠詩集 "봄노래", "금잔디" 등이 있습니다.

◇대의大意–이 노래는 작자의 고향인 황포에 내리는 보슬비를 보면서, 집 없이 떠도는 뱃사공의 신세를 연상하여 하염없이 구슬픈 생각을 표현한 것이니, 한국 재래의 민요에 있는 가벼운 비곡悲曲에 유사類似합니다.

황포에 가느다란 비가 한 나절을 보슬보슬 내려와서 바닷가의 모래알을 추겨 놓은 것이 설운 생각을 가진 작자의 눈에는 마치 모래알들이 슬피 울어서 눈물에 젖은 것 같습니다.

이 보슬비로 말하면 오라고 기다릴 때는 아니 오다가도, 하필 오늘같이 마음이 심란하고 슬픈 때에야 꼭 보슬보슬 내리는가보오. 그 비를 보고 생각하니 문득 떠날 적에 한번 만나서 작별도 못하고, 서로 떠나 다시 소식 없는 그이의 눈물이 비가 되어서 오지 않는가 하는 생각도 납니다.

설운 날이라야 오는 듯한 이 보슬비에 어영도에 있는 갈매기 떼들도 비에 날개가 젖어서 축진해 가지고 떼를 지어서 섬으로 날아 드는 것이 같은 설움에 잠긴 듯하외다.

이렇게 비는 오는데 생각나는 것은 남포의 뱃사공들이외다. 바다 위에서 삼백 리나 되는 길을 오락가락하면서 살림하는데, 지금 이 비오는 날은 어느 곳에서나 이 비를 맞으면서 고향 생각을 하고 눈물을 흘리고 있을는지! 비를 보니 그의 생각이 나고, 그의 생각이 나니 자연 슬픈 생각이 가득해집니다.

◇자구字句

실비: 가늘게 오는 비.

모래알만 울려: 모래가 비에 젖은 것이 눈물에 젖은 것처럼 생각된다는 말.

축진해서: 물에 젖어 늘어진 모양.

◇감상鑑賞 — 이 노래는 다만 그 가벼운 감상주의感傷主義를 취할 것이외다. 바닷가에 보슬보슬 가는비가 오는 것을 혼자 앉아서 바라다 볼 때는, 더구나 멀리 바다 밖에 나가 있는 친구를 생각할 때에 누구나 어떠한 침울한 정조情操를 가지게 될 것이외다. 그런 정조를 적당한 음률音律로 표현한 것이 이 작품이외다.

"보슬보슬"이란 형용사가 잘 쓰였고, 또 "모래알만 울려 놓았소" 하는 것은 사람의 심리心理를 좇아 자연의 경치가 정精으로 가지게 되는 것을 잘 나타냈으며, "기다릴 때엔 안 오다가도 설운 날이면 보슬보슬"이란 귀가 사람의 감정의 독단성獨斷性을 그려 내어 "설운"심리를 잘 그려 냈습니다. 이런 종류의 노래는 센티멘털(Sentimental)한 데로 과히 기울어지기가 쉬운데, 이 작作에는 그런 점이 없는 것을 취할 것입니다.

참대밭

이제나 저제나 기다리다 못해
참대밭 달아 드니 파도 소리 출렁출렁.
풍랑 쳐도, 배 없나? 노 없나?
섬에선 저녁 연기 떠 오는데.

–김동환 지음. "조선 문단"에서

◇작자作者– 파인巴人 김동환金東煥 군은 천분天分 있는 작자 중의 한 사람으로, 많은 이에게 애독愛讀을 받는 줄 압니다. 군의 시집 "국경國境의 밤"과 "승천昇天하는 청춘" 두 권은 한국 시단詩壇의 큰 수확收穫이었습니다. 군의 작풍作風은 근래의 민요 및 가사형歌詞形에 기울어지는 듯합니다. 군은 가장 잘 한국 민요의 정신을 이해하고, 외국어의 영향影響에서 벗어난 우리말의 사용법에 능합니다.

◇대의大意–저 풍랑 많은 바다를 건너 섬에 계시는 임이 오늘 오신다고 약속을 하였는데, 이제나 올까 저제나 올까 하고 아무리 기다려도 종내 오지를 아니하니, 기다리다 못해 배가 와서 닿는 참대밭으로 나가 본즉, 그이는 그림자도 보이지 않고, 파도 소리만 출렁출렁 납니다. 벌써 날은 저녁때가 다 되어서 그이 계신 섬에서는 저녁 연기가 떠 오르는데, 아직까지 아니 오시니 괘씸하지 않습니까? 뒷날에 핑계는 풍랑이 많아 못 왔노라 하실 터이지. 아무리 풍랑이 많다 해도 배가 없나 노가 없나? 오려는 정성만 있으면, 못 올 것 없을 것을 정성이 없어서 안 온 것이지요.

◇자구字句–노: 배젓는 막대기.

◇감상鑑賞–민요는 간단한 어귀語句에 많은 뜻을 포함하였고, 또 민중

생활의 보편적普遍的 경험을 주제主題로 한 것이라야 됩니다. 파인 군의 "참대밭"은 이 두 가지에 다 급제及第하였습니다. "풍랑 쳐도, 배 없나? 노 없나?" 하는 한 마디로 천만 가지의 원한怨恨을 나타낸 것이 능수能手요, 또 바닷사람의 상상想像하는 단순하고도 보편적인 제재題材가 민요다운 민요를 만들게 한 것이외다. 같은 잡지에 실린 이하 수장數章도 같은 종류의 민요로 애송愛誦의 가치가 있는 것이외다.

해녀海女의 노래

나룻배 열 두 척 다 들어와도,
그이만 안 오네, 안 온다네.
장전長箭 끝 삼십 리 파도 세던가?
파도가 세었으면 갈매기 넘께?
돛대가 세 동강 나더라도,
나는야 올 줄 아오, 올 줄 알았소.

◇대의大意-올 줄 알고 그리고 믿었던 임이 배반을 하였으니, 그 원한이야 더욱하지 않으랴? "돛대가 세 동강 나더라도" 그이야 설마 안 올 리가 있나?

웃은 죄罪

지름길 묻기에 대답했지요.
물 한 모금 달라기에 샘물 떠 주고,
그리고는 인사하고 웃고 받았지요.

평양 성에 해 안 뜬대두,
난 모르오,
웃은 죄밖에.

◇대의大意-웃은 것이 무슨 죄랴? 공연히 일 없는 아낙네들 별 시비를 다하지. 자기들은 그럴 때에 웃지 않을까? 그건 그러나, 참 그이는 잘도 났지. 어딋 손님일까? 시방도 눈에 선하이, 그 인사하고 가던 뒷모양이.

면화밭

나는 좋더라, 면화 밭은.
꽃이 피어 열매 맺고.
열매 피어 또 꽃 되네.

늙어도 청청한 소나무,
끊어도 되돌아 붙는 한강 물.
얘, 셋째야 말 좀 해라.

◇대의大意-이렇게 나는 늘 생각하고 이렇게도 말을 붙이는데 왜 가만만 있느냐? 속 시원히 말이나 좀 하렴. 왜 내가 나이가 많아 그러냐? 늙어도 청청한 소나무란다. 옛날 내 생각이 나기도 하겠구나. 한강 물이 끊였다가도 다시 잇긴다. 목화 꽃은 열매 맺혀 또 흰 꽃 되지 않더냐? 에구, 답답해! 대답 좀 하려무나.

산 넘고 물 건너

산 넘고 물 건너,
내 그대를 보러 길 떠났노라.

그대 있는 곳 산 밑이라기,
내 산길을 토파 멀리 오노라.
그대 있는 곳 바닷가라기,
내 바다를 건너 멀리 오노라.

아, 오늘도 잃어진 그대를 찾으러
이름 모를 이 마을에 헤매노라.

-양주동 지음. "동광"에서

◇작자作者-무애無涯 양주동梁柱東 군은 평론가로서, 근일에 국민 문학 주창자主唱者로 이름이 있거니와, 그는 시작詩作에도 순실純實한 정서情緒와 칼날의 섬광閃光같은 기지機智로 특색이 있는 이요, 또 우리말 사용에

특히 용의用意가 있는 이외다. 이 작품은 그의 순실한 서정적抒情的 시 중의 하나로, 그 진지眞摯한 태도가 사람을 감동ㅎ게 하는 것이외다.

◇대의大意-그대는 나의 사랑하는 사람이라, 사랑 앞에 물과 산이 가리우랴? 나는 그대를 보려고 산도 마다 아니하고, 물도 마다 아니하고 길을 떠나 갑니다. 어떤 사람은 그대 있는 곳이 산 밑이라고 하기에, 나는 산길을 터벅터벅 걸어서 먼 길을 싫어 하지도 않고 찾아 갑니다. 또 어떤 이는 그대가 바다에 있다 하기에 험한 물결 이는 바다도 마다 아니하고 바다를 건너 찾아 갑니다.

그대는 어찌하여 내게서 떠났는가? 나는 어찌하여 그대를 잃었는가? 한탄한들 무엇하리요? 오늘도 잃어진 그대를 찾으러 떠나서 이 마을까지 와서 헤매는데, 나는 예가 어딘지도 모르고 여기서 어딜 가야 그대를 찾을지도 모릅니다. 그러나 다만 그대를 찾고 싶어 그냥 헤매 다닐 뿐이외다.

◇자구字句-토파: 참을성 있게 연해 찾으면서 길을 걸어. 이름 모를 이 마을에 헤매노라: 그대를 찾으러 다니다가 이름도 모를 마을에 왔지마는, 그냥 더 찾고 자 하노라.

◇감상鑑賞-여러 말 할 것 없이 분명합니다. "그대"라는 임에게 대한 정성의 깊은 정도를 순박한 말로 나타낸 것이외다. "그대"가 혹은 부모도 될 수 있고, 친구도 될 수 있고, 애인도 될 수 있으며, 또는 가장 사모하는 이상理想도 될 수 있습니다. 사모하여 찾으러 다니되, 부글부글 끓어 오르는 일시적 열정熱情으로 사모하는 것이 아니라, 꾸준히 지키어 나가고 험한 것, 괴로운 것을 마다 아니하고 찾으러 다니는 인내적忍耐的 사모를 말하였습니다. 이름 모를 마을을 헤매니 찾을 가망도 없고 웬만한 사람이면 낙심하여 그만둘 것이나, 낙심 않고 그냥 찾으려 헤매는 그 정성에 누가 눈물을 아니 흘리겠습니까?

17. 내무재 영內霧在嶺

박종화朴鍾和

(1)

내무재 고개는 안개만 서리는 곳,
높고 높아서 보랏빛 도라지 꽃도 으스스 추위에 떨며 웃는다.

천 년 묵은 전나무, 박달나무, 백화白樺나무,
노끼와 낫을 들이지 않은 엄청난 밀림密林의 숲은
마루마루 하늘을 찔러 햇빛을 가리우고.

빨강이, 하양이, 주황빛,
이름도 모를 고산 식물 꽃,
동화童話처럼 화려하게 꿈을 사른다.
그러나 이 곳은 안개만 서리는 곳,
높고 높아서 나비조차 못 오는 곳.

(2)

한낮이언만,
어리친 강아지 새끼 한 마리도 없는 텅 빈 다정茶亭에,
우리는 깨어진 찻종으로 작설雀舌차를 기울인다.
덥지도 않고 차지도 않은 밍둥그르르한 차 맛,
파파 센 머리로 외롭게 찻집을 지키는
할망구 같이 을씨년스럽다.

"호랑이 무섭지 않소?" 하는 물음에,
할망구는 주름잡힌 쪼그라진 얼굴로 해죽이 웃으며
멀리 건너편 산신당山神堂의 그림을 가리킨다.
신앙에 사는 마음,
모옥茅屋한 간과 같이 호젓하구나!

(3)

내무재 고개는 무인지경 사십 리,
오르고 내리면 안개 속 팔십 리.
솔 바람, 비 소리 속에
태고太古에 들다.

오오, 바다! 나무 바다!
푸르다 못해 검은 장엄한 신비여!

골골마다 아름드리 거목巨木은
세로, 가로, 딩굴어 유해遺骸처럼 쓰러지고,
운명殞命한 나무 밑에는
표고, 능이, 송이, 국수,
가을 버섯이
호젓이 향기롭다.

내무재 고개는 무인지경 사십 리,
오르고 내리면 안개 속 팔십 리.
길이 벅차서 초군도 안 오는 곳.

18. 그믐달

나도향羅稻香

나는 그믐 달을 몹시 사랑한다.

그믐 달은 너무 요염妖艶하여 감히 손을 댈 수도 없고 말을 붙일 수도 없이 깜찍하게 예쁜 계집 같은 달인 동시에, 가슴이 저리고 쓰리도록 가련한 달이다.

서산 위에 잠간 나타났다 숨어 버리는 초생 달은 세상을 후려 삼키려는 독부毒婦가 아니면, 철 모르는 처녀 같은 달이지마는, 그믐 달은 세상의 갖은 풍상風霜을 다 겪고 나중에는 그 무슨 원한怨恨을 품고서 애처롭게 쓰러지는 원부怨婦와 같이 애절哀絶하고 애절한 맛이 있다.

보름의 둥근 달은 모든 영화와 끝없는 숭배를 받는 여왕 같은 달이지마는, 그믐 달은 애인을 잃고 쫓겨남을 당한 공주公主와 같은 달이다.

초생 달이나 보름 달은 보는 이가 많지마는, 그믐 달은 보는 이가 적어 그만큼 외로운 달이다. 객창 한등客窓寒燈에 정든 임 그리워 잠 못 들어 하는 분이나, 못 견디게 쓰린 가슴을 움켜잡은 무슨 한 있는 사람 아니면, 그 달을 보아 주는 이가 별로 없는 것이다. 그는 고요한 꿈나라에서 평화롭게 잠든 세상을 저주하며 홀로 머리를 풀어 뜨리고 우는 청상靑孀과 같은 달이다.

내 눈에는 초생 달 빛은 따뜻한 황금 빛에 날카로운 쇠 소리가 나는 듯하고, 보름 달을 쳐다보면 하얀 얼굴이 언제든지 웃는 듯 하지마는, 그믐 달은 공중에서 번뜻하는 날카로운 비수匕首와 같이 푸른 빛이 있어 보인다.

내가 한 있는 사람이 되어서 그러한지는 모르되, 내가 그 달을 많이 보고 또 보기를 원하지만, 그 달은 한 있는 사람만 보아 주는 것이 아니라, 늦게 돌아가는 술주정군과 노름하다 오줌 누러 나온 사람도 보고, 어떤 때는 도둑놈도 보는 것이다.

어떻든지, 그믐 달은 가장 정 있는 사람이 보는 중에 또는 가장 한 있는 사람이 보아 주고, 또 가장 무정한 사람이 보는 동시에, 가장 무서운 사람들이 많이 보아 준다.

내가 만일 여자로 태어날 수 있다 하면, 그믐 달 같은 여자로 태어나고 싶다.

19. 물매미

계용묵桂鎔默

물매미 놀림은 역시 아침결보다 저녁결이 제 시절이다. 학교로 갈 때보다는 올 때가 아무래도 마음이 놓이는 모양이다. 아침에는 기웃거리기만 하다가 내빼던 놈들이, 학교에서 돌아올 때만 되면, 그 적에야 아주 제 세상인 듯이 발들을 꽉 붙이고 돌라붙는다. 오늘도 돈 백 환어치나 사 놓게 된 것은 오후 네 시가 지나서부터다.

지금도 어울려 오던 한 패가 새로이 쑥 몰려 들자, 물매미를 물에 띄운 양철 자배기 가장자리로 돌아가며 간을 무수히 두고, 간마다 번호를 써 넣은 그 번호와 꼭같은 번호를 역시 1에서 20까지 쭉 일렬로 건너 쓴 종이 위에 아무렇게나 놓았던 미루꾸 갑을 집어 들고,

"자, 과잔 과자대루 사서 먹구두, 잘만 대서 나오면 미루꾸나 호각이나 건 소청대루 거저 가져가게 된다. 자, 누구든지!"

하고 노인은 미루꾸 갑을 도로 놓고, 조리를 들어 물매미를 건져서 자배기 한복판에 굵다란 철사로 둥그렇게 휘어, 공중 달아 놓은 그 둥그러미 속으로 쏟아 넣었다. 그 둥그러미를 통하여 물위에 떨어진 물매미는 물 속을 버지럭버지럭 헤어 돌더니, "4" ㅅ자 번호 간으로 들어간다.

"자, 보았지? 4ㅅ자에다 미루꾸를 대고 이렇게 되면 미루꾸를 가져가게 되는 판이 다. 자, 누구든지!"
하고 아이들을 쭉 훑어 보았다.

그러지 않아도 구미가 동하여, 한쪽 손을 호주머니 속에 넣고 우물거리던 한 아이가 자배기 앞으로 바싹 나서며, 란드셀(Ransel)을 멘채 쪼그리고 앉더니, 십 환짜리 한 장을 꺼내 놓는다.

노인은 내 놓은 십 환짜리를 무릎 앞으로 당기어 놓고, 종이봉지 속에 손을 쑥 넣었다가 내더니,

"자, 받아! 이렇게 과자는 과자대루 주고......"
하고, 콩알만큼이나한 가시가 뾰족뾰족 돋은 알락달락한 색과자 세 알을 소년의 손으로 건넨다.

소년은 과자를 받아 우선 한 알은 입에 넣고, 미루꾸 갑을 당기어 8번에다 대고, 소리를 들어 물매미를 띠서 동그라미 속에 몰아 넣었다.

물 위에 공중 떨어진 물매미는 잠겼다 솟았다 수염을 내저으며 뒷다리를 버지럭버지럭 헤어 돌아간다. 8ㅅ자 주변 가까이로 물매미의 수염이 키를 돌릴 때마다, 소년의 가슴은 호둑호둑 뛰었다. 은근히 마음이 죄었던 것이다.

그러나 허사엿다. 물매미는 7ㅅ자 간으로 들어가고 말았다. 소년은 약이 오르는 듯이 십 환짜리를 또 꺼내 이번엔 7ㅅ자 번에다 대었다. 그러나 물매미는 이번엔 또 8번으로 들어갔다. 몇 번을 대 보았으나, 물매미는 미루꾸 댄 번호로는 한 번도 들어가지 않았다. 백 환까지 잃고 난 소년은 인제 본전이 진한 듯이 얼굴이 빨개서 물러난다. 노인은 좀 미안한 듯이,

"한번 맞혀 내진 못했어두 손해난 건 없지, 과잔 과자대루 돈 값에 받았으니까. 자, 또 누구?"

하고 물러선 아이들을 또 한 번 건너다 보았다.

"저요."

한 아이가 또 들어섰다.

그러나, 역시 물매미는 미루꾸 댄 숫자로는 좀체 들어가지 않았다. 백 환짜리 두 장이 고스란히 나가기까지 겨우 한 번을 맞히었을 뿐이다.

"요 깍정이 자식이!"

소년은 약이 바짝 올라서 물매미 욕을 하며 백 환짜리 한 장을 또 꺼내 가지고, 이번에는 아무래도 한 번 맞히고야 말겠다는 듯이, 모두 스무 구멍에서 절반이나 차지하는 열 구멍에다 번호를 골라 지적하고, 그 백 환을 단번에 다 대었다. 그리고는 조심스레 물매미를 떠 넣었다. 여기엔 장본인인 소년 자신뿐이 아니라, 둘러섰던 아이들은 누구나 다같이 마음이 죄였다.

둥그러미를 통하여 물 위에 떨어진 물매미가 지적하여 놓은 그 번호 가까이로 헤어 돌 때마다, 흠츨흠츨 마음들을 놀랬다. 그러나 물매미는 요번에도 들어갈 듯이 그 지적한 번호의 주변을 몇 번이고 돌았을 뿐, 나중 가선 엉뚱한 구멍에 수염을 쳐박고 넙주룩이 뜨고 만다.

소년은 그게 마지막 댄 것이다. 더는 본전이 없다. 그만 울상이 되어 일어선다.

"고놈의 짐승, 참, 이상하게두 오늘은 미루꾸 댄 구멍으로 안 들어가네."

노인은 너무도 돈을 많이 잃은 소년이 딱해 보여서 위로삼아 해 본 말이었으나, 소년은 도리어 부아가 돋귀었다. "킹!" 하더니 손잔등이 눈으로 올라간다.

노인의 마음도 좋지 않았다.

노름에 돈을 잃고 눈물을 흘리며 돌아가는 아이를 오늘 비로소 대한 게 아니다. 날마다 한 둘씩은 으례 있는 일이었고, 그럴 때마다 노인은 자기의 직업이 한없이 미워졌던 것이다. 머리에다 흰 물을 잔뜩 들여 가지고, 손자뻘이나 되는 어린 학생들의 코묻은 돈푼을 옭아 내자고, 물매미 노름을 시켜 울려 보낸다는 것은 확실히 향기롭지 못한 노름이었다. 무슨 직업인들 못가져서, 하필 이런 노릇으로 밥을 먹어야만 되는 것일까? 자기 자식도 그들과 꼭같은 어린 것이 학교엘 가고 있다. 아이들을 바른 길로 인도하고 가르쳐 주지는 못할망정, 그들을 꾀어서 옭아 먹자는 것은 아무리 생각해도 나이가 부끄러운 일이었다.

"밥을 굶어도……"

하고 금시 집어치우고 싶은 생각이 들다가도,

"정말?"

하고 다시 따져 볼 땐, 그만 용기가 죽곤 했다. 밥도 구워 보고, 고구마도 구워 보고, 빵도 쪄 보고, 담배도 팔아 보고, 갖은 짓을 다 해 보았어도 시원하지가 않아서, 또 이런 노름으로 직업을 아니 바꾸어 볼 수 없었던 것을, 그리고 그래도 이 노름이 제법 쌀 됫박이나 마련되는 노름인 것이, 뒤미쳐 생각할 때, 노인은 마음을 냉정하게 가지지 않을 수 없었던 것이다. 여태껏 내지 못하고 깔고 돌아가던 학교 증축비 부담 5백 환을 오늘 아침에야 아들에게 들려 보낸 것도, 이 노름이 시작되면서, 이 며칠 동안에 손에 넣은 돈이었다. 생각하면 그저 냉정해야 살 것 같았다. 냉정하자, 그저 냉정해야 되겠다. 이렇게 노인은 마음을 도사려먹고, 그 소년이야 돈을 잃고 울며 가든 마든 아랑곳 할 게 없다는 듯이, 소년에게 향하였던 눈을 다시금 물매미 자배기로 돌렸다. 그리고 마음을 굳세게 가다듬은 듯이,

"에헴!"

하고 목청을 새롭게 돋우며,

"자, 또 누구? 과잔 과자대루 십 환어칠 받구두 재수만 좋으면 백 환어치 미루꾸를 공으로 얻게 되는 재미나는 노름! 자, 또 누구?"

하고, 그들의 비위를 돋구기 위하여, 물매미를 또 떠서 둥그러미 속으로 넣어 보인다.

그러나, 아이들은 인제 다들 말끄러미 마주 건너다 보기만 할 뿐, 썩 나앉는 아이가 없다. 호주머니들이 곯은 모양이다. 호주머니 곯은 아이들을 상대로는 아무리 떠든댔자 욹아질 것이 없을게다. 날도 저물었다. 벌써 햇그림자가 땅 위에선 다 말려 들었다. 학교 패들도 이젠 다들 저 갈 데로 헤어져 자리가 잡혔을 것이다. 더 벌려 놓고 그냥 앉았댔자, 집으로 돌아가는 지게꾼 장난뱅이나 어쩌다 걸려 들면 들 것 밖에 없었다. 두어 번 더 아이들을 둘러 보다가 노인은 그만 짐을 싸 가지고 일어섰다.

집에서는 마누라가 벌써 저녁을 지어 놓고, 영감님과 학교에 간 막내가 돌아오기를 기다리고 있었다.

막내가 돌아올 시간은 이미 늦었는데, 웬 까닭인지 알 수가 없었다. 저녁을 다 먹고 나서도 막내는 돌아오지 않았다. 기다리다 못하여, 노인은 학교로 가 알아 보았다. 숙직 선생은 아이들이 돌아간 지는 이미 오랬다고 하고, 몇 학년이냐고 묻기에, 2학년이라고 했더니, 최영돈이 그 애는 오늘 결석이라고 했다.

노인은 무슨 알 수 없는 불길한 예감에 가슴이 뜨끔하였다. 아침 학교에 간다고 나간 아이가 학교에는 가지 않고 어디로 갔을까?

"분명히 그 애가 오늘 오지 않았어요?"

미안쩍어 노인은 다시 한번 재쳐 물었으나,

"내가 최영돈이 반 담임이 되어서 오고 안 오는걸 잘 압니다.

글쎄 한 번도 결석이 없던 앤데, 오늘 처음으로 결석이기에 나도 이상히 여기고 있었습니다. 그럼 집에서는 영돈이가 학교로 간다고 나오기는 했군요?"

하고, 평상시의 출석 상황까지 정확히 알고 말하는 선생의 대답을 들으니, 영돈이가 오지 않았던 것만은 의심할 여지가 없었다.

어디로 갔을까? 어디로 가서 종일토록 집으로도 돌아오지 않을까? 오늘 학교 부담비 5백 환을 넣고 나간 그 돈으로 관련되어, 무슨 일이 생긴 것은 아닐까? 노인은 알 수 없는 생각을 안은 채 눈이 둥그레서 되돌아왔다.

밤이 이슥해서다. 문밖에서 두런거리는 소리가 나기에 내다보았더니, 군밤 장수 권 서방이 영돈이를 데리고 들어오는 것이었다.

"아아니, 너 어디 갔다 이제 오니? 아, 권 서방은 어떻게 또……?

노인은 들이오는 막내를 보고 반가와 마주 나왔다.

"허, 너 인제 들어가거라. 그런데, 영감님. 영돈일 너무 꾸짖지 맙시오. 애들이 철이 없어 그랬겠으니 차후일랑 그리지 말라고 이르고…… 어서 너 들어가."

하고, 권 서방은 막내의 등을 안으로 밀었다.

"역시 까닭은 있었구나!"

노인은 그것이 궁금하지 않을 수 없었다.

"아아니, 너 어딜 갔더랬어? 아, 권 서방이 어떻게 밤 늦게 얠 데리고....?

아니, 어디서 권 서방이 얠....?"

하고, 노인은 부썩 마주 섰다.

"아니, 뭐 그런 게 아니구요. 아마 영돈이가 아침에 학교에 갈 때, 저

종점께서 물매미 노름을 했나보죠! 그래, 돈을 잃구는 학교두 안 가구 우리 놈하구 우리 집으루 밀려 들어와선 종일 놀구 있기에, 저녁이나 먹군 집으루 가 자랬더니, 아버지한테 꾸중을 듣겠다구 못 가겠다기에 내가 데리구 왔죠. 뭐 꾸짖을 것두 없어요. 아이들에게 물매미 시키는 어른이 글렀지요. 그까짓 철없는 애들이야 그거 뭐 아나요? 어서 들어가 자거라."

노인은 그만 더 추궁할 용기가 없었다. 권 서방 보기가 부끄러웠던 것이다. 얼굴이 들리지 않았다.

"어서 들어가 주무십시오. 너두 들어가 자구……. 아이, 참, 달두 밝다. 전등이 없으니깐 더 밝은 것 같군."

돌아서는 권 서방을 멍하니 바라만 보았을 뿐, 뭐라고 인사 말도 나오지 않았다.

말도 없이 그대로 마당 가에 우두커니 서 있는 늙은 아버지와 어린 자식을, 흐르는 달빛만이 유난히 어루만지고 있었다.

20. 송화강松花江 뱃노래

김동환金東煥

새벽 하늘에 구름장 날린다.
에잇! 에잇! 어서 어서 노 저어라.
구름만 날리나? 내 맘도 날린다.

돌아다보면 고국이 천 리런가?
에잇! 에잇! 노 저어라. 이 배야, 가자!
온 길은 천 리나,
갈 길은 만 리다.

산山을 버렸지, 정情이야 버렸나?
에잇! 에잇! 노 저어라. 이 배야, 가자!
물은 흘러도,
넋이야 가겠나?

여기는 송화강 강물이 운다야.

에잇! 에잇! 어서 노 저어라. 이 배야, 가자.

강물만 울더냐?

장부도 따라 운다

21. 전원田園의 낙樂

문일평文一平

경산조수耕山釣水는 전원 생활의 일취逸趣이다.

도시 문명이 발전될쑤록 도시인은 한편으로 전원의 정취를 그리워하여, 원예園藝를 가꾸며 별장別莊을 둔다. 아마도 오늘날 농촌인이 도시의 오락에 끌리는 이상으로, 도시인이 전원의 유혹을 받고 있는 것이 사실이다.

인류는 본래 자연의 따스한 품속에 안겨 토향土香을 맡으면서 손수 여름지이를 하던 것이니, 이것이 신성神聖한 생활이요, 또 생활의 대본大本일는지 모른다.

이른바 운수雲水로써 향鄕을 삼고 조수鳥獸로써 군群을 삼는 도세자류逃世者流는 좋은 것이 아니나, 궁경躬耕의 여가에 혹은 임간林間에서 채약採藥도 하고, 혹은 천변川邊에서 수조垂釣도 하여, 태평세太平世의 한 일민逸民으로서 청정淸淨하게 생활함을 누가 원하지 않으랴?

"유수유산처 무영무욕신有水有山處 無榮無辱身"

이것은 고려 때 어느 사인士人이 벼슬을 내어 놓고 전원으로 돌아가면서 자기의 소회所懷를 읊은 시귀詩句이어니와, 세간世間에 어느 곳에 산수가 없으리요마는, 영욕榮辱의 계루係累만은 벗어나기 어렵다. 첫째 심신心

身의 자유를 얻어야만 하는데, 심신의 자유는 염담 과욕恬談寡慾과 그보다도 생활 안정安定을 반드시 전제前提 요건要件으로 삼는다.

그렇지 않으면 산수 사이에 가 있어도, 무영 무욕無榮無辱의 몸이 되지 못할 것이다. 그러나 이 시귀詩句를 읊은 그로 말하면, 아마도 그만쯤한 수양修養과 여요餘饒는 있던 모양이다. 아무리 단사 표음簞食瓢飮의 청빈 철학清貧哲學을 고조高調하는 분이라도, 안빈 낙도安貧樂道한 생활상 기초基礎가 없고서는 절대 불가능할 것이 아닌가? 인생이 공부는 고요한 곳에서 하고, 실행은 분주한 곳에서 하는 것이 좋으나, 그러나 권태倦怠해지면, 다시 고요한 곳으로 가는 것이 상례常例이니, 전원 생활은 권태자의 위안소慰安所이다.

권태자뿐이 아니라, 병약자病弱者에 있어서도 도시 생활보다 전원 생활이 유익함은 말할 것도 없다. 맑은 공기와 일광日光과 달콤한 천수泉水는 확실히 자연의 약석藥石이며, 좋은 산채山菜와 야소野蔬며, 씩씩한 과실은 참말로 고량膏粱 이상의 진미珍味이니, 이것은 전원 생활에서 받는 혜택 중의 몇 가지로서, 병약자에게도 크게 필요한 바이다.

"흔연작춘주 적아원중소欣然酌春酒 摘我園中蔬"

이것은 전원시인田園詩人 도연명陶淵明의 명구名句로서, 이익재李益齋의 평생 애송愛誦하던 바이다.

청복淸福이 있으면 근교近郊에 조그만 전원을 얻어서 감자와 일년감을 심고, 또 양이나 한 마리 쳐서 그 젖을 짜 먹으며 살아 볼 것인데, 그러나 이것도 분외 과망分外過望일는지 모른다.

22. 해운대海雲臺에서

이은상李殷相

양풍涼風을 찾아 나는 이제 해운대 바위 위에 섰다, 가슴을 헤치고.

그러나 바다는 내게 뜨거운 불길을 퍼붓는다. 고열高熱의 노상爐上에나 오른 듯이 내 가슴은 탄다. 바다를 그 누구가 시원한 곳이라고만 이르더냐?

성城같이 둘린 저 높은 파도波濤, 저리로 돌아 나가는 희고 붉은 두서너 범선帆船, 물 차며 나는 무수한 갈매기, 호수湖水를 베고 누운 백사白沙의 장정長汀, 어느 경관景觀이 지금 내 가슴에 불지르지 않는 것이 없다. 기억記憶과 번뇌煩惱의 뜨거운 불을 아람아람 퍼붓는다.

무상無常 신속迅速의 대법칙大法則은 가는 바람 오는 바람이 되어, 가며 오며 내 가슴에 타는 불을 더 지르고, 더 태우는 것이다.

"풍연해파평風軟海波平"이라 하여, 저 여말麗末의 시인詩人 정운곡鄭雲谷은 여기 와 고요한 바다를 보고 갔고, "어룡분노해산명魚龍憤怒海山鳴"이라 하여, 근시近時의 시인詩人 이간옹李艮翁은 이 바다의 성낸 물결을 보고 갔거니, 그들은 다 고요한 바다, 성낸 바다의 물결만 노래하며, 괴로운 생각 없이 황대荒臺를 지나가던가?

저 최고운崔孤雲의 자字가 해운海雲이요, 또 여기 이 곳이 그가 와 놀던 곳이라, 후인後人이 이름하여 "해운대"라고. 비바람 일천 년에 지나가는 뭇 행인의 무상無常한 탄식도 많았으리라.

해운대 빈 터라고 탄식하지 마시오들,
뜬 구름 제 본성本性이라, 자취 없음이 옳으니라.

그렇다. 해운海雲이 처음부터 여기 그 자취를 남기러 온 것 아니었고, 대명臺名이 또한 구름이라, 바람 속에 빈 자리로 남아 있음이 옳은 일이니, 행인은 부질없는 탄식을 발發할 것 없다.

석대石臺의 비어 있음이 그게 바로 자연의 뜻이어니와, 가고 가는 억만億萬 인생이 그도 다 구름인 것을 어찌랴? 최공崔公은 구태여 불러 자기 이름을 해운海雲이라 하였지마는, 인생 그 누구가 구름 아닌 자 있을 것이랴?

천 년千年에 백만百萬 구름 뜨고 간 이 바다를
오늘도 한 조각 구름 바람결에 지나노라.

너도 나도 일편운一片雲으로 기멸起滅이 무상無常한 자 아니겠느냐? 유위유사有爲有事, 동분서주東奔西走, 그러나 필경은 무상함이 구름에 지날 것 무엇이더냐?

다시 보아라. 인생만 이런 것이 아니요, 우주 대자연이 모두가 생주이멸生住移滅의 진리를 벗어나지 못하는 것이다.

허허 우습구나, 문득 서 헤아리매,

최 선자崔仙子 밟으신 돌이 내 발 아래 모래로세.

천 년 풍우에 그 날의 바윗돌은 부스러져, 오늘 내 발 아래 조약돌 모래가 되고, 내가 오늘 밟고 섰는 이 바윗돌도 천 년 후에 이곳을 지나가는 그 어느 나그네의 발에 소리 내며 밟히는 조약돌과 세모래가 될 것이다.

슬프지 아니하냐? 우습지 아니하냐? 구하고, 기다리고, 바장이고, 허덕이던 온갖 일이 헛되지 않은 것 무엇이냐?

촉석矗石위에 석불石佛같이 우뚝 선 동안, 파도波濤너머, 구름 너머, 무변장활無邊壯濶한 대우주大宇宙의 경관景觀은 내게 무상無常의 일도一道밖에 일러 주는 것 없고, 암벽岩壁이 부서져라 치는 파도에 내 가슴이 제가 먼저 깨어지는데, 되물러 밀려나는 물결 위로 깨어진 가슴의 조각과 줄거리가 그대로 조개껍질도 되고, 풀포기도 되어 떠다닌다.

해운대는 슬픈 곳일러라. 인생의 무궁한 번뇌煩惱로 불타는 가슴을 식히는 듯, 더 태우고 돌아오는 곳일러라.

23. 민족의 맥박脈搏

양주동梁柱東

한밤에 불 꺼진 재와 같이
나의 정열情熱의 두 눈을 감고 잠잠할 때에,
나는 민족의 힘없는 맥박을 짚어 보노라.
나는 임의 모세관毛細管, 그의 맥박이로다.

이윽고 새벽이 되어 훤한 동녘 하늘 밑에서
나의 희망과 용기가 두 팔을 뽐낼 때면,
나는 민족의 소생甦生된 긴 한숨을 듣노라.
나는 임의 기관氣管이요, 그의 숨결이로라.

그러나 보라, 이른 아침 길 가에 오고 가는
튼튼한 젊은이들, 어린 학생들, 그들의 공 던지는 날랜 손발,
책보 낀 여학생의 힘있는 두 팔,
그들의 빛나는 얼굴, 활기 있는 걸음걸이—
아아, 이야말로 참으로 민족의 산 맥박이 아닌가?

무럭무럭 자라나는 갓난애의 귀여운 두 볼,

젖 달라 외치는 그들의 우렁찬 울음,

적으나마 힘찬 무엇을 잡으려는 그들의 손아귀,

해죽해죽 웃는 입술, 기쁨에 넘치는 또렷한 눈동자—

아아, 민족의 대동맥大動脈, 민족의 폐肺는, 아기야, 너에게만 있도다.

24. 노인 찬老人讚

정비석鄭飛石

남보다 뛰어나게 노인을 존경하노라고 장담壯談하기는 어려우나, 어느 편이냐 하면, 나는 역시 노인을 좋아하는 편이다. 머리와 구레나룻이 서릿발처럼 희고, 수척瘦瘠한 몸이 학 같이 고담枯淡하게 늙으신 어른은, 함부로 바라보기조차 외람하도록 거룩하거니와, 그다지 야하지 않을 정도로 수수하게만 늙으셨다면, 그 몸에 지닌 춘추春秋의 덕德으로도, 우리는 노인을 우러러 모시어 마땅할 것 같다.

늙는다는 것이 무의미無意味한 세월의 축적蓄積을 의미하는 것이 아니라, 세월의 가산加算에 따라, 경험과 지혜知慧와 덕성德性이 아울러 쌓여감을 말하는 것일찐대, 노인들이 몸에 지니고 있는 겸양謙讓과 인내忍耐의 미덕美德은, 결코 일조 일석一朝一夕의 노력으로 이루어질 성질의 것이 아니라, 장구長久한 시일을 두고, 세파世波와 인정人情에 씻기고, 닦인 연후然後의 기품氣品일씨 분명하니, 그 더욱 귀하다 아니할 수 없겠다.

신神을 완벽完璧한 존재로 쳐서, 항상 신의 존재에 가까와지려고 애쓰는 것은 확실히 인간성人間性의 갸륵한 일면一面이거니와, 사람으로서 신의 경지境地에 가장 가까울 수 있는 이도 역시 노인이 아닐 수 없다. 유교

儒教에서 경노 사상敬老思想을 고취鼓吹한 것은, 단순히 장유長幼의 질서秩序만을 유지하기 위한 한낱 도덕적 방편方便만이 아니었음을, 어시호於是乎 우리는 깨달을 수 있다.

사람이 맑고 깨끗하게 늙기가 무척 어려운 일이기는 하지마는, 집안에 귀하게 늙으신 어른을 모시는 일처럼, 마음 흡족한 일이 없을 것이다. 귀하게 늙으신 어른은 그냥 노인이라기보다도, 그 분 자신이 세련洗鍊된 교양의 표본標本이요, 연마鍊磨된 인격의 역사적인 아름다움인 것이다.

덕망德望 높으신 노인을 가까이 모시고 앉았으면, 잠자코 있어도 변화 많은 역사의 자취를 눈앞에 보는 듯해서, 마음이 절로 너그러워진다. 사물의 일시적인 현상現象에 조금도 현혹眩惑하지 않고, 항상 정확한 관찰과 냉철冷徹한 판단으로, 어려운 일을 일사불란一絲不亂하게 처리할 수 있는 능력도, 노인들의 풍부한 경험이 아니고서는 도저히 안 될 일이니, 그토록 태연 부동泰然不動하고, 여유 작작餘裕綽綽한 노인들의 태도는, 이미 그 태도 하나만으로도 젊은이들에게는 커다란 교훈인 것이다.

흔히들 이르기를, "사람은 늙을 것이 아니라"는 말로 노인들을 추醜하고, 천하게 여기는 경향이 없지도 않으나, 이는 겉꼴만 보고, 안꼴을 못 보는 지각知覺없는 사람들의 비방誹謗일 뿐이지, 늙을수록 덕이 높아 가고, 마음이 정정하신 분이란, 언제나 거룩하고 귀한 존재인 것이다.

집안에 귀한 노인이 계시매, 그 자손이 복되고, 나라에 귀한 노인이 많으시매, 그 국운國運이 흥할 수 있는 것은, 결코 우연한 일이 아닌 것이다.

25. 소설小說의 핀트

유진오兪鎭午

한 개의 소설은 항상 한 개의 핀트(Punt, 焦點)를 갖고 있다. 그것이 성공된 작품이면 그럴쑤록 그 핀트는 똑똑하게 나타난다. 핀트가 분명하지 못한 소설은 핀트를 맞추지 않고 박은 사진寫眞같아서, 결국 요령 부득要領不得이다.

한 소설의 전 구조全構造는 이 핀트를 선명鮮明히 하기 위하여, 가장 합리적合理的으로 구성構成되어야 하는 것이며, 그 속에 전개展開되는 모든 대소大小의 사건事件, 형형 색색의 장면場面은 이 핀트를 가장 효과적效果的으로 나타내도록 배열排列하여야 한다. 핀트가 선명한 작품은 가장 인상적印象的이며, 가장 효과적임에 반反하여, 그것이 불선명不鮮明한 작품은 가장 몽롱하며, -작자의 의도意圖한 효과를 주지 못하기는 고사하고, 까딱하면 그 반대의 결과를 작자의 우둔愚鈍에 대한 조소嘲笑를 초래招來함에 그치고 만다.

핀트를 선명히 하라. 전 구조全構造를 한 개의 핀트로 향하라 하는 것은, 결코 지금 새로이 내가 창조創造해 낸 주장主張도 아니며, 또 소설에만 국한局限된 수법手法도 아니니, 그것은 옛날부터 공인公認되어 있는 소설의 철칙鐵則이요, 또 소설뿐 아니라, 평론評論, 시가詩歌, 기타 일반 문학 작품에 다 공통됨은 물론, 나가서는 문학 이외의 모든 학문적 노작勞作, 내지乃至는 이여爾餘의 범백 사물-예例하면 처세술處世術, 소송訴訟의 변론辯論, 상업 광고, 구애술求愛術 등에까지도 변함 없이 통용될 것이다.

"우물을 파도 한 우물을 파라."

"두 토끼를 쫓는 자는 한 토끼도 잡지 못한다."

등의 격언格言은 이 의미를 포장包藏한 것이라 할 것이다.

한 개의 소설에서는 한 개의 핀트를 위하여 전 노력全努力을 집중하라는 말은, 또 얼른 생각하면 단편 소설에만 통용되는 것도 같으나, 실상은 장편 소설에도 통용되는 것이니, 이것은 이름 있는 고전적古典的 작품을 분석分析해 보아도 단번에 알 것이다. 그 일례一例로, 유고(Hugo)의 "레 미저러블(Les Miserable)"을 들어 보자. "레 미저러블"만큼 무수無數한 사건과, 장면場面과, 환희歡喜와, 고민苦憫의 파도波濤를 갖고 있는 작품은 그 예가 드물 만하되, 그 모든 것은 결국 한 개의 핀트를 선명히 하기 위하여, 한 곳으로 집중集中되어 있는 것이다. 그것이 갖고 있는 초인적超人的 다면성多面性, 일일이 기록記錄할 수 없고, 다채多彩, 다방면多方面의 사건事件, 은촉대銀燭臺를 싸고 도는 신神과 악마惡魔의 싸움, 마류스와 코제트와의 꿈 같은 사랑, 폭동暴動, 시가전市街戰, 워털루(Waterloo)의 대회전大會戰, 이 모든 것은 결국은 작자가 서序에서 말한바 "법률과 풍습風習에 의하여 어떤 영겁永劫의 사회적 처벌處罰이 존재存在하고, 이리하여 인위적人爲的으로 문명의 한가운데 지옥地獄을 만드는, 곧 사회적 질식窒息이 가능可能한 것"을 보여 주고, 아울러 그 "영겁永劫의 문제"의 해결解決을 "영겁永劫의 문제는 무엇이뇨? 죽은 것이니라." 하는 유고(Hugo) 일류一流의 도피적逃避的, 운명적運命的인 세계관世界觀, 인생관人生觀에 귀착歸着시키려는 곳으로 집중集中되어 있는 것이다.

그러므로, 작자가 잔 발잔(Jean valjean)으로 하여금 모든 것을 다 잃은 후에 죽음의 운명을 등지게 하고, "빛이 보인다. 더 가까이 오너라. 나는 즐겁게 죽는다."라고 말하게 한 것은 결코 우연偶然이 아니다. 이것을 간단히 말하면, 유고는 "레 미저러블"을 통하여 피 흘리는 변혁變革이 승리勝利하고, 바야흐로 건설建設에 매진邁進하는 당시의 시민市民을 비판批判하는 동시에, 개혁改革의 환멸幻滅을 신神의 거룩한 손으로 도피逃避함에 의하여, 잊으려 하는 당시의 시민市民의 고민苦悶을 나타내려 한 것이다. 이 시민의 고민을 그는 "영겁永劫의 문제"로 대치代置하였으나, 그것은 하여간, "레 미저러블"이 소설로서 성공한 것은 이렇듯 그 핀트가 똑바로 맞아 있기 때문이었다. 이러한 분석分析은 보다 액셔니즘(Actionism)이라 할 유고의 소설에만 적용適用되는 것이 아니라, 보다 심리주의적心理主義的인 도스토예프스키(Dostoevsky)의 제작諸作, 이를 테면 "죄罪와 벌罰"에도 똑같이 통용되는 것이다. "죄와 벌"에 대해서는 이 곳에 분석分析을 시험하려 하지 않으나, 어찌하였든 이것으로서 소설에서 핀트를 선명히 함이 얼마나 중요한 것일까 하는 것만은 밝혀 졌을 줄 생각한다. 물론 이 말은 아무리 큰 소설에라도 핀트는 단 하나뿐이라는 말은 아니다. 부분 부분을 떼어보면, 그 부분마다 또 각각 핀트를 갖고 있는 것이 상례常例이다. 문제는 그런 부분적 핀트가 제멋대로 분산分散되어 있는가, 전체의 핀트를 향하여 통일되어 있는가에 의하여 결정되는 것이다.

핀트가 분명하지 못한 소설, 또는 둘 이상의 핀트를 갖고 있는 소설은 대개 소설로서 성공成功하지 못한다. 그 일례一例로 나는 톨스토이(Tolstoy)의 "부활復活"을 들고 싶다. 톨스토이가 일대一代의 문호文豪요, 수많은 걸작傑作을 남긴 것은 사실이나, 그의 "부활"만은 소설로서 성공한 것이라고 나는 보고 싶지 않다. “부활”은 전체의 구성構成이 산만散漫하고, 통일이 없으며, 작품의 핀트가 어디 있는지 찾기가 곤난하다. 네플류도프의 작죄作罪에 있는가, 그렇지 아니하면 참회懺悔에 있는가? 작자는 참회에다 핀트를 둔 듯하나, 작죄作罪의 장면場面의 기막힌 박력迫力은, 그 자신自身 한 개의 완족完足한 예술적 일체一體를 이루고 있어, 다른 사족蛇足의 첨가添加를 용서容恕ㅎ지 아니한다. 네플류도프가 카튜사(Katusha)를 유혹誘惑하는 장면場面은 실로 모파상(Maupassant) 문학에서도 유례類例를 구할 수 없을만큼 정열적情熱的인 생활의 긍정적肯定的 계시啓示다. 그것은 그것만으로 훌륭한 소설을 구성構成하는 것이며, 만일 톨스토이가 그것만을 따로 떼어 발표하였던들, 그것은 무류無類의 걸작傑作이 되었을 것이다. 그러함에 불구不拘하고, 톨스토이는 그의 인도주의人道主義로써 그 다음에 장황張皇하게, 실로 장황하게, 네플류도프의 참회懺悔를 그려 놓았다. 이곳에서는 전반前半에서 보던 타오르는 정열情熱이 예술가 톨스토이는 흔적도 없이 사라지고, 도덕가 종교가 인생주의자 톨스토이의 차디찬 설교說敎가 있을 뿐이다. 네플류도프 참회의 부분은 그 자신 핀트가 선명하지 못한 데다가, 이렇게 하여 카튜샤 유혹誘惑 부분에 대한, 말하자면 사족蛇足을 형성形成하고 있으므로, 이 까닭에 “부활” 전체로서의 인상印象은 더욱 더욱 애매 몽롱해진다. 우리는 예술가 톨스토이의 자연으로 터져 나오는 노래에 귀를 기울여야 할는지, 인도주의자人道主義者 톨스토이의 교훈에 귀를 기울여야 할는지, 향방向方을 몰라 갈팡질팡하게 된다. 요컨대 톨스토이는 나무에 대를 접接한 것 같이 네플류도프의 작죄作罪와 참회를 연락시켰다. 그 연락은 “죄와 벌”에서의 라스코리니코프의 참회懺悔와 같은 유기적有機的의 것이 아니다. 이 “부활復活”에서의 톨스토이의 파탄破綻은 궁극窮極에는 그의 생활, 그의 인도주의人道主義 그의 종교로부터 오는 것이요, 이것을 철저히 논구論究 비판하려는 그 곳에까지 들어가야 할 것이다. 지금 나는 그런 것을 하려는 것이 아니요, 단지 소설의 핀트라는 소설 기교技巧의 문제로서 보려는 것이다.

소설의 핀트에 대하여 여기까지 써 온 본의本意는, 현재의 한국에 있어서의 소설 제작製作 및 그 비평批評에 대하여 한 마디 하고자 하는 까닭이다. 소설 작자는 흔히 한 개의 소설에서 한국의 모든 단면單面, 될 수만 있으면 전 세계全世界의 전모全貌를 묘출描出하는 것을 이상理想으로 하고, 또 평자評者는 그렇게 하기를 요구하는 것 같다. 그러나, 이러한 일은 사실에 있어서 불가능한 일이요, 가능하다 하여도 그렇게 할 필요가 없으며, 억지로 그렇게 하려다가는 작품은 도리어 실패로 돌아가고 말 것이다. 소설 작자는 자기의 역량力量, 시간時間, 문학운동으로부터 오는 필요 등을 참작參酌하여, 한 개의 제재題材를 취한 다음에는, 그의 전 정력全精力을 그 제재題材를 선명하게 사출寫出하는 방면으로 집중集中하여야 한다. 제재題材가 크면 자연 작품의 구조構造도 커지고, 거기 전개展開되는 장면과 사건도 비교적 다방면多方面일 수 있으나, 제재題材가 작으면 그렇지 않아도 좋고, 또 그렇지 않은 것이 핀트를 선명히 하는 데 도리어 효과적인 것이다.

제재題材의 대소 적부大小適否를 논論할 수는 없다. 그러나 일단一旦선택選擇된 제재를 긍정肯定하는 이상에는, 그 제재의 범위 안에서 작품의 소설小說로서의 성패成敗를 논할 것이지, 함부로 그 이외의 것을 요구해서는 아니된다.

근일의 작품 평作品評에서는 한 작품의 스토리(story)를 소개한 후에, "좀더 스케일(scale)이 큰 작품이었으면 한다"는 식의 언구言句를 붙이는 것이 한 유행流行인 듯하다. 그러나 이런 종류의 작품 평은 넌센스

(nonsense)에 지나지 않는 것이요, 평자評者의 무지無知를 말하는 것 밖에 아무것도 아니다. 첫째로 스토리의 소개는 하등何等 평이 아니다. 그것을 소개하는 것이 작품의 성패成敗를 평가評價하기 위한 전제 조건前提條件이라면, 그것은 완전한 오류誤謬다. 좋은 테마(thema)를 잡으면 비교적 성공하기 쉬운 것은 사실이나, 작품의 성패는 결국은 어떤 테마를 선택하였나 하는 것에 의하여 결정되는 것이 아니고, 그것을 어떻게 작품으로 소화消化하였나 하는 것에 의하여 결정되는 것이다.

다음에 "스케일이 좀더 컸으면" 하는 것도 대다수大多數의 경우에는 넌센스다. 제재題材의 선택은 작품의 자유요, 평자評者는 그 선택된 제재를 어떻게 소화消化하였나를 보면 그만이다. 그러므로 작자는 때로는 스케일이 큰 웅대雄大한 장편長篇을 쓰기도 하겠지만, 때로는 스케일이 작은 주옥珠玉 같은 단편短篇도 쓸 수 있는 것이다. 평자가 주옥 같은 단편을 앞에 놓고, 그것의 스케일이 작음을 비난非難하는 것은 넌센스 이외의 아무것도 아니다. 물론 이렇게 말함으로써 나는, 평자가 작자에게 눈앞에 제시提示된 단편과는 별문제別問題로, 장편 대작大作에 대한 주문註文을 내는 것을 비난非難하는 것은 아니다. 작품 평자는 모름지기 작자가 그 제재를 어떻게 보았나를 검토한 다음에는, 그 제재를 살렸나, 못 살렸나, 환언換言하면 핀트를 잘 맞췄나 못 맞췄나를 검토함에 그칠 것이다.

26. 추과 삼제秋果三題

신석정辛夕汀

1. 밤栗

명랑明朗한 이 가을 고요한 석양夕陽에
저 밤나무 숲으로 나아가지 않으려니?

숲 속엔 낙엽落葉의 구으는 여운餘韻이 맑고
톡 톡 여문 밤알이 무심히 떨어지노니,

언덕에 밤알이 고이 져 안기듯이,
저 숲에 우리의 조그만 이야기도 간직하여,

때가 먼 항해航海를 하여 오는 날 속삭이기 위한
아름다운 과거過去를 남기지 않으려니?

2. 감柿

하얀 감꽃 꿰미꿰미 꿰던 것은
오월이란 시절이 남기고 간 빛나는 이야기어니,

물밀듯 다가오는 따뜻한 이 가을에
붉은 감빛 유달리 짙어만 지네.

오늘은 저 감을 똑 똑 따며 푸른 하늘 밑에서 살고 싶어라.
감은 푸른 하늘 밑에 사는 붉은 열매이어니…….

3. 석류石榴

후원後園에 따뜻한 햇볕 굽어보면
장독에 맨드라미 곱게 빛나고,

마을간 집 양지 끝에 고양이 졸음 졸 때,
울 밑에 석류 알이 소리 없이 벌어졌네.

투명透明한 석류 알은 가을을 장식하는 홍보석紅寶石이어니,
누구와 저것을 쪼개어 먹으며 시월 상달의 이야기를 남기리?

27. 작은 용사勇士

방정환方定煥

"전교 학생은 운동장으로 집합하라!"

는 교장 선생님의 명령이 졸지에 내렸습니다.

"하학하여 돌아갈 시간인데 무슨 일인가, 무슨 일인가?"

하고 사백여 명 학생이 궁금해 하면서 운동장 복판에 반반이 열을 지어 늘어섰더니, 한 열에 선생 한 분씩이 달겨들어 끝에서부터 차례로 학생의 주머니를 뒤기 시작하였습니다.

학생 중에 흡연을 하는 악풍이 있다고 소문이 돌아서 궐련 가진 학생을 찾아내려고 조사하는 것이었습니다.

각 반, 각 열을 일시에 하므로 조사는 속히 끝났습니다. 그러나 궐련 가진 학생은 한 사람도 들춰나지 않고, 다만 운동장 한편 담 밑에 누가 던졌는지, 아까까지 없던 궐련 한 갑이 떨어져 있는 것이 발견된 것뿐이었습니다.

보고와 함께 그 궐련을 받아 든 교장 선생님은 엄숙한 말로,

"누구든지 이 궐련을 내어던진 사람은 내 앞으로 나오라."

하였습니다. 그러나, 아무리 아무리 나오라 하여도 시간만 헛되이 지나갈

뿐이요, 저녁때가 되도록 아무도 나오는 사람이 없었습니다.

"차려"를 하고 서서 두 시간 반, 다리는 부러질 듯이 아픈데, 해는 뒷산을 넘어 마당에는 어두운 그늘이 덮였습니다. 그래도, 나서는 사람은 아무도 없었습니다.

"어느 때까지든지 권련을 버린 사람이 떳떳이 나오기 전에는, 밤을 새어도 해산 명령을 안 할 터이다!"

이 엄격한 교장의 말에 학생은 물론이요 선생들까지 놀랐습니다. 누구든지 버린 사람이 얼른 나서야지, 한 사람 때문에 모두 벌을 당한단 말이냐고 수군거리었습니다. 그래도 나서는 사람은 없었습니다.

그 때, 어둑어둑 컴컴해지는 그 때에 한 사람이 뚜벅뚜벅 교장 선생님 앞에 나아가,

"제가 버렸습니다."

하는 학생이 있었습니다.

누군가 하고, 그 많은 사람의 눈이 그에게로 쏠리었습니다. 머리 큰 장난군 학생일 줄 알았더니, 천만 뜻밖에 어리디어린 품행 얌전한 소년이었습니다.

"네가 정말 버렸느냐?"

교장 선생님은 다정히 물었습니다.

"예, 제가 버렸습니다."

대답은 분명하였습니다.

"그러면 담배가 몇 개 들었느냐?"

"…………………"

소년은 대답을 못했습니다.

"왜 네가 안 버린 것을 네가 버렸다고 하느냐?"

"저 한 사람을 벌을 주시고 여러 학생을 곧 돌려 보내 주십시오. 배가 고프고 다리가 아파서 더 오래 섰을 수가 없습니다."

소년의 말끝은 떨리었습니다.

"오오, 귀여운 용사여!"

하고 교장 선생님은 달겨들어 소년의 손을 쥐었습니다. 그리고, 한층 높고 큰 소리로,

"이 어린 학생은 다른 여러 학생을 일찍 돌아가게 하기 위하여 남의 죄에 자진해 나온 훌륭한 용사다. 여러 사람을 구원하기 위하여 자기 한 몸의 고생을 감수甘受하는 것을 희생이라고 하는 것이다. 이 세상에 희생의 정신보다 더 거룩한 정신은 없는 것이다."

하고, 곧 해산을 명령하여 돌려보냈습니다.

그 때에 맨 나중에 혼자 남아서 교장 선생님 앞에 가서 눈물을 흘리는 학생이 있었으니, 그는 소년의 희생의 정신에 감동되어 권련 버린 것을 자백한 학생이었습니다.

28. 내가 본 세상

모윤숙毛允淑

일행은 잠시 시외市外 식당에서 점심 요기를 하고 다시 차를 몰아 시내 저명著名한 곳을 더 구경하기로 했다. 역사적인 인물의 분묘墳墓를 한 곳에 매장한 큰 빌딩(building)에 다달았다.

일견一見에 어변 유類의 성당聖堂같이 숭엄崇嚴한 감感을 준다. 안으로 들어가니 대리석으로 각각 분묘 위에다 살았을적 초상肖像을 만들어 세우기도 하고, 비스듬히 눕히기도 하고, 앉히기도 해서, 모두가 살아서 어떤 동작을 하는 듯이 보이었다. 각 초상 밑에는 그들의 시체를 그대로 묻있다 한다. 빅토르 유고(Victor Hugo), 아나톨 프랑스(Anatole France)의 얼굴도 있다. 한쪽에 다다르니 영국 병정들의 우악스런 칼채찍 밑에 결박되어 화형火刑을 당하는 잔 다르크(Jeanne d'Arc)의 사형 장면場面이 있다.

하얀 목은 늘어지고,
머리카락은 어깨에 산란散亂하다.
팔은 뒤로 사슬에 매이고,
발은 가시나무 위에 임臨하였다.

활활 타는 불길에 그 몸이 탄다.
아무 사양 없이 그 몸이 타오른다.
살이 끓는 소리, 피가 튀는 아픔,
뼈가 끊어져 부서지는 신음呻吟,
잔 다르크는 탄다, 몸채로 어여삐 탄다.
항복 없이 원수의 눈앞에 불꽃을 날린다.
17세 소녀 프랑스의 딸 잔 다르크의 최후最後다.
위대함이여! 거룩함이여! 영원함이여!
잔 다르크는 프랑스가 낳은 성모聖母 마리아!

나는 성스러운 잔 다르크의 모습에 경건한 기도를 올리고, 또 올리고 절했다. 역사에서 책에서 본 잔 다르크를 생각한 때보다, 그가 난 땅에 와서 그가 묻힌 시체 위에 그려 놓은 그의 최후를 보니, 가슴 미어지게 그는 범인凡人인 나의 마음을 높은 곳으로 끌어 올리는 것 같다.

29. 시조 감상時調鑑賞

이병기李秉岐

"달은 밝은 것이다."
하면 이는 한 설명이 되고 시취詩趣는 없으나,
"달은 밝다."
하면 먼젓 것보다는 시취가 있지 않습니까? 또,
"봄이 오므로 꽃이 핀다."
하면 이는 한 이론理論이 되고 시취는 없으나,
"봄이 온다. 꽃이 핀다."
하면 먼젓 것보다는 시취가 있지 않습니까?
"달은 밝다."든지, "봄이 온다. 꽃이 핀다."
든지가 그 어떻다는 이유는 없으나, 달과 봄과 꽃에 대하여 그 느끼는 바는 얼마만큼 표表한 것입니다. 그리고 또,

"천만 리 머나먼 길에 고운 임 여의옵고
내 마음 둘 데 없어 냇가에 앉았으니,
저 물도 내 안 같하야 울어 밤길 예놋다."

라는 걸 읽어 보시오. 이것은 설명도 아니고, 이론도 아니고, 감정의 의미를 그대로 잘 표현한 것입니다. 이런 것이야말로 참다운 시가詩歌의 의미를 가지고 있는 것입니다.

프랑스 문학자 볼테르(Voltaire)는 말하기를,

"시詩의 공적功績을 부정否定할 이는 아마 없으리라. 시는 산문散文보다 도적은 말로 산문보다도 많은 사실事實을 표현한다."

하였고, 미국 시인 포오(Poe)는,

"시는 순간瞬間 감격感激의 표현이다."

하였습니다. 이것은 다 장시長詩보다도 단시短詩 따위를 의미하여 한 말이 아닌가요? 과연 서정시抒情詩로는 단시短詩 따위가 가장 이상적으로 된 것입니다. 종래從來 동양의 시가詩歌에 있어서는 장시長詩보다 단시短詩가 퍽 발달되었으며, 명편名篇 가귀佳句도 단시短詩에 많이 있습니다. 한시漢詩도 그렇고 시조도 그렇습니다.

그런데, 종래의 시조를 그 의미로 보아 아래와 같이 특점特點을 들어 말할 수 있습니다.

첫째는, 진실眞實한 것, 아무 허식虛飾이 없이 진솔眞率하고 소박素朴하게 표현한 것입니다. 천진 난만한 어린애와 같이 자아自我의 감정을 그대로 표현한 것입니다. 거기에는 얼마만큼 유치幼稚한 것도 없지는 않으나, 순진純眞 절실切實한 정취情趣가 향기롭게 느껴집니다. 만일 그와 같은 진실성眞實性을 가지지 못한 시가詩歌이고 보면, 아무리 호사롭고 고운 말을 쓴 것이라도 그는 조화造花 모양으로 생기도 향내도 없을 것입니다. 야생野生한 엉겅퀴 한 포기가 화병花甁에 꽂아 놓은 장미薔薇의 조화造花 송이보다 좋을 것 아닙니까?

"월출산月出山 높더니마는 미운 것이 안개로다.
천왕天王 제일봉을 일시에 가리왜라.
두어라, 해 퍼진 후면 안개 아니 걷으랴?"

이 시조를 보시오. 얼마나 진실합니까? 그 작자가 그 이름만 듣고 평생 그리워하던 월출산을 찾아가 바라볼 제, 그 중에도 제일 수려秀麗한 천왕봉天王峰을 바라볼 제, 한편에서 희끄무레한 안개가 뭉게뭉게 피어나며 어느덧 갑자기 가려 버렸습니다.

여북 미워야,

"미운것이 안개로다."

하고 진솔眞率하게 표현했겠습니까? 이 따위는 참으로 진정眞情의 유로流露라고 볼 만합니다.

둘째는, 간정簡淨한 것, 쓸데 없는 군소리는 하지 않거나, 또는 생략省略하기도 하여 표현한 것입니다. 단시短詩는 어느 것이고 간정簡淨할쑤록 좋습니다. 흔히 장시長詩 따위는 단시短詩보다 너무 길고 지리한 느낌을 주어 독자讀者로 하여금 염증厭症이 나게 합니다. 이는 장시長詩가 단시短詩보다는 간정簡淨하지 못하게 된 까닭입니다. 시가 또 산문散文보다 보기에 편하고 외기에 편함도 이 간정簡淨한 점에 있습니다. 그러므로 시는 한편으로 혹은 알기 어려운 점이 있는 것도 있다 하여도 간정簡淨할쑤록 좋습니다. 더욱이 단시短詩에 있어 그러합니다. 시조에 있어 그러합니다.

백설白雪이 잦아진 골에 구름이 머흘에라.
반가운 매화는 어느 곳에 피었는고?
석양에 홀로 서 있어 갈 곳 몰라 하노라.

– 이색李穡

이는 겨울 동안에 온 눈이 볕바른 데는 다 녹아 버리고, 응달이나 골짜기 같은 데는 아직도 여기 저기에 남아 있고, 구름은 마침 그 곳을 뭉을뭉을 가려 있는데, 새 봄빛을 전하는 매화는 어디서 피었나 하고 찾아 다니다가, 지팡이를 비껴 들고 석양夕陽 아래 홀로 서 있는 것을 묘사描寫한 것입니다. 이렇게 그 의미를 생각ㅎ게 할만큼 얼마나 간정簡淨하게 표현된 것입니까?

세째는, 장중莊重한 것, 씩씩하고도 무겁게 보이는 것입니다.

어찌보면 거만스럽기도 하고, 가증可憎스럽기도 합니다. 오늘날 사람으로서는 평이平易하고 경쾌輕快한 것을 좋아하는 모양이지마는, 옛날 사람으로서는 이런 걸 퍽 높이고 귀엽게 여겼으므로, 시가詩歌에도 자연 그 의미가 많이 나타나게 된 것입니다.

황하수黃河水 맑다더니 성인聖人이 나시도다.
초야草野 군현群賢이 다 일어나단 말가?
어즈버, 이 강산 풍월을 누를 주고 이거니?

–정충신鄭忠信

이는 그 일례一例입니다. 옛날 한학자漢學者들이 "황하일청성인부생黃河一淸聖人復生"이라는 말을 믿고 있다가 마침내 밝은 임금이 나서 시골에 숨어 있는 선비들까지 다 불러 쓰이게 되매, 일생의 벗을 삼아 오던 강산 풍월은 어찌할까 함입니다. 이는 과연 장중莊重한 뜻이 있지 않습니까? 이 시조를 보고도 넉넉히 그 작자의 인물까지도 생각하게 되지 않습니까?

네째는, 고아古雅한 것, 야비野卑하지 않고 속俗되지 않은 것입니다. 옛날 그 시조들을 지을 그 때에는 그렇게 고아古雅하였는지는 모르나, 지금 보면 퍽 고아합니다.

> 있으렴, 부디 갈다? 아니 가든 못할쏘냐?
> 무단히 네 싫더냐? 남의 권을 들었는다?
> 그래도 하 애닯구나, 가는 뜻을 일러라.
>
> –성종成宗

이는 이조李朝 성종 대왕成宗大王이 그의 가장 사랑하는 신하 유호인兪好仁을 보낼 제 친히 술잔을 들어 권하며 지으셨다는 것입니다. 퍽 고아古雅하고 좋습니다. 이걸 다시 지금 말로 옮겨 보면,

> "있거라, 부디 가겠느냐? 아니 가든 못하겠느냐?
> 무단히 네 싫더냐? 남의 권을 들었느냐?
> 그러나, 퍽 애닯구나! 가는 뜻을 말해라."

하고 말할 것입니다. 이것은 읽어 보아도 그와 같은 고아古雅한 맛은 아니 납니다.

30. 청춘靑春과 예술藝術

이헌구李軒求

항상 청춘일 수 있다는 것은 누구에게나 가능한 일은 아니다. 어려서부터 어른이 되어버린 사람도 있고, 이십 전후에 더 발전發展을 볼 수 없는 그런 사람도 있다. 내가 청춘이라고 말하는 것은 물론 육체적 조건을 고려考慮하는 것은 아니다. 대체로 예술이라는 것은 청춘의 표상表象이라고 보아서 잘못일까? 항상 생신生新하고, 동경憧憬할 수 있고, 만유萬有에 감응感應하는바 정열情熱과 생명生命과 총혜聰慧를 가진 곳에 예술은 창조創造되는 것이다.

가장 그 적절適切한 예로서 괴터(Goethe)를 들 수가 있다. 그가 항상 청춘이었다는 것은 그의 팔십 평생平生을 통하여 항상 새로운 사랑을 발견하기에 노력하였다고 하기보다, 그는 청춘의 동경憧憬이 그로 하여금 부절不絶히 새로운 사랑을 이루게 하였다고 보는 것이 지당하겠다. 그럴 때마다 그의 심혼心魂은 하나의 위대偉大한 작품을 창작하는 것이었다. 실로 사랑은 영혼靈魂 위생법衛生法이라고까지 말하게 된 그의 일생은 비록 무서운 폭풍우暴風雨가 지나가고 절망絶望의 함정陷穽 속에 굴러 떨어져 가는 것 같으면서도, 그는 다시 새로운 미지未知의 빛나는 화원花園을 꾸미는 것이니, 그 위에 양명陽明의 새 날이 예견豫見되어 스스로 전인全人의 위대한 자아自我의 예술 세계를 육성育成하는 것이었다.

이런 점으로는 모날리자(Mona Lisa)의 신비神秘의 미소微笑 앞에 7년의 시일時日을 바친 레오날도 다빈치(Leonardo da Vinci)에게서도 우리는 불멸不滅의 청춘을 발견할 수 있다. 후세後世의 한 비평가批評家가 그 신비神秘의 미소微笑를 모독冒瀆하여 그는 기교技巧와 표현의 부족不足으로 그런 미완성未完成이요 불가사의不可思議의 치졸稚拙한 묘사描寫가 되어 버렸다는 폭언暴言을 토吐한만큼 역사적인 이 영원永遠한 미美의 상징象徵인 이 작품은 아직까지도 새로운 생각을 가지고 우리앞에 황홀恍惚한 자세姿勢를 취하는 것이다. 이 작품을 그리기에 전 정력全精力을 기울인 다빈치에게서 정신적 청춘을 느끼는 자가 어찌 한두 사람에 그칠 것이랴?

대오大悟라거니 대성大成이라거니 득도得道라거니 하는 말은 결국 그 사람이 육체肉體와 시간時間의 제한制限을 초극超克하여 영원한 생명生命—청춘靑春—을 발견한 것이라고 보아도 대오大誤는 없을 것 같다. 예술에 종사從事하는 이가 중도中途에서 탈락脫落되고 낙오落伍되는 것은 청춘靑春-생명生命-정열情熱-의욕意欲-의 고갈枯渴, 즉 더 새롭고 더 장성長成할 수 없는 막다른 골목에 이르렀을 때에 생기生起되는 필연적必然的 현상現象일 것이다. 조로早老라는 말은 또한 청춘적靑春的인 조건에서 패배敗北된 사실의 일개一個 숙어熟語일 것이다.

그런데, 동양東洋에서, 더욱 한국에서는 청춘이란 말-젊다는 말은 일종一種의 경멸輕蔑을 받고 천시賤視되는 말이기도 하다. 어서 어른이 되어야 한다는 것, 점잖아져야 한다는 것, 이것은 조로早老와도 별개別個로 어느 본격적本格的인 완성完成을 의미意味하는 윤리적倫理的 언사言辭이기도 하다. 즉 이것은 품이 있어야 하고 격格을 갖추어야 한다는 의미이기도 하다. 한국 예술의 공통적共通的 품격品格인 "멋"이라는 것을 얼른 손쉽게 생각하면 이는 또한 품品이 있고 격格이 높은 데만 그치는 것이 아니라, 자유자재自由自在로워 유유연悠悠然하고 호호야浩浩也하여 무한한 운치韻致와 더불어 순화純化되고 약동躍動하는 미美의 상징象徵인 것이다. 뿐 아니라 때로는 원숙圓熟하고 초탈超脫한 선善-선仙-의 경지境地에까지 이르기도 하는 것이다. 낙이불음樂而不淫이란 말은 "멋"을 설명하는 일면一面의 진언眞言이기도 하다. "흥興에 겹다"는 경지境地가 일층 정화淨化된 곳에서 "멋"이라는 것이 이루어지는 것이다. 지극히 직감적直感的이요 직각적直覺的이면서도 그 뒤에 숨은 오직 노력努力과 세련洗鍊이 그를 휩싸는 높은 품격品格이 있다는 것을 간과看過할 수 없는 것이다. 그런데 동양적이요 한국적인 예술의 극치極致-"멋"이라는 것이 서양적이요 예술의 생명生命인 청춘과 대비對比할 때, 이는 서로 상반相反되는 두 개의 범주範疇인 듯하나, 실로 이 두가지 속에서 공통된 그 무엇을 발견할 수 있고, 또 발견하는 데에서 우리는 또 새로운 예술의 생명으로서의 새 경지境地를 창조創造할 수 있는 것이 아닐까?

서양의 예술은 일면一面 고민苦悶과 불행不幸과-즉 현실現實에서 생멸生滅하는 인간적인-싸우고 그를 극복克服하는바 현세적現世的이요 인위적人爲的인 점에 반反하여, 동양의 예술은 인간적이요 현세적現世的이라기보다 자연에 순응順應하고 자연에 조화調和되어 오히려 현실을 떠나고 인간에서 속탈俗脫하려는 무위이화無爲而化의 경지境地에 이르는 것이라고 간단히 상식적常識的으로도 말할 수 있으리라. 이런 점에서 동양의 예술은 너무 고답적高踏的이요 봉건적封建的이요 귀족적貴族的이라고 하지 않을 수 없다. 이것은 또 환언換言하면 동양東洋은 오랜 귀족적 봉건적 전통傳統 속에서 질식窒息할만큼 긴 동면기冬眠期-현대 문명文明에 대하여-를 가져

왔다는 이유도 들 수 있는 것이다. 어쨌든, 한 번은 거부拒否되고 부정否定되어야 할 동양-한국-의 봉건적 예술의 잔재殘滓-비행동적非行動的이요 비현실적非現實的인-를 적당히 청소淸掃 계승繼承하여야 할 일이다. 그러나, 우리의 혈관血管 속을 흘러 온바 전통傳統은, 비록 우리가 그에 대하여 무지無知하였고 의식意識 못하였다고 치더라도, 이것은 앞으로 이 방면에 더 한층 정진精進하는 우수優秀한 예술가의 안목眼目을 통하여 새로이 예술가의 혈관血管과 정신精神 속에서 새로운 생명生命으로 소생甦生되어 삼국 시대三國時代의 예술이나 희랍의 예술처럼 부흥復興되는 날, 이 때의 예술은 새로운 생명-청춘-을 발견하는 것이 될 것이요, 그 위에서 현대적인 새로운 "멋"이 창조創造될 것이다.

31. 나룻배와 행인行人

한용운韓龍雲

나는 나룻배,
당신은 행인行人.

당신은 흙발로 나를 짓밟읍니다.
나는 당신을 안고 물을 건너갑니다.
나는 당신을 안으면, 깊으나 얕으나 급한 여울이나 건너갑니다.

만일 당신이 아니 오시면, 나는 바람을 쐬고 눈비를 맞으며 밤에서 낮까지 당신을기다리고 있습니다.
당신은 물만 건너면, 나를 돌아보지도 않고 가십니다그려.
그러나, 당신이 언제든지 오실 줄만은 알아요.
나는 당신을 기다리면서 날마다 낡아 갑니다.

나는 나룻배.
당신은 행인.

32. 대춘待春

노천명盧天命

하늘을, 푸른 하늘을 좀 보자, 문장門帳을 걷어라. 창窓을 활짝 열어 놓아라.

장미薔薇는 꽃병에다 꽂을 것이 아니라, 항아리에다 탐스럽게 담아다 놓아라.

나는 향낭香囊에 향을 갈아 넣기보다 생장미生薔薇를 뚝 꺾어 옷가슴에다 꽂으련다.

오늘쯤 공작새모양 단장丹粧을 해도 좋지 않겠느냐?

가방 속에다는 헌 일기책日記冊을랑 일체一切 넣지를 말라.

아무도 나와 더불어 옛 섬의 이야기를 하자고 들지 말라.

오직 새 얘기에 나는 흥미興味를 느끼고 또 경의敬意를 표할 수 있는 것이다.

아름다운 날들은 이제부터 지어질는지도 모른다.

제비처럼 마음은 가벼워져도 좋다. 종달새 같이 명랑明朗할 일이다.

신설新雪로 덮여서만 세상은 아름답게 보이는 것이 아닐 게다.

아름다운 눈으로 보면 온갖 것이 다 아름답게 보일 수 있는 것이다.

하필 왜 불미不美한 것을 찾으려 들 까닭은 없지 않으냐?

아름다운 생각을 가져 보라. 네 얼굴은 단박에 미인美人이 될게다.

내 행장行裝과 함께 이두 마차二頭馬車를 내놓아 다오. 나는 기사騎士를 찾아 떠나야 한다.

내 목장牧場의 열쇠를 가진 그를 나는 찾아야 한다.

함박눈이 펄펄 날리는 들녘을 지나 소 여물을 끓이는 구수한 냄새와 함께 마음이 착한 사람들의 얘기가 배꽃모양 피는 마을을 지나 내 이두 마차는 달린다.

나는 아름다운 생각을 길 좌우에 뿌리며 지나간다.

나의 기사騎士는 지금쯤 어디서 말에게 샘물이라도 먹이고 있는 것이 아니냐? 내 만또 위엔 소리 없이 눈이 내려 쌓인다.

마음 속엔 흰 나리꽃이 포기포기 피어난다.

시정市井 번뇌煩惱와 숱한 어려운 얘기들을 나는 천치天痴 모양 잊어버리기로 했다. 불로초不老草를 따 문 사슴이 금방 어디서 껑충 나올 것만 같구나! 나는 갑자기 가슴이 설렌다. 나의 기사騎士, 나의 희망, 오! 그대는 나의 무지개!

33. 김소월金素月의 추억追憶

김억金億

이제 소월素月은 돌아가고 말았으니, 여기에 이야기가 있다하면, 그것은 모두 돌아볼 길 없는 지나간 그 옛날의 추억에 지나지 않을 것이외다. 한창 젊은 몸으로 발휘할 수 있는 재능才能을 보여 줄 수가 있었거늘, 그만 그대루 검은 운명의 손은 아닌 밤에 돌개바람 모양으로, 우리의 기대 많은 시인 김 정식金廷湜 군을 꺾어 버리고 말았으니, 우리의 설움은 여기에 있는 것이외다.

생을 좋아하고 사를 싫어하는 것은 누구나 금할 수 없는 인정이외다. 그러하거늘 하물며 재능 있는 사람이 그 재능을 발휘ㅎ지 못하고 그대로 돌아갔음에이겠습니까? 이 우리들의 소월의 요절夭折을 맘 깊이 안타까와하는 소이所以외다. 그러나 생사는 사람의 할 수 없는 운명이외다. 어떠한 힘으로든지 면할 수가 없는지라, 우리는 엄정한 사실에 대하여 한갓 머리를 숙이고 가장 엄정하고 진실하게 자기와 모든 주위를 살펴 보는 것이외다.

그러면 나는 무엇을 생각한 것이런가? 사랑하는, 기대 많던, 시인이 돌아간 이 날에 나는 과연 무엇을 생각할 것이런가? 나는 저 아이얼런드

의 시인 윌렴 바틀러 예이츠(William Butler Yeats)와 함께,

"내 세상의 아름다운 모든 것은

물처럼 자취 없이 하나 하나 스러지니"

하면서 혼자 한숨이나 쉴 것인가? 그렇지 아니하면 어스름 저녁에 어두워지는 무덤 가를 혼자 휘돌면서 슬픈 노래나 맘껏 부를 것인가?

또는 그것도 아니라 하면, 돌아오지 못할 그 옛날의 귀여운 기억記憶을 고요히 가슴에 안고 언제든지 그러한 심정心情을 가질 수는 없는 것이외다.

저 무심한 세월은 혼자로서 기록紀錄을 지어 놓으며 밤낮 없이 흘러갑니다. 달아납니다. 사람의 맘도 흘러가는 물이외다. 저 맑은 하늘을 떠도는 구름이외다. 물이요 구름인지라, 이 아침에는 이 기슮을 돌고, 이 저녁에는 저 북녘 하늘을 헤매지 않을 수가 없고 보니, 곳에 따라, 때에 따라, 우리의 맘은 변하는 것이 외다. 이리하여 아무리 우리의 안타까와하는 심정心情이 깊고 간절하여도 언제까지든지 우리는 같은 그 심정을 가질 수가 없는 것이외다. 슬픈 일이언마는 이 또한 사람의 힘으로 어찌할 수 없는 일이외다. 한껏 취하여 무어라고 노상 떠들던 심정도 언제 한번은 반드시 깨는 법이외다. 깨고 나면 지나간 일은 모두다 자취 없는 뜬 구름이외다. 누구라서 밝은 월색月色 아래서 깊이 깊이 맺은 언약이 변ㅎ지 아니하리라고 굳이 믿고, 그것을 단언斷言할 수가 있겠습니까?

소월의 요절夭折을 가장 섧게 흐느끼는 우리의 맘도, 하루 이틀 지내는 동안에는 자기도 모르게 잊어벌릴 것이외다. 소월을 잃어버린 이 날에 나의 설워하는 점은 이 곳에 있는 것이외다. 사람은 어찌하여 잊지 말자던 맘이, 언제든지 사랑스러운 기억을 그대로 가슴에 지니자던 맘이, 언제든 한번은 무심한 세월에 따라 그것조차 잊어버리게 되는가, 이것이 나의 가장 설워하는 바외다. 믿을 수 없는 사람의 이 맘을 참을 수 없이

설워하는지라, 지금 나는 나의 지나간 날의 소월을 추억하는 바외다. 지나가는 세월은 물이라, 어름어름하다가는 그 기억조차 잃어버리기 쉽기 때문이외다.

더구나, 중앙 문단中央文壇에 지기知己가 적은 소월이외다. 비록 작품에 나타난 이 불행不幸한 시인의 사랑스러운 자취는 있을망정, 지기知己로의 기억이나 사람으로의 소월의 자취는 그야말로 찾아 볼 길이 드물 것이외다. 일찌기 소월이 노래한 "못잊어"의 한 편을 나는 이 날 와서 생각 아니할 수가 없는 일이외다. 그것은 아무리 아니 잊으려고 하여도 결국 세월이 지나가면 잊어버린다는 것이외다.

> 못잊어 생각이 나겠지요.
> 그런 대로 한 세상 지내시구료.
> 사노라면 잊힐 날 있으리다.
>
> 못 잊어 생각이 나겠지요.
> 그런 대로 세월만 가라시구료.
> 못 잊어도 더러는 잊히오리다.
>
> 그러나 또 한편 이르겠지요.
> "그리워 살뜰히 못 잊는데,
> 어쩌면 생각이 떠지리까?

소월 자신도 이렇게 노래했던 것이외다. 들고 나는 세월에 사람은 자기도 모르게 하나씩 하나씩 기억까지 잃어버리는 것이외다.

생별生別도 섧거든 하물며 사별死別이리까? 사별의 불행을 들을 때에 나는 참을 수 없는 안타까운 애석愛惜을 소월에게 가지게 되니, 이것은 소월의 읊은바 설운 심정心情이외다.

봄 가을 없이 밤마다 돋는 달은
"예전엔 미처 몰랐어요."

이렇게 사무치게 그리울 줄도
"예전엔 미처 몰랐어요."

달이 암만 밝아도 쳐다볼 줄을
"예전엔 미처 몰랐어요."

이제금 저 달이 설움일 줄을
"예전엔 미처 몰랐어요."

이것이외다. 이 시의 작자인 소월을 잃은 이 날에, 이 시의 작자를 생각하는 나의 맘은 아득한 예전 날로 들어가서, 이 작자의 이 시에서 나의 안타까운 심정을 하소하게 되니, 이것도 무슨 소월과의 뜻하지 아니한 숙연宿緣인가 보외다. 더구나 생각하면 이 시는 소월의 열 팔구 세 전후의 작作으로, 이 시에 대하여 토론도 하였을 뿐 아니라, 그 때에는 하루같이 만나서 동서東西 시인들의 시가詩歌에 대하여 서로 이야기하는 것으로써 일과日課를 삼다싶이 하였으니 시의 작자가 불행하게도 요절夭折해 버린 이 날에 나의 심정이 어떻게 어두워지지 아니할 수가 있을 것입니까? 생각하면 모두가 지나간 꿈이외다.

× ×

만일 같은 시가詩歌라도 그것을 나누어 민요民謠니 시가詩歌니 하는 형식적 구별을 할 수가 있다 하면, 소월의 시가에 대한 솜씨는 민요에 있었던 것이외다. 그러나 그렇다고 소월에게 민요 이외에 시가가 없다는 것은 아니외다. 그러나 그것들이 민요의 시에 비하여, 딱딱스러워 이지理知를 거쳐 나온 것을 금할 수가 없는 것이 유감이외다.

들 가에 떨어져 나가 앉은 멧기슭에,
넓은 바다의 물갓 위에,
나는 지으리, 나의 집을.

다시금 큰길을 앞에다 두고,
길로 지나가는 그 사람들은
제가끔 떨어져서 혼자 가는 길
하얀 여울 턱에 날이 저물 때,
나는 문간에 서서 기다리리.

새벽 새가 울녀 지새는 그늘로
세상은 희게 또는 고요하게
번쩍이며 오는 아침부터,
지나가는 길손을 눈여겨 보며
그대인가고 그대인가고.

이것은 "나의 집"의 시거니와, 이것을 만일 이 시인의 민요民謠에 비겨 본다면 얼마나 순정純情의 빛이 적은지 손쉽게 볼 수 있는 것이외다. 소월 자신은 어떤 이유인지 모르거니와, 민요 시인民謠詩人으로 자기를 부르는 것을 그는 싫어하여, 시인이면 시인이라 불러 주기를 바라던 것이외다. 그러나 사실은 역시 그는 어디까지든지 민요형民謠形에 남보다 유다른 솜씨를 보여 주던 것이외다. 그리고 그것이 가장 자연스러웠습니다.

이것은 이 시인이 남겨 놓은 시집 "진달래 꽃"을 들여다보면 누구나 용이容易하게 알 일이거니와, 일찍이 "접동새"라 제題하고 노래한 것을 나는 이 곳에 인용引用하겠습니다.

접동,
접동,
누나 접동,

진두강津頭江 가람 가에 살던 누나는
진두강津頭江 앞 마을에
와서 웁니다.

옛날 우리나라
먼 뒤쪽의
진두강津頭江 가람 가에 살던 누나는
의붓어미 시샘에 죽었습니다.

누나라 불러 보랴.
오, 서러워!
시샘에 몸이 죽은 우리 누나는
죽어서 접동새가 되었습니다.

아홉이나 남아 되는 오랍동생은

죽어서도 못 잊어 차마 못 잊어,
야삼경夜三更 남 다 자는 밤이 깊으면
이 산 저 산 옮아 가며 슬피 웁니다.

말할 것도 없이 이것은 시재詩材를 전설傳說에서 가져다가 시화詩化시킨 것이외다. 이 시인의 용어用語에 대한 관심關心이 컸던 것임을 우리는 알 수가 있는 동시에, 또한 같은 말을 반복反復하면서 음조미音調美를 어디까지든지 나타낸 데는 실로 탄복歎服할 바이외다. 이만한 별別ㅎ지 아니한 상想을 가져다가 이만큼 자연스럽게 시화詩化시킴에는 무엇보다도 작자의 시적 소질詩的素質이 보여지지 아니할 수가 없는 일이외다. 나는 이것을 무슨 가장 좋은 가작佳作의 하나로 인용引用한 것이 아니요, 이 시인이 표현 수단表現手段으로 용어用語와 음조音調에 대하여 어떻게 유의留意하였는지 그것을 보자 함이외다.

누구다 다 아다싶이 저 유명한 "진달래꽃"이라든가, "삭주 귀성朔州龜城" 같은 것은 말할 것도 없거니와, 실로 소월의 민요에는 두고두고 애송愛誦할 만한 직作이 적지 아니하외다. 이것으로써 보면 우리 시단詩壇은 분명히 높이 평가評價할 만한 시인 하나를 잃어버렸습니다. 그런지라, 일찌기 외우畏友 월탄月灘이 여러 해 전 "개벽"지開闢誌에다 "무색無色한 시단詩壇에 소월의 시가 있다"고 하면서, 이 시인의 노래를 가장 높이 평가하였던 것이외다. 그 당시로 보면 월탄의 그 말이 결코 한갓된 찬사讚辭가 아니었던 것이외다. 그러나 이미 소월이 돌아간 이 날에는 이것도 다 지나간 옛날이외다. 한갓되어 자취도 없어질 기억이 있을 뿐이외다.

××

그리고 소월의 시에 나타나는 원망스러운 한恨과 고독孤獨은 역시 소월 그 자신의 성격性格이외다. 가끔 가다가 자포自暴라 할 만한 것이 있는 것도 또한 소월의 생활로는 어찌할 수없는 일면一面이외다. 불우不遇한 속에서 뜻을 얻지 못하였는지라, 이 시인의 심독深篤한 성격은 원망스럽게도 그것을 단념斷念해 버린 것이외다. 사업에는 패敗를 보고 생활이 안정安定을 잃게 되니, 그의 고독孤獨은 컸던 것이외다. 그리고 북받쳐 오르는 울분鬱憤에 가끔 소월은 총명聰明한 이지理智의 판단判斷을 잃어버렸던 것이외다.

대체로 보아서 이십 세 전후의 작에 좋은 것이 많았고, 그 이후의 작에는 딴딴한 이지理智가 보이는 것은, 결국 소월 그 자신의 성격이던 것이외다. 또 그리고 조숙早熟한 결과라고 할 만도 한 것이외다. 하여간 이 시인의 짧은 33세의 일생은 대단히 불행하였습니다. 불행하였던지라, 이 시인에게 대한 우리의 애석哀惜은 그 끝을 모르는 바외다. 그리고 언제든지 소월이 생사生死에 대하여 이야기하던 것을 생각하면, 그 요절夭折은 재자다병才子多病의 그것이라기보다도, 요절을 의미하는 무슨 전조前兆가 아니었던가 하는 생각도 없지 아니하외다. 생사生死에 대하여는 소월로서 자기다운 무슨 확신確信이 있는 듯이, 조금도 두려워할 것 아니라는 듯한 태도態度로 이야기하던 것을, 나는 이 날 와서는 도리어 혼자로서 이상히 생각지 아니할 수가 없는 일이외다.

이 박행薄倖한 시인에 대한 더듬길 될 만한 나의 추억은 상당히 많습니다. 그러나 우선 이만 것으로 끝을 맺고 다른 기회機會에 다시 적어 보려 하거니와, 다시금 금할 수 없는 애석哀惜한 생각과 함께, 나는 머리 숙여 이 박행薄倖한 시인 김소월의 평화로운 명목瞑目을 고요히 비는 바외다.

그리고, 이 시인이 우리에게 남겨 준 작품 유산遺産을 나는 언제든지 설운 심정心情으로 대할 것을 설워하는 바외다.

34. 강화 기행江華紀行

최남선崔南善

마니산摩尼山

멀리서 바라서나, 가까이서 우러러나,
언제나 우람하고 엄청나신 마니산을,
섞어친 비바람 속에 더 든든히 뵈와라.

전등사傳燈寺

궂은비 진흙 길에 대조루對潮摟를 찾아 드니,
정족산鼎足山 푸른 솔 빛 예런 듯해 좋을씨고!
전할 등燈 끊어질 이제, 중 없음을 말하리.

정족산성鼎足山城

병인丙寅 년 시월 삼일 불군佛軍 꼴이 어떻던가!
악쓰고 들어왔다가 꼬리 빠져 도망하던,
홍예문紅霓門 그냥 남아서 비에 젖어 있도다.

35. 조국祖國

유치진柳致眞

등장인물:

박정도(고학하는 모 전문 학교 학생).

그의 어머니(과부).

혁(정도의 동료).

장 서방(40세의 황화 장수, 구 한국 시대 군인 출신).

일본 헌병.

기타 학생과 군중 다수.

무대:

박정도 모자가 외롭게 사는, 한길 가의 조그만 집.

어둠침침한 전등 밑에서 처네를 쓴 정도의 어머니가 돋보기를 쓰고 바늘 귀를 못 꿰어서 애를 쓴다.

한 옆에 보자기를 덮은 저녁 밥상, 그리고 화로.

때: 3월 1일날 아침.

정도: (여행갈 준비를 하느라고 구두 끈을 매며.) 어머니, 그럼 그렇게

아세요. 모든 건 장 서방한테 부탁해 놨으니까, 불편한 일이 있걸랑 장 서방만 부르세요.

어머니: (아들의 단추를 잠가 주며) 그러면 오늘 떠나면 며칠이나 걸리겠니?

정도: 한 열흘이면 돌아올 거예요.

어머니: 몇 시 차?

정도: 오후 두 시 차예요.

어머니: 두 시?

정도: 예, 그리구 참, 이건 저금 통장인데, 어머니께서 혹 병환이나 나시면 쓸가하고 한 푼 두 푼 모아 둔 거예요. 얼마되지 않지만, 장 서방한테 부탁해서 아침 저녁으로 맨밥 자시지 마시고 찌개에 고기라도 사 넣어 잡수세요. 어머니의 시력이 이렇게 약해지는 건, 그건 고기를 못 잡수셔서 영양 부족으로 그런 거예요.

어머니: 정말 학교에서 어딜 가니?

정도: 왜 거짓말을 해요, 제가!

어머니: 어디랬지?

정도: 저, 제주도예요.

어머니: 제주도?

정도: 예.

어머니: 한 달 안으로 졸업이라면서, 별안간 웬 제주도냐?

정도: 아이, 어머니두 딱하셔. 졸업할 무렵에는 으레 여행을 하는 거거든요.

어머니: 허지만, 어젠 네 입으로 내일은 고종 황제 폐하 국장에 참례할 연습을 할 거라구 그러지 않았니?

정도: 그건 하급생들이 할 거란 말예요.

어머니: 하급생들이?

정도: 예, 참 어머니. (손가늠을 해 보이며.) 이만한 대 꼬창이나 싸리 꼬창이 하나 없을까요?

어머니: 뭣 하려구 그래?

정도: 글쎄요.

어머니: 뒤꼍에 가 보렴.

정도: (뒤꼍으로 퇴장.)

어머니: (의심스럽다는듯이.) 원 선생들두 주책 없지. 국상이 나서 조선 천지가 발끈 뒤집혔는데, 복 입은 학생 아이들을 데리고 어딜 간다구 그럴까?

(이 때 황화 장수 장 서방 상품대를 목에다 걸고 등장.)

장 서방: 아침 잡수셨어요?

어머니: 음.

장: 또 팔러 나갑니다.

어머니: 내일이 인산因山 날이니까, 오늘이 내목이겠구먼.

장: 글쎄요. 어디 목이 터지게 오늘도 외어 봐야겠어요. 그런데 참, 정도가 어디 간다죠?

어머니: 엊저녁 별안간 날 붙들구 그런 소릴 하더니, 아침부터 떠난다구 저런다네.

장: (어머니가 가리키는 뒤꼍을 끼웃이 보고는) 오늘 아침 식전 댓바람부터 저의 집에 찾아와서, "내가 떠나면 우리 어머니가 혼자서 외로와하실 테니, 하루에 적어도 세 차례는 저의 집엘 들르세요" 그러겠죠.

어머니: 자네더러 하루 세 차례씩?

장: 그리구서 이 쪽지를 주면서 "내가 만일에 늦게 돌아오걸랑 우리 어머닐 예다가 모셔 주우" 이러겠죠.

어머니: 거기가 어디야?

장: 충 청 도.

어머니: (말 끝을 채서.) 오! 그 애 삼촌 있는 데!

장: 아니! 제가 모르는 정도의 삼촌이라니, 웬 이예요?

어머니: 글쎄 말야! 오죽 알량하면 하나밖에 없는 삼촌하고 우리가 의절하구 살겠나?

장: 그럼, 안 가실 터예요?

어머니: 흥, 그애가 미쳤어! 여기서 빳빳이 말라 죽고 있지, 내가 어딜 가? 그 천하에, 바늘루 찔러두 피 한 방울 안 나올 구두쇠헌테루.(하며 쪽지를 홱 버린다.)

장: 그럼, 정도더러 되도록 빨리 다녀 오라구 단단히 이르세요. 정도 하는 수작 이 이번 떠나면 꽤 걸릴 모양예요.

어머니: 요새 헌병들이 돌아다니는 거라든지, 별안간 날 충청도 개 삼촌한테로 가라는 거라든지, 암만해두 수상쩍어. 그 애 만났을 적에 장 서방은 무슨 다른 기맥을 못 봤어?

장: 글쎄요.

어머니: 그럼, 바깥에서 혹 소문 들은 건 없어? 자넨 잘 돌아다니니까 말야.

장: 못 들었어요.

어머니: 애가 암만해두 무슨 끔찍한 일을 저지른 모양야.

장: 원, 아주머니두 참. 내일 모레 졸업식 한다는데, 무슨 끔찍한 짓을?

아니, 새삼스럽게 동맹 휴학을 하겠어요? 그렇잖으면 무슨……?

어머니: 아니야. 고 애가 간밤엔 한 잠두 안 잤어. 안 자구선 땅이 꺼지게 한숨만 줄창 내쉬었어. 그뿐 아니라, 우리 집에 전엔 오지 않던 학생놈들이 요즘 찾아 오는 것을 봐두 이상해요.

(이 때 혁이 바깥을 경계하며 썩 들어선다.)

혁: 아주머니! 저 정도 학교 안 갔죠?

어머니: 왜 그러나?

장: 무슨 일이 있기에, 아침부터 그렇게 찾아 다니슈?

혁: 아무 일 없어요.

어머니: 정말?

혁: 학생이 공부하는 일밖에 무슨…….

장: 그럼 공부해요, 오늘?

혁: 암요. 오전엔 공부하구 오후에는 국상 참례하는 연습하구 그러죠.

어머니: 뭐 국상엘 참례해?

혁: 물론이죠. 조선 사람치고 국상 참례 안 하는 사람이 어딧겠어요?

어머니: 학생누 우리 정도하구 같은 졸업 반이랬지?

혁: 암요. 같은 반이죠. 헌데 왜 이렇게 파고 물으세요?

어머니: 아니, 우리 정도가 오늘 어디 가는 것 같아서…….

혁: (잡아뗀다) 천만예요. 가긴 어딜 가요? 아무 데도 안 갑니다. 안심하세요.

장: 정말?

어머니: 정말?

혁: 허허, 참, 왜 거짓말을 해요?

어머니: (인제 알았다는 듯이 장을 한번 보고 나서 혁에게.) 그러면,

이따 정도 오거든 보낼 테니까, 학생은 먼저 가게.

혁: 그럼, 틀림 없이 빨리 보내 주세요. (시계를 보며 급히 나간다.)

정도: (이 때 뒤꼍에서 나와 혁의 뒷 모양을 보고.) 아니, 혁이 아냐? (부른다) 혁이! (혁이 퇴장.)

어머니, 다녀 오겠어요. (급히 뒤 따라 나가려 한다.)

어머니: 얘야!

정도: (주춤선다.)

어머니: (정도의 손에 든 것을 빼앗으며) 이게 뭐야?

정도: 아녜요, 어머니. (덤빈다.)

어머니: (정도를 한 손으로 막으며 재빠르게 펴 본다. 태극기다.) 에그머니! (태극기를 누구한테 들키지는 않았나 하고 얼른 숨긴다.)

장: 같이 놀라며. 웬 일야, 이게?

어머니: 쉬! 소리를 죽여. 저 문 좀, 대문 좀 잠가 주게, 얼른!

장: 예. (대문에 지켜 선다.)

어머니: (그제야 숨을 돌려 기를 말며.) 아까 대막대기를 네가 찾더니, 뒤꼍에서 여태 이 깃대를 만들구 있었구나!

(기를 마루 밑에다 감추고는 정도의 모자와 행장을 빼앗아 마루 끝에다 놓으며.)

에미를 속여두 유만부동이지, 졸업 여행은 무슨 여행이냐? 도대체 (숨겨 놓은 기를 가리키며.) 저걸로 뭘 하려는 거냐?

정도: (말대꾸도 못하고 꾹 섰다.)

장: (대문에서 비켜나서, 만세 부르는 시늉을 해 보이며.) 아마도 이걸 허나 봐요. 저걸 들구…….

어머니: (놀라서 소리도 크게 못 내며.) 뭐? 만셀 불러?

장: 그래, 왜놈의 총칼에 죽게 되거든 아주머닐랑 이 충청도로 보내 달라는 거죠. (버렸던 쪽지를 다시 주워 본다.) 그렇지, 정도야?

어머니: 넌 죽구, 난 충청도로! 아이, 끔찍해라! 아이, 끔찍해!

(정도 느낀다.)

장: 끔찍하긴? 우리 나라 대장부로서는 응당 해 볼 일이죠, 한번.

어머니: 뭐? 어쩌구 어째? (신짝을 둘러 멘다.)

장: (슬슬 피하며.) 예, 갑니다. 그리잖아도 가야겠어요. 이러구 있다간, 오늘 장사 못하겠어. 정도야, 어머니 걱정 끼치지말구, 국으로 학교에나 가거라(퇴장).

정도: 눈물을 씻으며. 어머니, 용서하세요. 전 죽기를 맹세하구 오늘 오후 두 시에 바꼬다 공원에서 열릴 대한 독립 선언식에 참례하기로 결심하였습니다

어머니: 독립 선언식?

정도: 예, 연전, 보전, 세부란스, 경성 공업 전습, 이화 전문, 경성 의전 같은 선문 학교는 물론이요, 남녀 중등 학교 학생까지 깡그리 참석해 가지고, 반만 년 역사를 가진 우리 대한 나라는 당당한 독립 국가이며, 우리 대한 백성은 한 핏줄기에 얽힌 자유민인 걸 온 세계에 선포하는 겁니다.

어머니: 너희 학생놈들이?

정도: 학생뿐이 아닙니다. 손병희, 권동진, 오세창, 이인환, 오화영, 이갑성, 한용운, 백상규같으신 분들이 서른 세분이나 주장이 되셔서 하시는 거예요. 그래 아무리 그 분들이 주장을 하신대두, 우리 젊은 학생들이 앞잡이가 되지 않고는 못 하는 일이거든요. 일본

동경 유학생들은 상해 가정부허구 연락이 돼서 벌써 삼 주일 전에 만세를 불렀습니다. 만주, 아라사, 미주, 중국 할 것 없이, 외국에 계신 우리의 선배 혁명가까지도 물끓듯이 모두 일어섰답니다. 우리 주위에 있는 동포란 동포들은 이렇게 징을 울리고 나서는데, 아무리 왜놈의 총칼이 우리의 가슴을 겨누고 있다기로서니, 정작 한국 땅에 사는 우리가 가만히 있어서야 되겠습니까? 우리 학생들두 이 벅찬 가슴을 헤 쳐야겠어요. 고함치구 큰 길루 나아가야겠어요. 끓는 피를 삼천리 강산에다 뿌려야겠어요.

어머니: 안 된다. 그렇게 해서 될 일 같으면야, 왜 이 에미가 널 말리겠니? 그런 짓을 해야 아까운 너희들의 생명만 없앨 뿐이다. 쓸데 없는 일야.

정도: 어머니, 해서 안 되면 어때요? 남의 종으로 백만 년을 사느니보다 차라리 일 초 간이라도 이 강산은 내 강산, 이 민족은 내 민족이란 걸 외치고 죽고 싶어요. 어머니, 오늘 이 이천만 민족이 외치는 거룩한 마당에 나아가게 해 주세요.

우리 이천만이 한 사람 빠지지 않구 모조리 다 죽는 한이 있더래두 우리 나라는 독립을 해야 해요.

어머니: (꾸짖는 말로) 그래두, 그예 가야겠단 말이야? 굳이 네가 가고 싶거든, 그럼 이 에미를 죽여 놓구 가렴!

정도: 어머니, 이걸 보세요. (붕대로 싸 맨 손가락을 뵌다.) 동무들과 같이 죽기를 맹세했어요.

어머니: (손가락을 보고 놀라며.) 그럼, 연필 깎다가 베었단 말은 거짓말이었구나!

정도: ……… 예.

어머니: 에그, 이 놈아! (번쩍 주먹을 쳐들고 때리려 한다.)

정도: 어머니, 이 세상에서 우리의 뜻을 이루지 못한다면 전 저승에 가서라도 독립을 위해 싸울터예요.

어머니: (결심한 듯, 그러나 겨우) …… 그럼, 가거라.

정도: (의외의 허락을 의심한 듯이.) ……예?

어머니: 네 결심이 그렇다면, 사내답게 나아가서 이 국기를 휘두르고 씩씩하게 죽어라. (태극기를 잡혀 준다.)

정도: (감격해서.) 어머니! (하고 치마에 싸여 느낀다.)

어머니: (중얼거리듯이.) 보리밭 종달새도 제 노래는 다 부르고, 뒷 산 꾀꼬리도 목에서 피가 나게 제 할 소리 다 하는데, 우리 한국 사람만은 할 소리 못하고 죽으니, 젊은 너희의 가슴인들 오죽이나 아프겠느냐? 나가서 외쳐라. 삼천리 방방곡곡이 울리도록 마음껏 외쳐라. (글썽글썽한다.)

정도: (목 메인 소리로.) 고마워요, 어머니.

어머니: 이 나라의 원수를 갚게 되면, 너의 아버지의 원수를 갚게 되고, 너의 아버지의 원수를 갚게 되면, 이 나라의 원수를 갚게 되겠구나! 자, 어서 너의 아버지의 눈이나 감게 해 드려라. (아들을 일으켜 세운다.)

정도: 어머니, 제가 만일 왜놈의 총알에 맞아 죽거나 옥중에 잡혀 가서 지독한 고문 끝에 죽는 한이 있을찌라도, 어머니는 조금도 설워 마시고 부디 맘을 튼튼히 가져 주세요.

어머니: 사내 대장부로 태어 나서, 제 나라 제 백성을 위해서 죽는 것 밖에 더 떳떳한 일이 어딨더냐? 이건 이 에미의 자랑이자 이 나라의 자랑이다. 걱정 말아라. 내 명이 붙어 있을 때까지, 너

죽은 걸 난 노래하며, 팔도 강산으로 돌아다니겠다. (모자를 씌워 준다.)

정도: 어머니, 부디 부디 몸 조심하세요.

어머니: 오냐, 잘 가거라.

정도: (대문 쪽으로 나가려 한다.)

어머니: (홀린 듯이 아들의 뒷태만 바라보고 있다가, 북받쳐 오르는 눈물을 참지 못 하여 흐느낀다.)

(느끼는 음성으로) 정도야, 너는 가야 할 사람이지만, 가서 번듯이 죽어야할 몸이지만, 너를 보내구, 나는 어떻게 산 단 말이냐? 너의 아버지를 잃은 이십여 년 동안이란 나에게는 견딜 수 없는 세월이었다. 허지만 네가 있기 에 나는 살아 왔었다. 지금 너마저 보내고 나면, 나는 누굴 보고 산 단 말이냐? 추운 겨울날 인왕산 모진 바람이 내려 때릴 때 누구하구 이 어둡고 괴로운 밤을 새운단 말이냐?

정도: 어머니, 왜 그런 말씀을 하세요? 그러지 않아두 사고무친한 서울 바닥에다 어머니를 혼자 두고 떠나자니 제 발길이 돌아서지를 않는데, 왜 그런 설운 말씀을 하세요? 그런 말씀을 하시면 못 가게 돼요. 제 결심이 흐려져요.

어머니: 그래선 안돼. 결심이 흐려져선 안돼.

정도: 어머니! 어머니! (하고 어머니 품에 안겨 느낀다.)

(이 때 혁이 한 학생과 같이 뛰어 들어온다.)

혁: (숨을 헐떡이며) 정도 뭘 하고 있어? 시간이 다 됐는데! 거리에는 시골서국상 참례하러 온 군중들이 들끓구 바꼬다 공원에는 부중 학생들이 죄다 뫴어! 독립 선언서를 읽기만 하면, 수십만 군중은

화약고에다 불을 붙인 듯이 확 일어날 판이야! 어서 나가세! 가서 불을 붙이세! (정도 어쩔줄을 모른다.) 아니, 뭘 망서려? 손 병희 선생을 위시한 삼십 삼 인두 태화관에서 벌써 선언식을 거행하실 차빌 다 차리구 계셔! 얼른 가! 시간이 없어!

정도: (혁이에게 팔을 끌려 나가다가 어머니를 물끄럼이 본다. 어머니는 슬픈 얼굴로 아들을 바라본다.) 나는 못 가겠어!

혁: 뭐? 못 가? 왜 그래? 그 이유가 뭐냐 말야?

정도: 생각이 달라졌어.

혁: 이렇게 단지斷指까지 하구서?

정도: 그, 그래.

혁: 에이! 우리 이천만이 다 죽구 없어지더라두, 우리 오천년 강토만 찾자구 맹세하던 때는 언제냐?

학생: 정도!

정도: 난 학교나 졸업한 후, 여태 날 키워 주시느라구 고생하신 어머니에게 조금이라두 낙을 봬 드리구, 어머니의 한 평생 잡수실 것을 마련해 드린 다음에 아버지의 원수도 갚구 우리 나라의 원수도 갚겠네.

혁: 그런 변명은 듣기도 싫다! 이 배신자背信者! (모질게 빰을 친다.)

학생: 반역자! (발길로 찬다.)

정도: (꿈쩍 않고 맞는다.)

혁: 에이, 더러워! 가세!

학생: 가세! (두 사람 홱 나가버린다.)

어머니: (자기가 모욕 당한 듯 화석이 되어 버렸다.)

정도: (나가는 것을 보고 일어서서 같이 그 뒤를 따르려다가 털썩 주저

앉아서 고민한다. 그의 흐느끼는 어깨는 소리 없이 들먹거리기만 한다.)

(멀리서 두 시 정각을 알리는 사이렌 소리. 정도 머리를 든다. 자기 시계를본다.)

정도: (중얼거리다싶이) 두 시다!

(대문 안에 광고지 한 장이 떨어진다. 정도 얼른 가서 줍는다. 펴 본다.)

어머니: (정도한테로 가서) 뭐냐?

정도: 독립 선언서예요. 지금 독립 선인식을 거행하나 봐요, 바꼬다 공원에서는!

(어디선가 독립 선언서 낭독하는 소리가 들린다. 정도와 어머니는 부동의 자세로 홀린 듯이 그 소리를 듣고 섰다.)

"오등은 자玆에 아 조선의 독립국임과 조선인의 자주민임을 선언하노라. 차로써 세계 만방에 고하여, 인류 평등의 대의大義를 극명克明하며, 차로써 자손 만대에 고誥하여, 민족 자존의 정권을 영유ㅎ게 하노라. 반만년 역사의 권위를 장仗하여 차를 선언함이며, 이천만 민중의 성충을 합하여 차를 포명佈明함이며, …… 시是 천의 명명明命이며, 시대의 대세이며, 전인류 공존 동생권의 정당한 발동이라, 천하 하물何物이든지 차를 저지 억제沮止抑制ㅎ지 못할찌니라………"

(선언서의 낭독 소리는 "대한 독립 만세" 하는 수십만 군중의 외치는 고함 소리에 흐려진다. 애국가 소리와 만세 소리 차차 가까이 들려 온다.)

장: (태극기를 들고 급히 등장.) 아니, 무슨 꿈들을 꾸고 계슈?

막 야단났어요. 나두 장사하던 것 다 집어 던지구 이걸 들구 나섰답니다. 정도, 얼른 나와 봐! (한길로 사라진다.)

정도: 어머니, 용서하세요.

어머니: 오냐, 가거라.

(정도 태극기를 들고 맹렬히 한길로 뛰어 나간다. 집 뒤에서 호루라기 소리 들리더니 대문 밖으로 헌병이 급히 뛰어 간다.)

(불자동차 소리 요란하다.)

(군중이 문 밖으로 밀려 오는 기척, 총 소리, 기관총 소리.)

(군중의 소음이 대문 앞에서 나더니, 열변을 토하는 혁의 그림자가 마당에 투영投影된다.)

혁: (소리만) "죽음이냐? 독립이냐? 우리에게 독립이 없을찐대 차라리 우리에게 죽음을 다오!"

(군중의 "만세" 소리와 함께 우레같은 박수 소리와 떠드는 소리 난다. 별안간 군중의 비명!.)

-숨죽은 듯한 순간-

(헌병한테 칼을 맞고 쫓겨 대문으로 비틀비틀 들어오는 혁이 마당에 엎드러져 피를 흘리며 고민하더니, 겨우 정신을 차려 "대한 독립 만세"라고 쓴 깃발을 짚고 일어서서 기를 써 "대한 독립 만세!"를 부른다.)

(이 때 헌병 뛰어 들어 "고노야로!" 하며 칼로 친다. 혁이 쓰러진다.)

(상혈上血된 정도는 다른 군중과 함께 나타나 대문을 꽉 막아선다.)

헌병: (나가려 하며) 노께!

정도: (꼼짝않고 섰다.)

헌병: 비켜나지 못해? (하며 칼을 든다.)

정도: (분노에 불타는 눈으로 헌병에게 육박한다.)

헌병: (정도에게 위압된 듯이 뒤로 밀려 나가다가 홱 칼을 들어 정도를 치려 한다.)

정도: (얼른 헌병의 팔을 잡아 메다 꽂고, 헌병이 떨어뜨린 칼을 얼른 주워 헌병을 친다.)

헌병: (“깩” 하더니 툭 쓰러진다.)

(군중의 함성과 장 서방 등의 “만세” 소리 한길을 둘러 뺄 듯.)

어머니: (혁이가 가진 큰 기를 빼앗아 정도의 손에 잡혀 주며.) 자! 정도야!

정도: (바깥을 향하여 큰 기를 치켜 들며) 인제 앞장을 내가 섰다! 자! 가자!

(애국가 소리 천지가 진동할 듯! 선두에 선 정도는 장 서방 등과 함께 힘차게 나간다. 무대에는 어머니 혼자 행렬을 바라보고 감격의 눈물을 씻는다.)

(군중의 우렁찬 노래 소리는 차차 멀어진다.)

–막–

1. 봄비

[변영로]卞榮魯: 호는 수주樹州. 시인. 서울출생. 미국 태평양 대학 수업修業. [단 4280[3]]. 저서에 시집 "조선의 마음", 수필집 "수주수상록隨州隨想錄" 들이 있음.

2. 들

[이효석]李孝石: 호는 가산可山. 소설가. 강원도 평창平昌 출생. 경성 대학 영문학과 출신. 대동 공업 전문 교수를 지냈음. [단 4240~4275]. 저서에 단편집 "해바라기", "성화聖畵", "이효석 단편선"과 장편長篇소설 "화분花粉", "벽공 무한碧空無限" 들이 있음.

[지천으로]: 퍽 흔하게.

[시험관]: 리트머스(Litmus) 시험관을 이른 말.

[약품]: 알칼리 성(alkali性) 물질을 이른 말.

[팬도러의 상자]: 영원히 열지 않았어야 할 상자. 희랍 신화에 프로메테우스가 하늘에서 불을 도둑질하여 땅으로 내려갔으므로, 쥬피터(Jupiter) 신神이 그를 벌 주려고 상자 속에 모든 죄악과 재앙을 담아 봉하여서 팬도러 여신女神에게 주어 프로메테우스에게 보냈는데, 그가 열었기 때문에 모든 악한 것이 나와서 인간人間이 타락되었다 함.

---

3 '4280'의 오기

[멜로디]: 곡조. 선율旋律.

[알레그로]: 급속조急速調.

[안단테]: 천천히.

[라무네]: "레머네이드"의 변한 말.

[라무네 병 속의 구슬]: 라무네를 마실 때 한목 쏟아져 나옴을 방지하기 위하여 병 속에 넣어 놓은 유리 구슬.

3. 동해안

[노자영]盧子泳: 호는 춘성春城. 황해도 장연 출생, 일본 대학 문과 수업. [단 4234-4273]. 저서에 시집 "백공작", 소설집 "인생 안내" 들이 있음.

[도데](Dandet): 프랑스의 작가. [서기 1840-1897]

4. 식목제

[유치환]柳致環: 시인. 호는 청마靑馬. 경남 통영統營 출생. [단 4241-]. 저서에 시집 "청마 시초"가 있음.

5. 보리

[한흑구]韓黑鷗: 본명은 세광世光. 평남 출생. 미국 노드 파크 대학 출신. [단 4242-]. 저서에 "현대 미국 시선試選"이 있음.

6. 수필의 영역

[김진섭]金晉燮: 호는 청천聽川. 독문학가. 경북 안동 출생. 동경 법정 대학 독문과 출신. [단 4239-]. 저서에 수필집 "인생예찬", "생활인의 철학", "교양과 문학" 들이 있음.

7. 물새 알 산새 알

[박목월]朴木月: 본명은 영종永鍾. 시인. 경북 경주 출생.

[단 4249-]. 저서에 "초록별", "호랑나비", "박영종 동요집"과 시집 "청록집", "문장 강화" 들이 있음.

8. 용기

[이광수]李光洙: 호는 춘원春園. 소설가. 조도전 대학 문과 수업. [단 4228-]. 저서에 시집 "춘원 시가집", "삼인 시가집", 장편長篇 소설 "무정", "개척자", "사랑", "원효 대사" 들이 있음.

9. 무지개

[김동인]金東仁: 호는 금동琴童. 소설가. 평남 평양 출생. 동경 천단 미술 학교 출신. [단 4233-4283]. 저서에 장편長篇소설 "젊은 그들", "운현궁의 봄", "대수양大首陽", "해는 지평선에", 단편집 "감자", "목숨", "김동인 단편선", "태양", "여인女人" 들이 있음.

10. 단발령을 넘으며

[이무영]李無影: 소설가. 충북 충주忠州 출생. [단 4240-]. 저서에 작품집 "흙의 노예", "산가山家", 장편長篇소설 "명일의 포도鋪道", "먼동이 틀때" 들이 있음.

[단발령]: 내금강 서편에 있는 큰재. 이 재 너머는 산천이 모두 금강산 맛이 나므로, 여기를 올라보면 머리 깎고 중이 되고 싶은 마음이 난다 함.

11. 근화사

[정인보]鄭寅普: 호는 위당爲堂, 또는 담원薝園. 한문학자. 서울 출생. 연희 전문 교수, 국학 대학장을 지냈음. [단 4226-]. 저서에 "조선 문학 원류", "조선의 얼", "조선 역사", "담원시조집" 들이 있음.

[신시]: 옛날에 단군이 태백산에 강림하시어 세우신 도시.

[점지]: 신神이 사람에게 자식을 낳게 하여 주는 일.

[무궁화를]: "를"은 시가詩歌를 읊을 때 끝맺는 데에 멋있게 다는 토. 뜻은 "라"와 같음.

[가람]: "강"의 옛말.

[예고 예네]: 가고 가네.

[번]: 몇 번. 번수.

[다무숙]: "담쑥"을 음조音調를 길게 하기 위해 늘인 말.

[외초롭다]: 우애 있다.

12. 불국사에서

[현진건]玄鎭健: 호는 빙허憑虛. 소설가. 경북 대구 출생. [4233-4265]. 저서에 단편집 "조선의 얼굴", "타락자", 장편 소설 "적도赤道", "무영탑" 들이 있음.

[불국사]: 경주慶州 토함산吐含山 서쪽 기슭에 있는 절. 신라 신문왕神文王 11년에 대상大相 김대성金大城이 세웠음.

[시포]屍布市脯: 염습殮襲[4]에 쓰는 베. 필자가 강 줄기의 구슬프게 보임을 비유하여 썼음.

[임의 얼굴]: 떠날 때의 경주의 모습.

[장난감 기차]: 경편철도輕便鐵道의 기차를 말함임.

[토함산]: 경주 동쪽에 있는, 동해東海를 임臨한 산.

[발코니](valcony): 밸커니. 노대露臺.

[아치](arch): 홍예문虹霓門.

[인도자]: 引導者. 길을 인도해 주는 사람.

[베니스](Venice): 이탈리아 동북에 있는 바다의 도시.

[어름]: 두 물체가 서로 닿은 곳.

[소로]小櫨: 접시받침. 장혀 밑에 받치는 네모진 나무.

[박제상]: 신라 눌지왕訥祗王때의 충신忠臣. 고구려에 볼모로 가 있는 왕제王弟 복호卜好를 돌려 오고, 일본日本에 볼모로 간 왕제王弟 미사흔未斯欣을 돌려 보내고 일본 목도木島에서 죽었음.

[순례자]巡禮者: 각지의 신령한 곳을 심방하여 다니는 사람.

[인왕]仁王: 불법佛法을 수호하는 신장神將. "금강신金剛神"이라고도 함.

---

4 '殮襲'의 오기

[사천왕]四天王: 사방을 맡아 나라를 수호守護한다는 네 신神.

[보살]菩薩: 부처 다음가는 성인聖人.

[나한]羅漢: 부처의 제자들.

[십일면 관음 보살]十一面觀音菩薩: 본체本體 외에 머리 위에 아홉, 또 그 위에 한 얼굴이 있다는 관세음 보살.

[법열]法悅: 불법佛法으로 느낀 기쁨.

[지장 보살]地藏菩薩: 자비慈悲를 위주爲主하고 어린이의 영혼靈魂을 지킨다는 보살의 이름.

[유마 거사]維摩居士: 인도의 비사리국比舍離國의 도사道士. 석가 여래釋迦如來와 시대를 같이하여 집에 있으면서 보살의 행을 닦았음.

[경덕왕]景德王: 신라의 35째 임금. [단기 3075-3095].

[화식]火食: 불에 익힌 음식을 먹음, 곧 보통 사람의 식사. "생식生食"의 대.

13. 고향

[이하윤]異河潤: 시인. 강원도 이천伊川 출생. 일본 법정 대학 영문학과 출신. 서울 사범 대학 교수. [4239-]. 저서에 시집 "물레방아"가 있음.

14. 새 양복

[이양하]李敭河: 영문학자. 평남 강서江西출생. 동경 대학 영문학과 출신. 현재 서울대학교 교수. [4235-]. 저서에 "시와 과학", "랜도

평전評傳", "이양하 수필집" 들이 있음.

[브라운](brown): 갈색褐色

[델리키트](delica'e): 미묘微妙

[뉘앙스](nuance): 빛갈의 태.

[바이얼릿](violet): 자줏빛.

15. 개미

[박두진]朴斗鎭: 호는 혜산兮山. 시인. 경기 안성安城 출생. [단 4248-]. 저서 시집 "해", "청록집靑鹿集", "오도午禱" 들이 있음.

16. 시감상

[주요한]朱耀翰: 호는 송아頌兒. 시인. 평남 평양 출생. 상해 호강 대학滬江大學 출신. [4233-]. 저서에 시집 "불놀이", "아름다운 새벽", "봉사꽃", "삼인 시가집" 들이 있음.

17. 내무재 영

[박종화]朴鍾和: 호는 월탄月灘. 소설가. 서울 출생. 서울 신문사 사장을 지냈음. [단 4234-]. 저서에 시집 "승방비곡僧房秘曲", "청자부靑磁賦", 장편소설 "금삼錦衫의 피", "대춘부待春賦", "다정불심多情佛心", 수필집 "청태집靑苔集" 들이 있음.

[내무재]: 내금강에서 외금강으로 넘어 가는 재. "안문雁門 재" 라고도 함.

18. 그믐 달

[나도향]羅稻香: 본명은 빈彬. 소설가. 서울 출생. 경성 의전 수업修業. [4235-4259]. 저서에 장편 소설 "환희幻戲", "어머니", "벙어리 삼룡이" 들이 있음.

19. 물매미

[계용묵]桂鎔默: 소설가. 평북 선천宣川 출생. 일본 동양 대학 철학과 출신. [4239-]. 저서에 단편집 "백치白痴 아다다", "병풍에 그린 닭이", "별을 헨다"와, 수필집 "상아탑象牙塔" 들이 있음.

20. 송화강 뱃노래

[김동환]金東煥: 호는 파인巴人. 시인. 함북 경성鏡城 출생. 동경 동양 대학 문과 수업修業 삼천리사三千里社 주간. [4234-]. 저서에 시집 "국경의 밤", "승천昇天하는 청춘", "삼인 시가집" 들이 있음.

[송화강]: 만주에 있는 강. 길림성吉林省 장백산長白山에서 발원하여 흑룡강黑龍江에 합류合流함.

21. 전원의 낙

[문일평]文一平: 호는 호암湖巖. 역사가. 평북 의주 출생. 조선 일보 편집 고문을 지냈음. [4221-4272]. 저서에 "호암 전집", "조선 사화

史話" 들이 있음.

[도세자류]逃世者流: 세상을 피해 사는 사람들.

[일민]逸民: 세상에 나서지 않고 묻혀 사는 사람.

[有水有山處 無榮無辱身]: 물 있고 산 있는 곳에, 영화도 없고 욕됨도 없는 몸이라.

[계루]係累: 몸이 누累에 얽매임. "누"는 정신상이나 물질상 괴로움이나 해를 받음임.

[여요]餘饒: 여유. 넉넉하고 만족함.

[欣然酌春酒 摘我園中蔬]: 봄 술을 기분 좋게 부어 놓고, 뒤울안 풋나물을 뜯어 오노라.

[이익재]李益齋: 성명은 이제현李齊賢. 고려 공민왕 때 명신. 문과文科하여 벼슬이 문하시중門下侍中에 이름. 시호 문충文忠.

[분외과망]分外過望: 분수 밖의 지나친 소망.

22. 해운대에서

[이은상]李殷相: 호는 노산鷺山. 시인. 경남 마산馬山출생. 연희 전문 문과 수업修業. 호남신문사 사장을 지냈음. [4236-]. 저서에 "노산 시조집", "조선 사화집", 수필집 "무상無常", "노방초路傍草", "노산문선鷺山文選" 들이 있음.

[해운대]: 경남 동래東萊 바닷가에 있는 이름난 석대石臺.

[風軟海波平]: 바람이 부드러우니 바다 물결이 잔잔하다.

[魚龍憤怒海山鳴]: 고기와 용이 성내니 바다와 산이 울리다.

[황대]: 황폐된 누대.

[최고운]: 이름은 치원致遠. 고운은 호. 신라 때 뛰어난 한문학자. [단 3190- ?]. 저서 "계원 필경桂苑筆耕"은 당서唐書 예문지藝文志에 실렸음.

23. 민족의 맥박

[양주동]梁柱東: 호는 무애無涯. 평론가. 경기 개성 출생. 일본 조도전 대학 영문과 출신. 현재 동국 대학교 교수. [4236-]. 저서에 "고가 연구古歌硏究", "여요 전주麗謠箋註", 시집 "조선의 맥박" 들이 있음.

24. 노인 찬

[정비석]鄭飛石: 본명은 서죽瑞竹. 소설가. 평북 의주義州출생. 일본 대학 문과 수업修業. [4244[5]-]. 저서에 장편 소설 "청춘의 윤리", "장미의 계절", "애련기哀戀記", "고원故苑", "자유 부인", 단편집 "제신제諸神祭", "성황당城隍堂", "파도波濤" 들이 있음.

25. 소설의 핀트

[유진오]兪鎭午: 소설가. 법학자. 서울 출생. 경성 대학 법학과 출신. 현재 고려 대학교 총장. [4241-]. 저서에 "유진오 단편집", 장편 소설 "화상보華想譜" 들이 있음.

5 '4244'의 오기

[핀트]: 초점焦點.

[유고](Hugo): 프랑스의 시인, 소설가, 희곡가. 서 1802-1885. 희곡 크롬웰(Cromwell)의 서문序文은 낭만주의浪漫主義의 선언문宣言文이라고 할 만함.

[레 미저러블]: 빅토르 유고가 지은 소설. 잔발잔이란 불운不運한 남자의 일생을 중심으로 사회社會의 가혹한 박해 때문에 비뚤어진 맘씨가 깨끗한 사랑 때문에 다시 회개한 경과를 묘사描寫한 것.

[워털루](Waterloo): 벨지엄 중앙부의 마을로서, 서기 1815년 영국 장수 웰링턴이 나폴레온의 군사를 격퇴시킨 옛 전쟁터.

[액셔니즘](actionism): 행동 주의行動主義.

[도스토예프스키](Dostoevsky): 노서아 소설가. 서기 1825-1881. 대표작은 "죄와 벌".

[톨스토이](Tolstoy): 노서아의 문호. 그의 사실 주의적寫實主義的 수법은 서구西歐에까지 영향됨.

[모파상]: 프랑스의 자연 주의파 소설가. 서기 1850-1893. 대표작은 "여자의 일생".

[부활]復活: 톨스토이가 지은 소설. 내용은 네플류도프 공작公爵이 일찍이 희롱하던 여자 카튜샤가 극도로 타락하여 살인 혐의로 시베리아에 유형流刑 가는 것을 구원하기 위하여 따라가서 가산家産을 버리고 그와 결혼하려 하므로 그는 감동하여 깨끗한 부인으로 갱생更生하여 그의 동무 죄수罪囚 시몬손과 사랑하게 되고, 공작은 만 사람을 구제함에 일생을 바치어 종교적인 큰 사랑으로 부활하였다는 것.

26. 추과 삼제

[신석정]辛夕汀: 본명 석정錫正. 시인. 전북 부안扶安 출생. [4239-]. 저서에 시집 "촛불", "슬픈 목가牧歌" 들이 있음.

27. 작은 용사

[방정환]方定煥: 호는 소파小波. 아동 문학가. 서울 출생. 동경 동양 대학 수업修業. [4232-4264]. 저서에 동화집 "사랑의 선물", "소파 전집" 들이 있음.

28. 내가 본 세상

[모윤숙]毛允淑: 호는 영운嶺雲. 여류女流 시인. 평북 정주定州 출생. 이화 여전 문과 출신. 이화 여전 교수를 지냈음. [4243-]. 저서에 시집 "빛나는 지역", "옥비녀", 수필집 "렌의 애가哀歌" 들이 있음.

[시외]市外: 파리(Paris)의 시외를 이른 말임.

[빅토르 유고](Victor Hugo): 프랑스의 문호. 시인, 소설가, 창작가. 낭만파를 확립確立하였음. [서기 1802-1885].

[아나톨 프랑스](Anatole France): 프랑스의 고답파高踏派 시인, 소설가, 사상가. [서기 1844[6]-1924].

[잔다르크](Jeanne d'Arc): 프랑스 여걸女傑. 백년 전쟁 때 "나라를 구

6 '1824'의 오기.

제하라"는 신神의 부탁을 독신篤信하여, 서기 1428년에 16세의 처녀로서 전쟁에 나서서, 영국군에게 함락된 자기 고향 오를레앙(Orleans) 시를 다음해에 탈환奪還하였는데, 1431년에 영국군에게 잡히어 사교도邪教徒라 하여 불태워 죽었음. [서기 1412-1431].

[마리아](Maria): 예수의 어머니. 여기서는 거룩한 여성이란 뜻으로 썼음.

29. 시조 감상

[이병기]李秉岐: 호는 가람. 국문학자. 시조 작가. 전북 익산益山 출생. 현재 전북 대학교 문리과 대학장. [4224-]. 저서에 "가람 시조집", "시조 연구" 들이 있음.

[볼테르](Voltaire): 프랑스의 계몽 사상가啓蒙思想家, 작가. [서기 1694-1778].

[포오](Poe): 미국의 시인, 단편 소설가. [서기 1809-1849].

[월출산]: 전남 영암靈岩에 있는 명산.

[천왕봉]: 월출산의 제일 높은 봉우리.

"월출산 높더니마는……"의 시조는 고산孤山 윤선도尹善道의 지음임.

[이색]李穡: 호는 목은牧隱. 고려 말기末期의 명유名儒. [단기3661-3725].

[초야 군현]: 시골에 묻혀 있는 여러 훌륭한 선비들.

[이거니]: 가겠는가?

[정충신]鄭忠信: 선조宣祖 때 장수. [단기 3909-3969].

[성종]成宗: 이조 아홉째 임금. [단기 3790-3827].

30. 청춘과 예술

[이헌구]李軒求: 호는 소천宵泉. 평론가. 함북 명천名川 출생. 일본 조도전 대학 불문과 출신. 현재 이화 여자 대학교 문리과 대학장. [4288-]. 저서에 평론집 "문화와 자유"가 있음.

31. 나룻배와 행인

[한용운]韓龍雲: 시인. 불교인. 충남 홍성洪城 출생. [4212-4277]. 저서에 장편 소설 "흑운黑雲", 시집 "임의 침묵" 들이 있음.

32. 대춘

[노천명]盧天命: 여류女流 시인. 황해도 장연長淵 출생. 이화 여전 문과 출신. [4246-]. 저서에 시집 "산호림珊瑚林", "별을 쳐다보며", 수필집 "산딸기", "나의 생활 백서生活白書" 들이 있음.

[이두 마차]: 말 두 마리가 끄는 마차.

33. 김소월의 추억

[김억]金億: 호는 안서岸曙. 시인. 평북 정주定州 출생. 동경 경응 대학 문과 수업. [단기 4228-]. 동아 일보 기자, 중앙 방송국장을 지냈음. 저서에 시집 "해파리의 노래", "안서 시집", "봄의 노래", "금모래", "물망초" 들이 있음.

[아닌밤에 돌개바람]: 뜻하지 않은 때에 별안간 부는 급한 바람.

34. 강화 기행

[최남선]崔南善: 호는 육당六堂. 사학가史學家. 서울 출생. [단기 4222-]. 단기 4242년 우리 나라에서 최초로 잡지 "소년少年"을 발간, 삼일 운동 때 독립 선언서를 집필. 저서에 "백팔 번뇌", "국사 대강", "문명사", "국사학" 들이 있음.

[마니산]摩尼山: 강화도江華島에 있는 성산聖山. 단군이 세 아들을 시켜 이 산 위에 성을 쌓고 단을 무어 하늘게 제사하였다 함.

[전등사]傳燈寺: 강화 남쪽 정족 산성鼎足山城 안에 있는 절 앞에 대조루對潮樓가 있어, 바다 경치를 보기에 좋음. 전등傳燈은 불가佛家에서 법통法統의 전승傳承을 이르는 말.

[정족 산성]鼎足山城: 이조 고종 3년 병인 구월에 프랑스 군함軍艦이 침입侵入하므로 순무사巡撫使 양헌수梁憲洙의 소솔 산포군山砲軍이 격퇴擊退한 병인양요丙寅洋擾 때의 전쟁터.

35. 조국

[유치진]柳致眞: 호는 동랑東朗. 극작가. 경남 통영統營 출생. 일본 입교 대학 출신. [단기 4238-]. 저서에 희곡집 "소", "벌". "원술랑" 들이 있음.

[인산]因山: 고종 황제의 국장國葬을 이름임.

표준 문예 독본

定價圜

檀紀 4288年 6月 16日印刷

檀紀 4288年 6月 20日發行

編者 **李秉岐**

鄭寅承

白鐵

印刷處高麗 時報社工務局

No. 162. 4288. 1. 19.

發行處 **新 丘 文 化 史**

No. 474. 4286. 10. 5.

쬬쥰 국문학사

편집자 주

1. 원본 자체의 맞춤법 오류 바로 잡아 표기하고, 각주를 붙여 원문의 표기를 기록하였다.
2. 일반 문법적 오류 아닌 작가의 시대적 사회적 관련으로 나타나는 비표준어적 표기는 그대로 인정하고 띄어쓰기도 그대로 하였다.
3. 원문의 한글(한자) 표기는 그대로 하였다.
4. 정오표의 오류는 고쳐서 입력하였다.

文教部 認定畢

國語	4289. 3. 15	1·2·3年用
	高等·師範·實業高等	

남녀 고등 · 사범 · 실업고등 국어과 1 · 2 · 3년용

표준 국문학사

이병기 백철 지음

『표준 국문학사』, 이병기 백철 엮음,
신구문화사, 1956. 표지

신구문화사

일러두기

1. 이 책은 문교부 제정 고등학교 국어과 교수 요목에 의거하여 고전을 시대적으로 구분하고, 작품, 작가 및 시대적 배경을 연결시켜 제각기 그 특질을 이해하게 하였음.
2. 우리의 고전이라함은 우리 말과 글로서 표현된 것이므로, 이 책에서는 우리 말, 우리 글로 된 작품을 다루는데에 그 주안점을 두었음.
3. 과거를 알고자 하는 것은 현재를 충분히 이해하고, 좀 더 나은 미래를 누리기 위한 것이므로, 이 책에서는 어디까지나 주로 민족 문학의 올바른 전통의 계승에 필요한 작품과 작가를 다루었음.
4. 이 책의 서술 방식은, 언제나 문학이 인간의 생활에서 우러난 것이기 때문에 작품의 내용과, 작가의 생활을 구체적으로 제시하여 읽는 이의 이해를 쉽게 하도록 하였음.
5. 이 책의 끝에는 국문학 연표를 붙이어 국문학의 발전 과정을 알기 쉽게 하고, 작품과 작가의 목록目錄을 짐작하게 하였으며, 아울러 색인을 겸하는 뜻으로 당해 건명當該件名이 기재된 쪽의 차례를 정리 제시하였음.
6. 이 책의 제1편 여조 이전 편, 제2편 근조 편은 이병기李秉岐가, 제3편 현대편은 백철白鐵이 각각 분담하여 집필하였음.

단기 4288년 11월 15일

엮은 이 씀

목차

2. 신라의 화랑과 문학

3. 고구려高句麗의 설화

4. 백제의 가요歌謠

제3장 통일 신라統一新羅의 문학

1. 시대의 개관

[1] 화랑의 생활 [2] 통일 신라의 문학과 전통

2. 국어학의 개조開祖 설총薛聰

[1] 국어의 특질과 한자 [2] 이두吏讀의 사용

[3] 설총과 이두

3. 향가鄕歌 문학

[1] 향가의 작가 [2] 향가의 형태

[3] 유실된 향가 [4] 삼대목三代目의 편찬

[5] 향가와 불교

4. 설화와 소설

[1] 설화와 소설과의 관계 [2] 귀토설과 토끼타령

[3] 방이旁㐌 이야기와 흥보전 [4] 연권녀와 심청전

제4장 고려 시대高麗時代의 문학

1. 시대의 개관

[1] 시대 배경 [2] 고려 문학의 진전

[3] 여조 전기의 문학 [4] 여조 후기의 문학

2. 균여전均如傳과 삼국유사

[1] 균여대사와 향가 [2] 삼국유사와 향가 및 설화

3. 시조형의 성장

[1] 시조의 작가 [2] 시조형의 기원

[3] 시조형의 성장

4. 곡과 별곡

제2장 산문 정신의 맹아萌芽

1. 시대의 개관

[1] 신사조의 도입 [2] 문학의 산문화散文化

[3] 이 시기의 문학의 특성

2. 산문 문학의 전개展開

[1] 설화문학의 발달 [2] 기행문

3. 소설의 발달

[1] 전대前代의 소설 [2] 설화문학과 소설문학

[3] 한문 소설 [4] 궁정 소설宮廷小說

[5] 여항소설閭巷小說

4. 서민 문학의 대두

[1] 국문학에 반영된 신사조 [2] 광대廣大와 극가

[3] 신오위장申五衛將의 극가 문학

5. 번역 사업飜譯事業과 국어학

[1] 불경佛經의 번역 [2] 문학 서적의 번역

[3] 유경儒經의 번역 [4] 근조 초기의 국어학자

[5] 근조 후기의 국어학자

제3편 현대편現代篇

제1장 현대 문학의 시대 배경

1. 시대배경

2. "신소설"이라는 것

[1] 과도기의 형태 [2] 신소설은 계몽 문학이다

제2장 현대 문학이 싹트는 시기

1. "소년"이 시대의 주인공

2. 새로운 문장 운동

서론

1. 국문학의 개념概念

국문학사國文學史는 국문학의 발생과 그 발달과정發達過程을 기술記述하는 것이 그 내용이요 목적이다. 이렇게만 말하면 이야기가 단순하지만 요는 그 내용을 어느만큼 옳게 파악把握하고 얼마나 정확하게 기술할 것인가 할 때는 이야기가 어려워지는 것이다.

필요한 일은 먼저 국문학의 개념概念을 정확하게 전형典型적으로 이해하는 면이다. 기본 개념이 분명할 때에만 문학사의 서술 내용에 중심中心이 잡히고 요령要領이 설 수 있기 때문이다.

국문학의 개념이 무엇이냐? 여기 대해서 우리는 물론 상식적으로 잘 알고 있는 면이 있다. 이미 여러 사람들이 거기 대한 설명을 해 왔는데 예를 들면 호암湖岩 문일평文一平씨는 다음과 같이 국문학의 요령을 밝힌 것이 있다.

> 우리말은 우리 민족과 함께 아득한 옛날에 생겨났으나 그 사용使用은 한글의 발명을 기다려 비로소 완성하게 되었으며, 한국의 역사도 우리

민족과 함께 수천 년 동안 진보하여 온 것이나, 문화적으로 가장 이채異彩를 빛낸 것은 아무래도 한글을 창정創定하는 등 자아自我에 눈 뜨는 그 시기가 될 것이다. 우리 국문학은 우리 선민先民들이 이두吏讀로 가요歌謠를 적기 시작하던 까만 옛날에 벌써 남상濫觴하였으나 그것이 형식形式으로 내용內容으로 참된 민족 문학으로 될 때는 우리말이 한글로 적히게 된 이후의 일이다. ("국학의 의의"에서)

즉, 국문학은 우선 형식상으로 봐서 우리 민족의 말과 글자로써 표현된 문학을 가리키는 것이다.

이와 같은 이해는 극히 상식적이지만, 그러나 우리는 국문학사를 기술하는데 있어서 언제나 거듭해서 강조强調해야 할 중요한 개념이다. 이 개념을 분명히 머리에 두고 나가지 않는 한, 우리는 항상 우리 앞에 높인 재료의 양量에 치중하는 과오過誤를 범하게 되는 것이다. 말하자면 이 개념을 엄격하게 활용할 때에 우리 앞에 놓인 그 복잡한 이중 삼중二重三重의 성질을 띤 모든 문학사적인 재료들이 스스로 경중輕重의 면모面貌를 밝히면서 우리 앞에 나타나 오는 것이다.

한 예를 들면 우리의 문학사적 재료로서 저 한문 문학漢文文學의 재료가 제아무리 방대하다 하더라도 본질적本質的으론 우리 국문학사의 재료가 아니요, 단순히 하나의 보충자료補充資料밖에 될 수 없는 것이다. 우리는 다만 그 한문 문학의 일부분에 한해서 그것을 우리 말 우리 글자로 환원還元시킬 때에 거기에 어떤 국문학의 효과効果를 거둘 수 있다고 상정想定하는데서 그것이 순 국문학純國文學에 대한 보조적인 가치를 인정認定하는 것이다.

여기서 이두 문학吏讀文學도 자연 거기 준準해서 그것의 국문학에 대한 한층 더 친근한 문학사적 위치가 결정決定되는 것이요 또 그전 우리 고유固有한 구전 문학口傳文學의 위치도 밝혀질 것이다.

이와 같이 국문학의 개념은 단순한 글자의 설명이 아니라, 우리 국문학사의 경우에 있어선 실지로 그 문학사의 사실과 재료를 정리 선택하는 방법의 의미를 띠게 되는 것이다.

2. 국문학사의 시대 구분時代區分

국문학사의 서술에 있어서 시대구분時代區分인데, 다음에 중요한 것은 여기서도 본시 국문학이란 개념은 본질적으로 근대近代의 것이란 점에서부터 발전시켜야 하겠다.

우리가 국문학사를 쓰는데 있어서 어느 정도로 유럽의 문학사적인 발전상發展相을 참조해야 할 것인지 여기엔 이론異論이 있을 줄 아는데, 거기 대해서 우리들은 극히 온건한 생각을 하고 있다.

이 때에 우리가 유럽에 대한 어떤 사대 주의事大主義적인 자비自卑의 태도를 취할 것은 물론 안될 말이다. 그러나 뚜렷하게 눈앞에 나타나 있는 사실은 부인할 수 없기 때문에 우리보다 암만해도 더 완전하게 발달해온 그들의 경우에서 국문학사의 서술을 위한 어떤 표본標本을 찾아 내는 것이 필요한 일이 될 것 같다. 가령, 우리가 흔히 말하는 후진성後進性이라든가, 특수성特殊性이라든가는 누구와 비교해서 뒤떨어졌다는 것이며, 어느 것과 비한 특수성인가하면 그것은 항상 유럽의 것이 표준으로 되어 있는 것이다.

먼저 말한 국문학의 개념도 본시는 근대의 것이라고 말한 것은 여기서도 그 뜻을 유럽의 국문학적인 의미와 관련시키지 않고는, 합리적合理的으로 그 뜻이 나오지 않는 것이다.

국문학이란 국가 또는 국민을 전제前提하지 않고 그 실체實體를 파악할 수 없는데, 우리 나라에서는 그 국가와 국민이 역사적으로 등장한 과정과 형식이 분명하지 못하다. 그것은 우리에게 봉건 제도封建制度라는 것이 전형적典型的으로 나타나질 못했다는 것과 서로 관련關聯되어 있는 것이다. 거기 비해서 유럽은 그만큼 이 과정이 분명하게 나타나고, 바뀌고 했기 때문에, 이 국가 국민의 역사적 표현도 그만큼 분명한 마디로 되어 있는 것이다.

구체적으로 말하면 르네상스 시기로부터 유럽은 근대의 과정으로 잡아들었고 여기서 국가, 국민의 역사적 사회적 조건은 성립되었으며, 따라서 국문학, 국민 문학의 뜻도 소급하면 근대 초기부터서야 문학개념으로 될 수 있었던 것이다.

그 근대를 표준해서 우리 국문학사의 서술에서도 시대적인 기원을 찾아야 할 터인데 우리에게선 저 르네상스와 흡사한 근대적인 전환轉換이 행해지지 않았다. 그만큼 우리의 역사적 사회적 발전상發展相이 불규칙不規則하고 비전형적非典型的인 것이 표적이라 하겠다.

그러면 우리의 경우에선 저 르네상스와 같은 근대성近代性을 어디서 찾아야 할까?

엄격히 말하면 전체적全體的으로 그런 시대가 나타나진 않았으나 우리에게도 그 기운氣運에 있어서 저와 유사類似한 시기를 가진 일이 있다. 그 시기는 마침 한글이 창정創定된 세종 시대, 뒤이어 실학實學의 학풍學風이 크게 일어나고 있던 시기인 것이다. 문일평文一平씨의 말과 같이 한글 창정은 커다란 자아自我의 표현이요, 공리空理를 물리치고 실학을 내세운 것은 르네상스의 지상地上적인 현실풍現實風과 흡사한 기풍氣風이라 할 것이다. 연대도 마침 저 르네상스가 온 유럽의 근대 초기에 해당하는데 이것도 우연偶然한 일이 아닌 줄 안다.

결국, 그 싹트는 기운은 근대적인 열매를 결실하지 못했지만 그것은 뒤에 온 우리 나라의 역사 사회가 그만큼 불순不順한 풍토인 것을 말하는 것이요, 그 기운이 전혀 없었던 것은 아니다. 그래서 우리는 이 시기를 근대적인 초기初期로 확인確認하고, 근조近朝에 중점重點을 두고 국문학사의 시대 구분을 크게 삼기三期로 나누어 보았으니 여조 이전편麗朝以前篇, 근조편近朝篇, 현대편現代篇이 그것이다.

3. 국문학사의 특수성

이 시대 구분은 국문학사를 기술하는데 있어서 방법론의 중요성重要性을 띠기 때문에 특히 그 점을 주목하면서 근조 시대를 중심하여 순 국문학純國文學의 발생, 그 진후 과정을 살펴 보는 것이다.

또, 이 대목을 르네상스적인 근대문학의 전환기로 보게 될 때에 거기와 가까운 왕조王朝 시대에 자연 발생적으로 국문학적인 기운이 새로 생긴 사실들, 예를 들면 이두吏讀문학의 발생, 향가鄕歌나 시조時調의 발생, 및 그 일부에서 근대적인 개성과 애정에 눈뜨는 서정시抒情詩 형식들이 생겨나고 있는 뜻을 이해할 수 있는 것이다. 마치, 유럽에 있어서 그 르네상스적인 근대가 오기 전에 12세기 무렵부터 주로 음유시인吟遊詩人들에 의하여 민중 간에서 애정의 서정시가 성행한 사실과 비교해 볼 수도 있는 것이다.

근조近朝를 중점重點으로 한 때문에 자연 그 이전의 시대는 국문학사적인 처지에선 그렇게 중요하지 않다. 우리는 여기서 그 전 시대를 통털어서 여조 이전 문학麗朝以前文學으로 일괄해 버린 것은 말하자면 그 이전은 전체로 국문학이 발생하기까지의 한 준비 과정準備過程으로 보기 때문이다. 그러나 사실은 우리도 여조 이전 문학을 서술하는데 있어서 근고近古, 중고中古, 상고上古 등의 구분을 해서 그 과정을 설명한 셈이 된다. 즉, 그 아득한 샤마니즘의 시대, 민요, 민담民譚의 구전문학口傳文學의 상고시대, 삼국 시대三國時代로 오면서 유교儒教, 불교, 도교道教 등의 전래와 함께 한자漢字나마 그것을 빌어서 전설傳說과 짧은 서사敍事적인 시詩가 나오게 된 때, 그리고 신라 통일新羅統一, 여조麗朝시대와 같은 직접 국문학의 싹이 준비되던 시기를 근고近古로 보면서, 그 중에서 특히 근고 시대에 더 "악센트"를 강하게 둔 것이다.

한편 근조近朝의 성격인데, 다른 학자들이 설명하고 있느니만큼 그것이 무슨 르네상스 이후의 유럽의 사회와 같이 전면적으로 근대화近代化가 활발해진 과정이 아니고, 흔히 말하는 하나의 정체기停滯期였다는 점이다. 그러므로 국문학적인 발전상發展相에 있어서도 극히 완만緩漫했을 뿐더러 기형적이요, 빈약한 현상을 면하지못한 점이다. 이것은 먼저 암시暗示한 바와 같다.

여기서 또 한 가지 문제되는 것은 근조近朝를 편의상 근대라고 해서 저쪽의 근대와 서로 대조對照시켜 본다 하더라도, 그 시기와 내용이 유럽과 부합되지 않는다는 점이다. 유럽에서 근대문학이라 하면 대개 19세기까지 즉, 20세기 이전을 통괄通括해서 지칭指稱하는 것인데, 여기선 형식적으로나마 18세기까지의 부분이 여기 해당되는 것이다.

따라서 자연히 우리 국문학사상의 현대문학現代文學으로 불러지는 과

정도 그것이 유럽에서 말해지고 있는 20세기적인 현대문학과는 그 성격과 내용이 달라진다. 유럽에서 현대 문학이라고하면 의례 20세기로 들어와서 특히 제1차 대전을 전후해서 심리주의心理主義적인 경향을 비롯한 여러 가지 현대적인 신경향의 문학을 대상해서 말하고 있는 것인데, 그것과 대조해서 우리가 현대문학이라 하는 것은 연대年代로 봐선 같은 20세기지만 그 문학의 내용으로 봐선 19세기 이후의 유럽의 근대적인 문예사조를 받아들여서 신문학新文學으로서 출발했기 때문에, 오늘 우리가 현대문학이라고 하는 범위는 그 근대적인 것과 동시에 일부 유럽의 현대문학을 반영한 과정을 통괄해서 현대 문학이라 말해지고 있는 것이다.

결국 우리 국문학은 갑오개혁甲午改革 이후 소위 개화시대開化時代에서 유럽의 근대적인 신문학을 받아 들여서, 그 뒤 50년 간의 짧은 동안에 급속도로 19세기 이후의 근대 문학과 20세기의 현대 문학 과정現代文學課程을 동시에 치러야 할 사정이었었다. 그 뒤 36년 동안 일제日帝의 학정하虐政下인 불모不毛의 환경 속에서, 또는 그 신문학을 받아들여서 섭취할 만한 우리 전통의 부족으로서 우리 신문학 과정 역시 천박하고 불구不具적인 것을 면하지 못한 것이다.

그러한 사회 환경과 문학사의 불순不順과 시간상의 촉박 등의 여러 가지 원인 때문에 우리 현대 문학도 마음대로 활짝 꽃이 피지 못하고 전체적으로 대단히 빈곤한 것으로 되어 버렸다. 여기 대해서 4257<1924>년 "개벽"開闢에서 설명한 것이 있는데 여기 참고로 인증引證한다.

> 우리는 아직껏 동경憧憬의 진미眞味를 맛보기 전에 남의 자연 주의를 수입하였고 나의 심각한 자연 주의를 맛보기 전에 또 남의 이상 주의에 따라가려는 모방적 생활도 하였던 것이다. ……한국 문학에 "로만" 운동

이 있었다 하면, 그것은 자기 개성 속에서 터져 나오는 싹과 같이 우리 민족의 손으로 되었다는 것을, 다른 사람이 변명할 만큼 농후하지 못했고 자연주의 문학이 있달 것이면 그것은 진실한 의미에서 보면 주인공의 타락을 서술한 데 불과하였다. ……다시 말하면 우리 사회와 문단의 분위기는 아직껏 전적으로 정돈되었다 할 수 없으므로 확실한 문단의 경향도 알기가 어렵다.

우리가 정말 국문학을 위한 자유스러운 환경을 갖게 되었다고 생각한 것은 4278<1945>년 8·15의 해방이었지만 그 뒤 10년간 정치, 사회의 혼란과 6·25의 사변 등으로서 아무 질적인 향상을 해오지 못했으며 결국 이제부터가 우리 국문학을 위한 재출발再出發과 비약飛躍의 시대로 보아야 하겠다.

끝으로 이 국문학사를 서술하는데 있어서, 그 문학 현상을 고찰考察하는데 있어서, 그것을 고립孤立시켜서 보지 않고, 항상 그 배경의 사회적인, 생활적인 현실성과 관련을 시키는데 노력한 점이다. 그렇게 하는데서 더 문학적인 모든 동태와 경향이 분명하게 눈앞에 나타나기 때문이다. 이 국문학사에서 그 장章마다 시대 배경이 나오고, 그 시대의 인간 생활이 기록된 것은 그 때문이다.

이상은 국문학사를 기술하는데 있어서 하나의 변명辨明적인 서론緖論인데, 우리 문학사는 여러 가지 특수한 사정이 있으니만큼 이상의 설명을 머리에 두면서, 이제 실제의 국문학사의 서술을 공부해 가기로 하자.

제1편 여조麗朝 이전以前 편篇

제1장 고대古代의 문학

1. 시대의 개관概觀

【1】 원시 종합 예술原始綜合藝術

아름다운 멧줄기 봉우리마다 높푸른 하늘을 이고, 지고, 수놓아 있으며, 맑은 가람 흐르는 골마다 기름진 빌핀들이 벌러 있는 곳, 삼면을 에워싼 바다 속에는 덩이덩이 고기떼들이 뭉쳐 놀고, 장백 산맥長白山脈 줄기찬 멧부리 골짝마다 온갖 짐승들이 뛰노는 낙천지樂天地 한반도韓半島, 배불리 먹을 수 있는 고장, 편안하게 잠잘 수 있는 곳, 재미스레 뛰놀 수 있는 터를 찾아, 북에서 남으로 남으로 옮아 온 끝에, 우리들의 선민先民들이 이곳 한반도에 깃들인 지는 까마아득한 옛날이었다. 역사가의 말을 빌면 우리 한반도에 선민들이 이주移住하여 온 것은, 신석기 시대新石器時代부터라 한다.

가지 가지 달려 있는 볼 붉은 과실들을 가지채로 꺾어 두고, 멧돼지, 노루, 사슴 살덩이랑 주렁주렁 달아 놓고, 그릇마다 고인 술이 기분 좋게 익어가는 밤, 마을마다 달빛 아래 노래와 춤이 밤새껏 자지러졌다. 아무런 뜻도 없이, 마구 질러서 부르던 노랫소리에 차차 뜻있는 말言語이 용솟음쳐 뛰어 들었다. 감정이 차차 발달됨에 따라 그것을 표현하려는 말도 아름다워졌다. 사냥을 나가면서 벌어진 놀이 때에, 오늘 사냥에는 더욱 많은 수확收穫이 있기를 비는 제전祭典도 있었으니, 거룩한 하느님, 놀라운 조상님네, "당산나무", "범바위", "배암굴"에 빌면서 노래하고 춤추었다. 그들의 말솜씨가 허락하는 한도에서 가장 거룩하고 아름답고 즐거운 말을 골라서 노래는 불러졌으니, 실로 이리하여 우리의 국문학은 그 첫 걸음을 내디디었다.

【2】 예술의 분화分化

이렇게 음악과 문학과 무용이 한데 엉기어 동시적同時的으로 이루어지는 종합적綜合的인 원시 예술 형태藝術形態를 빨라드 단스(Ballad Dance)라 한다. 빨라드 단스는 상당히 오랜 세월을 두고, 그 종합적인 성격을 지녀 왔었다. 그러는 사이에 차차 문학적인 요소만이 따로 떨어져 나가, 혹은 입에서 입으로 전해지는 이른바 구비적口碑的인 방법으로, 또는 선진국인 중국의 한문자漢文字를 빌어 문자상으로 정착定着하게 되었다. 이렇게 원시적인 종합 예술체에서 문학적인 요소만이 떨어져 나와 따로 독립하여 하나의 독자적인 예술 형태를 이루는 것을 예술의 분화分化라 일컫는다.

그리고, 이 분화가 이루어진 이후 구비적인 방법으로 전승傳承되는 것을 유동 문학流動文學이라 하고, 문자상에 정착되어 전승된 것을 정착 문학定着文學이라 한다. 전자前者는 우리 나라 방방곡곡에 널리 퍼져 전해오는 옛 이야기, 이를테면 "배암굴" "범바위" "당산나무"등 어느 고장에서나 흔히 들을 수 있는 이야기들이 그것이다. 그리고, 후자後者는 삼국사기三國史記 삼국유사三國遺事를 비롯한 옛 문헌文獻들에 전하여 오는 신화神話, 전설들이 그것이니, 이를테면, 단군 왕검檀君王儉 신화, 동명왕東明王 신화, 박혁거세朴赫居世 신화 등, 건국 시조始祖에 관한 신화를 비롯한 많은 신화들이 그것이다.

위에서 든 것은, 주로 노래가 이야기로 변한 것을 말하였거니와, 노래가 그대로 구비적인 방법으로 전승되어 오늘날까지 전해 오는 것이 있으니, 구전 민요口傳民謠 및 무당 노래巫歌가 그것이고, 한편 한문으로 번역되어 문자상에 정착되어 오는 것도 있으니, 이를테면, 공후인箜篌引, 영신가迎神歌, 황조가黃鳥歌와 같은 것이 그것이다.

앞으로 순서를 좇아 우리 겨레가 이 땅에 깃들인 이후, 삼국이 정립鼎立하기 이전까지의 국문학의 걸어온 바 그 발자취를 더듬어 보기로 하겠다.

2. 문학의 기원과 국문학

【1】 국문학 연구의 특수성

과학이 추상적인 개념概念을 통한 인간의 사유 활동思惟活動이라 친다면, 예술은 구체적인 형상形象을 통한 인간의 사유 활동이라 할 것이다. 이 예술 가운데서 문학은 언어를 그 소재素材로 하는 인간의 형상적 사유 활동이라 할 수 있을 것이다. 그 소재인 말이 생기고, 그 말로써 어떤 형상을 창조해 내는 힘能力이 생긴 날로부터 문학은 탄생할 수 있음을 우리는 쉽게 예상할 수 있다. 바꾸어 말하면 문자라는 형체形體를 빌어서 기록으로도 후세에 전하여지고, 아무런 형체도 없이 그저 귀와 입을 통하여 구비적으로도 후세에 전하여져 온다. 따라서 문학도 이 두 가지 방법,

즉 기록과 구비를 통하여 오늘까지 전승되어 왔다.

그런데, 우리 겨레는 불행히도 일찍부터 우리 말을 제대로 표현할 수 있는 글자를 가지지 못하고, 겨우 한문자漢文字를 빌어서 그 생각하는 바를 적어 왔을 뿐이다. 그러므로, 우리 글자가 되기까지의 우리 문학은 짐짓 그 알맹이는 죽어 없어지고, 외국 글자를 빌어서 기록한 허물만이 남아있는 셈이 된다. 그리고, 구비적으로 전하여 오는 문학은 또 그것대로 세월이 흐르고 사람이 바뀌짐에 따라, 차차 그 원 모습을 잃고 달라지면서 오늘에 이르렀다. 이처럼 우리 문학은 기록된 것이거나,구전하는 것이거나를 가릴 것 없이 제대로 전하여 오지 못하였다.

게다가 중국을 큰집으로 섬겨 온 우리 조상들은, 자칫하면 우리의 고유한 것일찌라도 잘되고 자랑스러운 것이면 모조리 중국에서 가져왔다고 우겨대었다. 뿐만 아니라 우리 것은 못된 것, 쑥스러운 것이라 하여 우리의 아름다운 노래와 이야기를 "사리부재詞俚不載"라는 한 마디 말로 작두질을 하여 아낌 없이 동댕이쳐 버렸다. 이러한 역사적 특수성 속에서 자라난 국문학의 발달과 변천을 옳게 파악把握하고, 정확하게 이해하기 위하여는, 오직 문학에 관한 직접적인 자료資料만이 아니라, 음악, 무용, 종교, 특히 민속民俗등 인접隣接한 예술이나 과학의 힘을 빌지 않으면 안될 것임을 잊어서는 안된다.

【2】 문학의 기원起源

이러한 국문학은 어떻게 하여 그 첫걸음을 내 디디었는가? 앞서도 말한 바와 같이 문학은 예술의 한 부문이요, 또한 처음부터 문학이 독자적으로 발달한 것이 아니라, 다른 예술 형태와 어울려서 종합적인 예술 형태를 이루고 있었다 함이 일반적으로 인정되어 오고 있다. 따라서 우리는 문학의 기원을 구명하려면 우선 예술의 기원부터 알아야 한다. 그러면 예술은 어떻게 하여 이루어졌는가? 이에 관하여는 대체로 다음에 드는 두 가지 학설이 제창提唱되어 오고 있다.

(ㄱ) 본성 본능설本性本能說

이 학설은 인간은 나면서부터 표현하고자 하는 본능을 지니고 있는 바, 이는 예술을 실생활實生活과는 하등의 연관聯關이 없는 몰리해沒利害적인 것으로 보자는 학설이다. 그리고, 이 본능 기원설本能起源說에는 다시 두 갈래의 설명 방법이 있으니, 곧 모방 충동설模倣衝動說과 유희 충동설遊戲衝動說이 그것이다.

(ㄴ) 발생학적發生學的 기원설

이 학설은 앞의 본능설과는 정반대의 태도로써 예술을 보고자 하는 것이니, 예술의 발생을 어디까지나 인간의 실생활과 심각한 관련하에 해석하고자 하는 방법이다. 따라서 이 학설은 얼핏 보기에 순수純粹하여 보이는 어떠한 예술일찌라도 깊이 따지고 보면, 반드시 그곳에는 인간 생활의 필요한 요구에서 우러난 이유를 발견할 수 있다고 주장하여 왔다.

【3】 국문학의 기원

그러면 이제 우리 겨레가 구체적으로 어떤 경로經路를 밟아 원시적인 예술 형태를 창조하여 왔는가를 보기로 하자. 오랜 옛날 수렵시대狩獵時代를 거쳐 농경시대農耕時代로 옮아오면서, 처음에는 언어의 발달에 앞서 거의 동물에 가까운 규성叫聲만으로써 감정의 복바쳐 오름을 따라, 여음餘音의 일종인 노래를 불렀으리라. 수렵 생활에서 익은 발걸음으로 흥겨워 날뛰면서 노래하였으리라. 손에 손을 맞잡고 빙빙 돌아가며 뛰고 소리질렀을 것이다. 낮에 멧돼지를 쏘아 꺼꾸러뜨린 활, 힘껏 잡아당긴 활시위를 터뜨린 순간, 팽당그르르 울리는 소리와 함께 대닫던 멧돼지가 앞으로 꺼꾸러졌다, 이 활시위의 팽당그르르 나는 소리, 짐승을 쏘아 넘긴 이 우렁찬 활시위의 소리에서,그들은 무한한 기쁨을 얻고 핏줄기가 용솟음치는 기운을 얻었다.

이리하여, 그들은 즐겁게 노는 놀이터에 크고 작은 활들을 가지고나와 활시위를 끌어당기며 아름다운 소리를 내어 보았다. 뿐만 아니라 추운 겨울 추위를 막아 줄 노루 가죽, 사슴 가죽에서도 우렁차게 울리는 소리가 나는 것도 발견하였다. 이리하여, 그들은 간단한 북鼓도 만들고, 활시위를 본받아 공후箜篌(-하아프)도 만들어서 그들의 흥을 더욱 북돋는 구실을 하게 하였다. 이렇게 악기가 발달하고, 음악이 진보됨에 따라, 춤도 더욱 세련되고, 말이 차차 발달함에 따라, 노래도 더욱 풍부한 어휘語彙를 채택하여 아름다워졌다.

이러한 경로를 밟아 이른 바 원시적 종합 예술체인 빼라드 단스는 이루어졌다. 춤舞踊, 소리音樂, 노래詩歌-文學가 삼위일체三位一體되어 제전祭典과 여흥餘興을 이끌어 나가면서 더욱 발달하여 왔다. 이러한 원시 예술의 형태는 아직도 현재 판소리광대의 소리에까지 그 연면連綿한 전통을 이어오고 있다. 즉 그 창唱은 음악, “발림”은 무용, 그 창사唱詞며 “안이리”는 문학이다. 또 경기 잡가京畿雜歌인 “선소리”도 이와 같은 형태를 그대로 지녀온 것으로 볼 수 있다. 실로 우리 국문학은 이리하여 그 첫 걸음을 내디디었던 것이다.

3. 한자漢字의 전래傳來

【1】 말과 글

앞에서 문학을 전승하는 방법으로 정착定着과 구비口碑의 두 가지가 있다 하였다. 그런데, 문학은 말을 그 소재素材로 하는 예술인만큼 그것을 기록으로 남기려면 그림繪畵이나 조각彫刻과 같은 조형造形 예술로나, 또는 음音을 소재로 하는 음악으로서는 기록되지 않음은 명백한 일이다. 즉 아무런 형체形體가 없는 말을 시각視覺을 통하여 전달하기 위하여는 어떠한 형체를 갖춘 부호符號를 만들어 서로 약속을 하여야 한다.

이것이 곧 문자文字이요, 이 문자를 적은 것을 곧 기록이라 한다. 그런데, 불행히도 우리 겨레는 예로부터 서로 그 의사意思를 전달하는 말은 가졌으되, 그것을 제대로 표시하는 글자를 일찌기 가지지 못하였다. 우리 글을 가지지 못한 우리네 조상들은 마지못하여 문학적으로 앞선 겨레인 한족漢族이 만들어 놓은 글자, 즉 한문자漢文字를 빌어다가 간접적으로 말을 기록하는 수밖에는 없었다.

【2】 한자漢字의 전래傳來와 사용

그러면 이 한자가 어느 때에 우리 나라에 들어왔는가? 이에 관하여는 아직 이렇다 할 정설定說이 없다. 삼국 사기 고구려 영양왕嬰陽王 11년 조條에,

> 대학박사大學博士 이 문진李文眞에게 조詔하여 고사古史를 만들어 신집新集 5권券을 만들었다. 국초國初부터 문자를 썼다. 그 때 기사紀事 100권을 만든 이가 있어 유기留記라 하였는데, 이것을 산수刪修하였다.

하였고, 백제百濟 근초고왕近肖古王 30년 조에,

> 고기古記에 하였으되, 백제 개국 이래로 문자 기사記事가 없다가, 이에 박사博士 고흥高興으로 하여, 비로소 서기書記가 있게 되었다.

하였는 바 문자 기사가 없다는 것은 당초부터 문자가 없었다는 말이 아니고,문자로써 국사國史를 수찬修撰한 것이 없었다는 말이라 하겠다. 그리고, 신라 진흥왕眞興王 6년 조에,

> 이찬伊湌 이사부異斯夫가 아뢰되 국사國史란 것은 군신君臣의 선악善惡을 만대萬代에 포폄褒貶하여 보이는 것이온 바, 이를 수찬함이 없으면 후대後代에 무엇을 보이리요. 왕이 그렇다 하고 대아찬大阿湌 거칠부居柒夫 등을 명하여 널리 문사文士를 모아 하여금 수찬하게 하다.

하였다. 또 양서梁書에는 "신라는 문자가 없고 각목刻木하여 음신音信을 하였다." 하였고, 수서隋書에는 "신라 문자는 중국과 같다." 하였고, 또 속박 물지續博物志에는,

> 왜진여국倭辰餘國에는 혹 횡서橫書도 하고, 혹 좌서左書도 하고, 혹 결승結繩도 하고, 혹 계목鍥木하였는데, 오직 고려高麗－高句麗만 영법穎法으로 모사摹寫하여 중화中華에 취정取正하였다.

하였는 바 이것은 이두吏讀, 가나假名 또는 그 밖의 여러 나라들의 글자를 말함이다. 그런데, 양梁과 수隋는 90년 차差인 나라로서, 그 들은 바에 의하여 각각 다르며, 각목하여 음신을 하였다함은 한자의 전래傳來 이전

의 상태를 말함인가 한다. 계목鍥木-刻木, 결승結繩은 문자 발명 이전에는 어느 나라에서나 흔히 쓰이던 것이다.

위에 든 기록들을 통하여 볼 때, 우리는 벌써 삼국三國시대 이전에 한자를 썼음을 짐작하게 된다. 더욱이 우리 나라는 한토漢土와 이웃하였기 때문에, 한족 문화漢族文化와의 관계가 빨랐다.

우리의 선민은 이리하여 비로소 말을 어떤 형태로써 표시하는 이른바 문자를 가지게 되었으나, 언어의 계통系統이 전연 별개의 것에 속하는 우리 말을 다른 문자로써 기록하기에는 대단한 불편을 느꼈을 것이 추측되고, 따라서 그 의사를 충분히 표현하였으리라고는 생각되지 않는다.

4. 신화神話와 전설傳說

【1】 신화, 전설의 형성形成

이곳 저곳 산골과 벌판에 웅거한 조그만 집단들이, 차차 인구가 불어가고 서로 왕래가 잦아짐에 따라 물건도 주고 받고, 혼인도 서로 결연하여 차차 큰 집단을 이루게 되었다. 사냥을 나가는 것도 점점 질서가 서고, 여흥餘興과 제전祭典도 차차 체계體系가 서게 되었다. 산 너머 저쪽 집단에서 이쪽 집단의 사냥터를 마구 짓밟아 들어오면, 그들을 몰아내어야 했다.

이리하여 인간의 생활이 차차 복잡하여지고, 그에 따라 감정도 점점 발달하여 갔다. 평소에 힘세고 꾀 있어 사냥도 잘하고, 다른 집단을 몰아낼 때에도, 가장 용감하게 싸운 탁월한 장정壯丁이 있으면, 그는 그 집단에서 가장 두려운 존재가 된다, 이 두려운 존재는 같은 집단의 다른 구성원構成員을 위압하고, 다른 집단의 구성원에게까지 그 위세가 떨치게 된다. 이리하여, 그 존재는 권위權威를 가지게 된다. 한번 권위를 가지게 된 이 두려운 존재는, 그가 죽고 난 뒤에도 그 권위를 여전히 잃지 않는다. 생활과 감정이 복잡하여지고, 그것을 표현하는 말이 늘어감에 따라, 그 두려운 존재의 죽음은 단순한 죽음이 아니라, 어떤 힘을 남겨 주고 간다. 그가 비록 죽었더라도 여전히 사냥을 도와주거나, 적군敵軍을 물리쳐 줄 것으로 믿게 된다.

이리하여, 신화神話와 전설傳說은 이루어졌다. 그의 놀라운 힘을 빌기 위하여 일찌기 그를 따르던 모든 집단의 구성원들이 맛있는 음식을 차려 놓고, 그가 생전에 남겨 놓은 모든 아름다고 놀라운 일들을 노래부르며, 그의 영혼을 위로하고, 그 덕으로 더욱 많은 사냥을 할 수 있도록 빌기도 하였다. 세월이 바뀌고 사람이 갈려짐에 따라, 그에 대한 이야기는 점점 굉장하여지고 더욱 놀라운 이야기로 변하여 간다. 이렇게 불려지던 노래가 이야기로, 또 그 이야기가, 문자상에 기록되어 오늘날 남아 있는 이상국집李相國集, 삼국유사三國遺事, 제왕운기帝王韻記, 세종실록 지리지世宗實錄地理志 등속의 문헌에 전하여 오고 있다.

【2】 신화, 전설의 문학사적 의의

이러한 신화 전설들은 그 대상이 광범위한데 그 특성이 있다. 즉 그들의 생활을 에워싼 모든 자연계에서 그 제재題材를 발견한다. 그들이 수렵생활에서 가장 두려워하는 맹수, 이를테면 범, 곰, 뱀, 거북, 또는 생활 주변에서 그들에게 혜택을 항상 입혀주는 큰 나무, 바윗돌, 동굴, 산, 바다, 가람 이런 자연계에서도 초인적超人的인 힘을 인정하기도 하였다. 따라서, 이러한 신화 전설들은 어떤 사실史實로서보다는 문학적으로 더욱 큰 의의를 가지게 된다. 왜냐 하면, 앞서 든 바와 같이 그들의 광범한 생활이 반영되어 있고, 그들의 사고력思考力, 상상력想像力, 언어를 통한 형상력形象力이 광범하게 포함되어 있기 때문이다. 그러므로, 신화나 전설이 문자상으로 기록되었거나, 구비적으로 전승되어 오거나 간에, 그것들은 우리들의 훌륭한 고대의 문학이고, 또한 비록 그것이 한문으로 기록되었더라도, 그것을 우리말로 번역하고 보면 훌륭한 우리의 문학이 된다.

【3】 대표적 신화

고문헌古文獻에 전하는 신화로는 단군 개국 설화壇君開國說話와 동명왕 탄생 설화東明王誕生說話가 그 대표적인 것인 바 전자는 고박 간소古朴簡素하고, 후자는 화려 섬세華麗纖細하여 각각 대표적인 특성을 띠우고 있다.

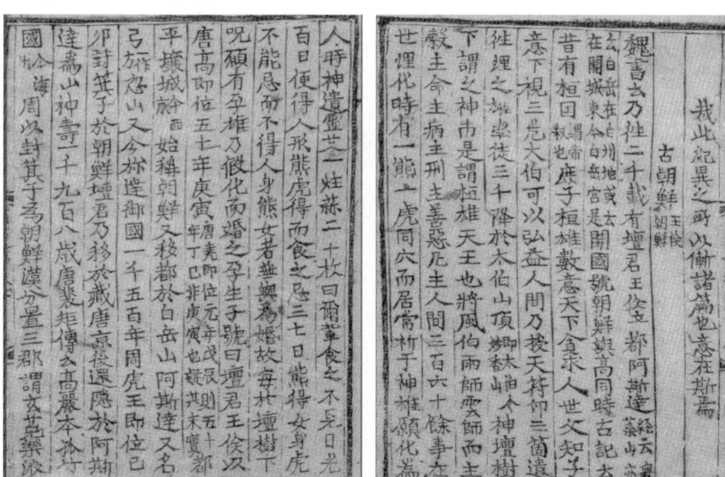
哉此紀異之所以備諸篇也意在斯焉
古朝鮮 王儉朝鮮
魏書云乃往二千載有壇君王儉立都阿斯達 經云無葉山亦云白岳在白州地或云在開城東今白岳宮是 開國號朝鮮與高同時古記云昔有桓因 謂帝釋也 庶子桓雄數意天下貪求人世父知子意下視三危太伯可以弘益人間乃授天符印三箇遣往理之雄率徒三千降於太伯山頂 即太伯今妙香山 神壇樹下謂之神市是謂桓雄天王也將風伯雨師雲師而主穀主命主病主刑主善惡凡主人間三百六十餘事在世理化時有一熊一虎同穴而居常祈于神雄願化為人時神遺靈艾一炷蒜二十枚曰爾輩食之不見日光百日便得人形熊虎得而食之忌三七日熊得女身虎不能忌而不得人身熊女者無與為婚故每於壇樹下呪願有孕雄乃假化而婚之孕生子號曰壇君王儉以唐高即位五十年庚寅 唐堯即位元年戊辰則五十年丁巳非庚寅也疑其未實 都平壤城 今西京 始稱朝鮮又移都於白岳山阿斯達又名弓 一作方 忽山又今彌達御國一千五百年周虎王即位己卯封箕子於朝鮮壇君乃移於藏唐京後還隱於阿斯達為山神壽一千九百八歲唐裵矩傳云高麗本孤竹國 今海州 周以封箕子為朝鮮漢分置三郡謂玄菟樂浪

삼국유사三國遺事 권제1卷第一 단군조檀君條

단군 개국 설화(삼국유사)

옛날 환인桓因의 서자庶子 환웅桓雄이 천하에 뜻을 자주 두고 인세人世를 탐구貪求하더니, 아버지가 아들의 뜻을 알고 삼위태백三危太伯을 내려다 보니, 인간을 널리 도움직하다 하고, 천부인天符印 세 개를 주어, 가 다스리라 하였다. 웅雄이 무리 삼천을 거느리고 태백산太白山 꼭대기 신단수神檀樹 아래 내리니, 이를 신시神市라 하고, 환웅대왕桓雄大王이라 하였다. 풍백風伯, 우사雨師, 운사雲師를 거느려 곡식과 명命과 형形과 선악善惡을 주主로 하여, 무릇 인간 삼백 예순 가지 일을 주장하며 세상을 다스렸다.

> 때에 곰 한 마리와 범 한 마리가, 한 굴 속에 살며 항상 신웅神雄에게 빌되, "사람이 되어지라" 하매, 신웅이 영애靈艾 한 심지와, 마늘 스무 개를 주고,"너희가 이것을 먹고 볕을 백 날만 보지 않으면, 사람이 되리라" 하였다. 곰과 범이 이를 얻어 먹고, 三七일을 사위하여 곰은 여자가 되고, 범은 사위하지 못하여 사람이 되지 못하였다. 곰 여자는 더불어 혼인할 이가 없어, 매양 신단수 아래서 아들 두기를 축원하였더니, 신웅이 사람으로 변형變形하여 그와 혼인하고 아들을 낳으니, 이르되 단군왕검檀君王儉이라 하고, 평양성平壤城에 도읍하고 비로소 조선朝鮮이라 일컬었다. 조선, 시라尸羅, 고례高禮, 남, 북 옥저南北沃沮, 동부여東扶餘, 예濊, 맥貊이 다 단군의 겨레였다.

이 밖에 앞서 든 동명왕 탄생 설화를 중심으로 하여 북부여北扶餘의 해모수解慕漱, 동부여東扶餘의 금와金蛙, 백제百濟의 주몽朱蒙 등에 관한 일련의 신화 전설들은 우리 민족의 이동해 온 경로經路를 여실히 보여 주고 있으며, 한편 남쪽에 웅거한 신라의 박 혁거세, 석탈해昔脫解, 김알지金閼智 및 가락국駕洛國의 수로왕首露王 전설들은, 앞서 든 북방계北方系의 신화 같은 웅건雄建한 맛은 없으나, 그 대신 온화한 낙천지에서 이루어진 평화로운 기상氣像을 여실히 보여 주고 있다. 따라서, 전자는 민족 이동기의 비교적 오랜 시대에 된 신화라 친다면, 후자는 이동이 끝나고 안전한 지역에 정착한 후의 비교적 뒷시대에 된 것이라 하겠으나, 이 두 계통의 신화는 후세에 길이 민족의 신념으로 발전하여 많은 파생적 설화를 이루어 발전하였다.

【4】 설화說話의 발달

이렇게 하여 이루어진 고대 신화나 전설은, 민족 서사시民族敍事詩로서 신관神官에게 구송口誦되던 민족의 성전聖典이던 것이, 차차 개인의 세계로 침투하여 들어가게 되었다. 과거에 신성불가침의 절대적인 존재는 점점 인간의 세계에 다시 재림再臨하게 되어, 인간과 더불어 같이 울고, 같이 웃는 평범한 존재가 되기 시작한다. 이것은 인간의 감정의 발달로 말미암아 흥미 있는 이야기를 요구하게 되는 까닭이다. 이렇게 형성된 이야기를 설화說話라고 한다. 이 설화는 할머니 젖꼭지를 만지는 손자 아이들의 귀청을 울리며, 민족의 핏줄기 속에 깊이 깃들여 오늘에 이르러 왔다. 시골 사랑방에서, 정자나무 밑에서, 그들의 한가로운 시간을 즐겁게 해주는 수많은 이야기들이, 시대를 따라 그 내용과 계기契機가 바뀌지면서 오늘에까지 이어 오고 있다.

5. 가요歌謠

【1】 가요의 원형原形

신화 전설이 처음에 노래로 불려졌으리라는 기록은 진수陳壽의 삼국지三國志 동이전東夷傳 삼한三韓조에,

> 마한馬韓에서는 5월에 하종下種을 다하면 귀신에게 제祭하고, 떼로 모여 노래를 부르고 춤을 추며, 밤낮으로 쉬지 않는 바, 그 춤은 수십인數十人이 함께 일고, 서로 따라 땅을 밟으며, 우물쭈물하며, 손과 발이 서로 응하여 절주節奏는 마치 중국中國의 탁무鐸舞와 같다. 시월十月 농공農功이 다하면 또 이와 같이 하였다.

하였고, 후한서後漢書에는 "진한辰韓은 풍속風俗이 가무歌舞를 즐겨한다." 하였고, 또 삼국지에는 "변한弁韓은 진한辰韓과 법속法俗이 서로 같다." 하였다.

그런데, 상고의 이러한 풍속의 유풍遺風은 오늘날 아직도 지방에 따라 남아 있는 것이 있으니, "강강수월래"며 "캐지랑칭칭 나아네"의 가무歌舞가 곧 그것이다. 정월 보름날, 또는 팔월 추석날 달이 밝으면, 부락의 여자 수십인이 손을 서로 잡고 우쭐우쭐 원무圓舞하면서, 전라도 내지 황해도에서는 "강강수월래", 경상도 내지 강원도에서는 "캐지랑칭칭 나아네"를 아직도 부르고 있다.

> 대 밭에는 대도 총총 강강수월래.
> 하늘에는 별도 총총 강강수월래.

꽃 밭에는 꽃이 총총 강강수월래.

−전남 무안全南 務安

하늘에는 별도 많고, 캐지랑칭칭 나아네.
시내강변엔 자갈도 많다. 캐지랑칭칭 나아네.

−경남 동래慶南 東萊

가 그것이다. 그 창사唱詞는 역대歷代를 거쳐 오며, 그 시대시대의 말로 변개變改되기도 하였겠지마는, 그 유희遊戱하는 법이며 창사의 여음餘音인 "강강수월래" "캐지랑칭칭 나아네"와 같은 것은, 그 형적形跡을 전하고 있는 것인가 한다. 따라서 이 두 노래는 우리 민요民謠의 최고형最高形으로서 가歌, 악樂, 무舞의 종합적인 원시 예술 형태의 잔형殘形이라 하겠다.

【2】 서정요抒情謠의 출발

이렇게 처음에는 집단集團에 의하여 불려지던 노래가, 차차 발전하여 한편으로 신관神官의 입을 통해, 조상신祖上神, 자연신自然神들을 찬양하는 노래로 변하고, 그것이 다시 후에, 신화 전설로 변하여 문자상에 기록되었을 것임은 전절에서 보였다. 그리고, 한 쪽으로는 집단적인 성격이 차차 가시어져, 노래가 개인의 세계로 들어간 형적은 진晋나라 때의 사람 최표崔豹의 찬撰한 고금주古今注에 전하는 공후인箜篌引에서 볼 수 있다.

조선朝鮮 진졸津卒 곽리자고霍里子高가 새벽에 일어나 배를 저어가는데, 한 머리가 센 미친 이가 머리를 풀고, 병을 들고, 물을 거슬러 건너더니, 그 아내가 말려도 미치지 못하여 그만 물에 빠져 죽어 버렸다. 이에 그 아내가 공후箜篌를 가지고 타며 노래하였다.

> 公無渡河 公竟渡河 墮河而死 當奈公何
> 당신은 물을 건너지 마오.
> 당신이 물을 건너다가
> 물에 빠져 죽어지면
> 당신은 어이 하잔 말가

> 하는 것이 마디마디 구슬프고 소리가 몹시 서글펐다. 노래를 마치고는 이어 또한 물에 빠져 죽었다. 자고子高가 돌아와 그 아내 여옥麗玉에게 아침에 본 광경을 이야기하여 주었더니, 여옥이 듣고 나서 공후를 가지고 그 소리를 본받아 타니, 듣는 자가 모두 눈물을 흘리고 울었다. 그 소리를 이웃 여자 여용麗容에게 전하여 널리 퍼치니, 이를 이르되 공후인箜篌引이라 한다.

하였다. 이 공후인은 일찍 중국에 전파傳播되어, 이 백李白 또는 여러 시인詩人이 차운次韻도 하였다. 실로 그 이야기와 아울러 노래의 내용이 진솔眞率 곡진曲盡하여 비극적인 우리의 고대 가요이었으나, 오직 그것이 한문으로 번역되어 원 모습을 전하지 못하는 것이 안타까울 뿐이다.

이 공후인과 마찬가지로, 이야기와 더불어 적이 서정적抒情的인 성격을 띠고 있는 유명한 노래가 삼국 사기 고구려 본기高句麗本紀 제1권 유리왕瑠璃王 3년 조에 전하여 오니, 이제 이 원문을 보이면,

> 翩翩黃鳥 雌雄相依 念我之獨 誰其與歸
> 펄펄나는 꾀꼴새는 자웅이 노니는데, 외로운 이내 몸은 뉘와곱 돌아

갈고.

라는 황조가黃鳥歌가 그것이다. 섭섭한 것은 이 한시漢詩를 역하여, 그 내용만 알 수 있을 뿐, 우리말로 그 온전한 것을 보지 못하는 것이다. 또 삼국유사 권 2 가락국기駕洛國記에 전하는 가락국 개국 신화開國神話 속에 있는 영신가迎神歌가 있으니, 이 노래는 우리 나라 고대 신요神謠의 한 편린片鱗을 보여 주는 것이라 하겠다. 이제 한역漢譯된 이 노래를 보이면,

龜何龜何 首其現也 若不現也 燔灼而喫也
거북아, 거북아, 네 목을 내어라. 네 목을 내잖으면 구워서 먹으리.

라 되어 있다. 이 노래를 통하여 우리는 고대인의 종교 생활과 아울러 시가詩歌의 가진 바 기능機能의 일단을 엿볼 수 있을 것으로 본다.

[연습문제]

1. 고대 문학의 특성을 말하라.
2. 국문학은 어떻게 하여 출발하였는가?
3. 고대 문학이 현대에 어떻게 전승되어 왔는가?
4. 말과 글은 어떤 관계가 있는가?
5. 고대의 신화 전설 중 대표적인 것을 들라.
6. 고대의 가요 중 대표적인 것을 들라.

제2장 삼국시대의 문학

1. 시대의 개관

【1】 시대 배경

고장마다 고을마다 자리를 잡고 터를 닦고 삶의 보금자리는 이루어졌다. 마을마다 어른이 나서 다스리었고, 몇 마을을 다스리는 어른이 생겨 고을을 이루고, 몇 고을을 합쳐서 부족部族을 이루었다. 부족에는 부족을 다스리는 군장君長이 선출되었다. 이 군장들은 자기가 거느리는 부족의 구성원들을 편안하게 다스리는 데에 골몰하였다. 이리하여, 정치는 점점 진보하고 백성이 편안하게 살기 위하여 꾀를 내어서, 많은 연장들을 만들어 내었다. 문화적으로 앞선 중국에서 쉴 사이 없이, 더욱 높은 문화가 흘러 들어왔다. 그러는 사이에, 중국을 거쳐서 인도印度의 불교佛教가 밀물처럼 몰려 들어왔다. 이 인도의 새로운 문화는 유럽(Europe)의 새로운 문명을 함께 가져오기도 하였다. 이리하여, 우리 나라로 옮아 온 우리의 선민들은 비로소 희미한 어둠 속에서 빛을 보게 되며, 세계적인 호흡을 하게 되었다. 정치, 경제, 문화의 모든 부면이 장족長足의 진전을 보게 되었다.

대륙에 가장 가까운 고구려와 백제가 찬란한 외래문화를 재 빠르게 받아 들여, 모자라는 곳을 채우고, 잘못된 곳을 고쳐, 많은 부족을 통합하여 강대한 부족 연합체部族聯合體를 구성하여 그 판도版圖를 점점 늘였다. 이 반면에 신라는 우리 나라의 동남단에 위치하여 외래 문화를 받아들이는 것이 늦었다. 그만큼 신라는 고유의 문화를 오래 지니고 건실한 고유문화의 바탕위에, 외래의 문화를 비판 검토하면서 새로운 힘을 착실하게 길러 나갔다. 이러한 환경 속에서 우리의 문학은 어떻게 발전하여 왔는가?

【2】 개성의 각성

전대의 문학을 집단 가무 시대集團歌舞時代라 한다면, 삼국시대의 문학은 가위 개성 자각의 문학시대라 할 것이다. 신라나 백제의 가요가 그러하고, 고구려의 설화가 그러하다. 즉 이 시대의 문학은 어떠한 부족을 대표하는 기념비記念碑적인 존재로서의 영웅을 이야기하고 노래하는 것이 아니라, 같은 영웅일시라도 개인으로서의 영웅이 부귀와 영달, 또는 기쁨이나 설음을 노래하였고, 같은 기쁨이나 슬픔을 노래하였더라도, 평범한 필부匹夫 촌녀村女의 슬픔이나 기쁨을 노래하게 되었다. 이런 의미에서 이 시기의 문학은 확실히 한 걸음 나아갔다고 하겠으나, 아직도 가요와 설화가 확연히 구분되지 않고, 설화 속에 가요가 삽입插入되어 있다든지, 어떤 가요의 유래에 대한 설화를 반드시 동반하고야, 그 가요가 생명을 유지할 수 있는 것은, 그대로 전대 문학의 잔영殘影을 그대로 지니고 있는 일면이라 하겠다. 이처럼 문학의 발전은 일조일석에 다른 것으로 비약하여 가는 것이 아니고, 항상 전대의 것을 계속하면서 한 걸음 한 걸음 새로운 것을 창조하여 가는 것을 우리는 역력히 보게 된다.

【3】 삼국 문학의 특성

삼국이 제각기 많은 부족을 통합해 하나의 연합체를 형성하였다가, 차차 중앙집권中央集權적인 군주 국가君主國家를 형성하여 신라, 고구려, 백제 세 나라의 세력이 균형均衡을 보유한 채 한 동안 계속하였다. 이 동안 삼국의 문학은 제각기 독특한 환경에 처해 있음으로 인하여, 그 개성을 발휘하면서 발달하여 갔다. 즉 신라와 백제는 우리 나라의 동남과 서남에 제각기 웅거하여 온화한 기후와 풍부한 자원에 흡족한 생활을 누리면서 살았기 때문에, 서정적抒情的인 방면이 발달하여, 특히 가요 문학이 성하였고, 고구려는 민족 이동 초기에, 한 반도를 개척한 씩씩한 기풍이 그대로 뿌리박은 곳이기 때문에, 웅건하고 용감한 서사문학敍事文學이 특히 발전하여 많은 설화를 이루어 후세에 남겨 주게 되었다. 그리고, 삼국 가운데서 특히 후에 삼국을 통일한 신라에는, 전국의 우수한 청소년들을 훈련하는 기관인 화랑花郞제도가 창설되자, 많은 우수한 문학자가 배출될 것이 기대되었다. 과연 그들의 고도한 교양과 문무를 겸전한 인격은 신라의 새로운 문화를 건설하는데 충분히 이바지하였으며, 그들이 남겨 준 풍류風流의 도는 민족의 빛나는 전통傳統을 이루는데 크게 도움이 되었던 것이다.

2. 신라의 화랑과 문학

신라는 경주 지대에서 육부六部를 근거하여 발흥勃興하고, 진한辰韓, 변한弁韓, 가락駕洛, 가야伽倻 등을 합하여 된 나라이다.

처음에 여섯 마을六部이 화백和白과 같은 의회정치議會政治 제도를 써서, 그 정치를 진전시켰으며, 법흥왕法興王, 진흥왕眞興王은 새로 들어온 불교를 받아 들여 정치와 문화에 이용하였고, 거기에다 뛰어난 화랑 제도를 창시創始하여, 국력이 크게 진흥하게 되었다.

그 뒤 신라가 삼국을 통일統一할 때에, 이 도중徒衆들이 가장 활약하였으며, 통일의 대업이 성취된 뒤로는 그 정신으로보다도 하나의 풍류를 즐기는 조직으로 존재하였을 것으로 추측된다. 이른바 도의道義로써 서로 닦고, 가악歌樂으로써 서로 기꺼하고, 산수山水에 노닌다 함은 당초의 강령綱領이었고, 사군이충事君以忠, 사친이효事親以孝, 교우이신交友以信, 임전무퇴臨戰無退, 살생유택殺生有擇은 그 뒤 귀산貴山 추항箒項에게 준 원광 법사圓光法師의 교훈敎訓이었다. 이 교훈에는 유교, 불교의 요지要旨가 내포되었고, 이보다도 그 시국에 당면한 급무를 말한 것은 "임전무퇴"이다. 신라가 고구려, 백제의 침략을 자주 받아 오다가, 진흥왕 이후로는 국경을 확장擴張하기는 했으나, 아직도 오히려 여, 제를 강적으로 대하지 않으면 안되었다. 이리하여 신라는 여, 제의 세강속말世降俗末하는 틈을 타서 당唐과 연합하여 드디어 삼국을 통일하였다. 이때에 멀리 원정하여 온 당군唐軍을 인도하여 주도권을 잃지 않은 것은, 화랑들의 임전무퇴하는 투철한 정신력의 힘이었다.

이렇게 문무文武가 겸전兼全한 화랑들의 온전한 교양은 실로 도의로써 서로 닦으며 정의를 알고 가악歌樂으로써 서로 기꺼하며 정리情理를 알고,

산수에 놀매 건강과 단결을 보전하였던 결과였다고 하겠다. 거기에다가 기후는 온화하고, 토지도 비옥하여 해륙 산물이 풍부하며 인구가 적어 경제는 너그러웠으니, 이런 환경 속에 높은 교양을 갖춘 신라의 청소년은 마음껏 예술적 재분을 발휘할 수 있었다. 오늘날 남은 경주 지방의 유적과, 발굴된 당시의 공예품을 통하여, 우리는 당시의 예술적 역량의 일부를 충분히 짐작하고도 남음이 있다 하겠다. 이리하여, 그들은 만고에 빛나는 향가문학鄕歌文學의 터전을 닦아 주었다. 가악상열歌樂相悅하던 신라 화랑의 생활은 풍류의 도道를 이룩하게 하였고, 이 풍류의 도는 찬란한 신라 문학의 바탕이 되었던 것이다.

3. 고구려高句麗의 설화

온화한 남방에 터전을 잡은 신라 사람들이 어려서부터 높은 교양을 갖추고, 고도로 발달된 감정에서 우러나는 서정적 문학을 특별히 발달시킨데 비하여, 북방에 자리잡은 고구려 사람들은, 거센 기후에 최초로 한반도를 개척하여 온 기상을 지니고, 활동적인 성격을 그대로 지키고 있었다. 따라서 그 문학도 정적靜的인 서정 문학보다도 동적動的인 서사 문학을 더욱 흥미 있게 발전시켰다.

이제 미천왕美川王의 설화를 보이면,

> 고구려 봉상왕烽上王은 서천왕西川王의 태자로, 그 즉위卽位하던 이듬해에 그 아우 돌고咄固가 딴 마음이 있다 하고 죽였다. 돌고의 아들 을불乙弗은 피란을 하여 달아나 수실촌水室村 음모陰牟라는 이의 집에 가서

머슴을 살았다. 음모는 몹시 일을 시켰다. 낮에는 나무를 해오라 하고, 밤이면 돌을 던져 개구리 소리까지 금하라 하였다. 을불은 견디다 못하여 또 달아나 압록강鴨綠江에서 소금 장사를 하고 마을 집에 머물렀더니, 그 집 주인 마누라가 소금을 많이 아니 주었다 하여, 그 혐의로 도둑으로 몰아 관가官家에 고하여 태형笞刑을 당하게 하였다.

을불은 이렇게 고생을 하매 몸이 야위고, 얼굴이 틀려 사람들이 그가 왕손王孫인 줄을 몰랐다. 그 때 봉상왕은 나라를 잘 다스리지 않고 점점 무도한 일만 하였다. 그 정승政丞 창조리倉助利는 여러 번 왕의 잘못을 간諫하였으나 듣지 아니하므로, 마침내 왕을 폐하려는 생각을 하였다. 창조리는 조불祖弗과 소우蕭友라는 이를 시켜, 산야山野로 다니며 을불을 찾게 하였다.

비류하沸流河에 이르러 보니, 한 장부丈夫가 배 위에 있는 바, 모양은 꺼칠하되 거동이 비상하였다. 그는 이가 을불인 줄 알고 절을 하며,

"이제 나라님이 무도하여 여러 신하들이 의논하고 왕손이 검약儉約 인자仁慈하여 대업大業을 이으시리라 하고, 신을 보내어 봉영奉迎하는 바입니다."

하니 을불은 의심하고,

"나는 들 사람이요, 왕손은 아니라."

하였다. 그래도 소우는,

"여러 신하들이 왕손을 바라옴이 지극하오니, 왕손은 부디 의심 마소서."

하고 모시고 돌아와 오맥남가烏陌南家에 숨기었다.

그리고, 왕이 후산侯山에 사냥 가매 창조리가 따라갔다. 창조리가 여러 사람에게 이르되,

"나와 마음이 같은 사람은 내 본을 보라."

하고 갈잎을 뜯어 고깔에 꽂았다. 여러 사람들도 다 각기 꽂았다. 창조리

> 는 여러 사람들로 더불어 드디어 왕을 폐하여 별실別室에 가두고, 군사를 시켜 지키게 하였다. 그 후 왕은 스스로 목을 매어 죽으니, 왕의 두 아들도 따라 죽었다. 왕을 봉상烽上에 장사하고 을불을 세워 왕을 삼으니, 이가 곧 미천왕美川王이다.

왕손으로도 상민과 같은 생활을 하였으며, 그래도 왕손인 까닭으로서 대업을 계승하여 왕위에 올랐다. 이런 것을 보면, 왕이나 상민이나 사람은 같으되, 다만 그 경우가 운명을 결정한다는 그들의 인생관이 반영되어 있음을 본다.

이 밖에 질투를 하다가 혁낭革囊에 갇혀 죽은 관나부인貫那夫人과, 나랏돼지가 뛰어나매, 그것을 잡으러 갔다가 도읍지都邑地를 발견하고其一, 주통촌녀酒桶村女를 얻어 승통承統할 왕자를 낳았다는 교시일郊豕逸 기이其二과, 악랑 왕樂浪王 최리崔理의 딸과 결혼하여 그 나라가 자명고自鳴鼓를 파괴하게 하고, 그 나라를 빼앗았다는 호동好童과, 활을 잘 쏘고 주초柱礎 사이에 감추었던 단검斷劍을 찾아 가지고 가서, 부왕父王을 찾아 보았다는 유리태자類利太子도 다 설화로서 보암직하다. 이상에서 보기로 든 바와 같이,그 구성의 섬세한 것이며, 웅건한 영웅적 기질을 보여준 고구려의 문학은, 실로 이 설화 문학으로써 그 백미白眉를 삼지 않을 수 없다 하겠다. 여기서도 다만 섭섭한 것은 그런 설화들이 제대로 우리 말로써 문자에 기록되지 못하고 한문으로 번역이 되어 겨우 그 내용을 알아 볼 수 있다는 점이다.

4. 백제의 가요歌謠

신라에 못지 않게 지리적으로 유리한 환경에 자리잡은 백제 사람도 그 평화롭고 영리한 기상이 아름다운 노래를 많이 지어 불렀다. 이를테면 고려사 지권志卷 25 삼국속악三國俗樂 백제 조에 전하는 선운산禪雲山, 무등산無等山, 방등산方登山, 정읍井邑, 지리산智異山 등 곡曲이 그것이다.

선운산禪雲山은 즉 장사長沙(-茂長) 사람이 출정出征하여 그 기한이 지나도 돌아오지 않는지라, 그 아내가 남편이 그리워 선운산을 바라보고 지었다는 노래다. **무등산**無等山은 광주光州(-本百濟武珍州)의 진산鎭山이요, 광주는 전라全羅의 거읍巨邑인 바, 이 산에 성을 쌓고 백성이 의뢰하여 안락하게 살며 노래를 부른 것이 곧 이 노래라 하였다. 또 **방등산**方登山(-高敞半登山)은 나주羅州의 속현屬縣 장성長城 지경이었는데, 한때 도둑이 크게 일어나, 이 산에 웅거하여 양가의 여자가 많이 잡혀 갔다. 그 때에 장일현長日縣의 여자가 그 속에 있어 이 노래를 지어서, 그 남편이 즉시로 와서 구원救援하지 않음을 풍유諷諭하였다는 노래다. **지리산**智異山은 구례현求禮縣의 여자가 자색姿色이 있으며, 지리산에 사는네, 집이 기난하되 부도婦道를 극진히 하는지라, 백제 왕이 그 아름다운 이야기를 듣고 궁중으로 들이고자 하였으나, 그 여자는 이 노래를 지어 죽기로 맹세하고 좇지 않았다는 노래이다.

이런 백제의 노래들 중에서 특히 뛰어나고, 또 그 옛 모습이 비교적 완전히 전하는 것으로 **정읍사**井邑詞가 있다. 정읍井邑은 본시 전주全州의 속현屬縣인 바, 그 현인縣人이 행상을 나가 오래도록 돌아오지 않으매 그 아내가 근처의 산석山石에 올라 멀리 바라보고, 남편이 밤에 다니다가 해害를 입지 않을까 함을 이수泥水에 탁托하여 지은 노래라 한다. 후세에 전하기를 등점 망부석登岾望夫石이 있다 하였다. 동국여지승람東國輿地勝覽 권 34의 정읍 고적古蹟 조에는 망부석望夫石이 있다 하였고, 세전世傳하기를 이 산돌에 그 부인이 올라, 망부望夫하였다 하며, 그 돌에는 발자취가 아직도 남아 있다 하였다. 악학궤범樂學軌範 권 5 무고舞鼓 조에 정읍사井邑詞라 하여,

> 前腔 ᄃᆞᆯ하 노피곰 도ᄃᆞ샤 어긔야 머리곰 비취오시라 어긔야 어강됴리 小葉 아으 다롱디리 後腔全져재 녀러신고요 어긔야 즌ᄃᆡᄅᆞᆯ 드ᄃᆡ욜세라 어긔야 어갸됴리 過篇 어느이다 노코시라 金善調 어긔야 내 가논ᄃᆡ 졈그ᄅᆞᆯ셰라 어긔야 어강됴리 小葉 아으 다롱디리

라 실려 있다. 그리고, 이 곡은 국연정재國讌呈才(-궁정연례宮廷宴禮의 가무歌舞)로 역대歷代에서 불렀던 것이다. 이제 이 노래의 뜻을 따서 현대 말로 고쳐 보면,

달아, 높이 높이 돋으사
멀미 멀리 비취오시라.

저자에 가시는가요.
진 데를 디디올쎄라.

어찌다마음 놓으시리라.
당신 가는데 점그를쎄라.

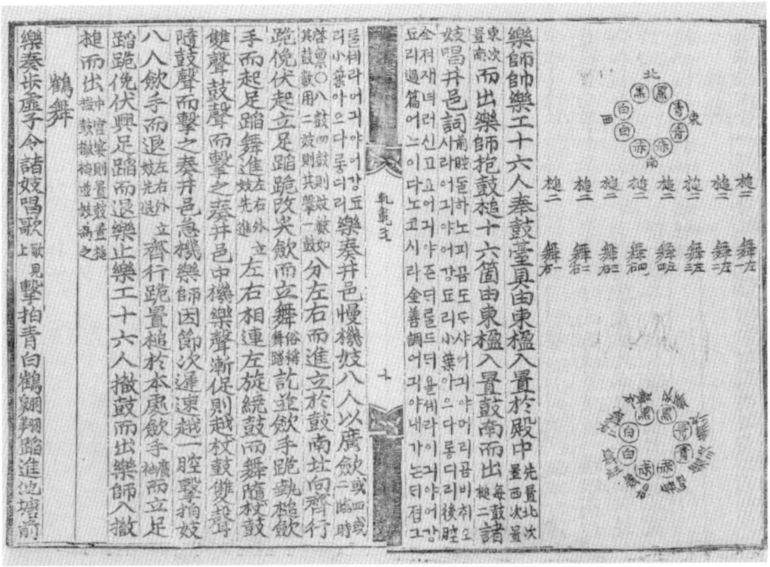

악학궤범樂學軌範 권제5卷第五 정읍사조井邑詞條

라 한 것이다. 과연 그 남편이 오래 돌아오지 않음을 조금도 원망하지 않고, 다만 몸이나 편안하여 다니시라 하고, 달을 빌어 말한 노래이다. 달은 즉 천지신명天地神明임을 의미하였으며, 천지신명께 축원하는 간절한 정성이 어려 있다. 이 노래는 오늘날 백제의 노래로서 단 하나밖에 남지 않은 것으로, 더욱 귀염을 받고 있다.

[연습문제]

1. 삼국 문학의 공통적인 특질을 말하라.
2. 삼국 문학의 개별적인 특성을 말하라.
3. "정읍사"에 대하여 아는 바를 말하라.
4. 신라 문학의 터전은 어떻게 하여 이루어졌는가?

제3장 통일 신라統一新羅의 문학

1. 시대의 개관

【1】 화랑의 생활

삼국 시대에 닦아진 모든 터전은 통일된 신라의 불승佛僧, 화랑花郎들에 의하여 활짝 꽃이 피었다. 국가의 위급危急을 보고 임전무퇴臨戰無退하며, 산전수전山戰水戰에서 전진戰塵을 털 겨를이 없던 신라의 화랑들은, 삼국 통일의 성업聖業을 성취한 후로는 그들의 씩씩한 기풍이 평화롭고 호화로운 환경 가운데서 풍류의 도道로 정진하였다. 대자대비大慈大悲한 부처의 은총恩寵 앞에 귀의歸依하면서, 그들은 호화 찬란한 현실現實의 생활을 마음껏 즐기고, 그 즐거움을 내세來世에까지 누리기 위하여 열심히 기도하였다. 법당에서 울려 오는 목탁 소리는 그들의 정신을 가을물처럼 맑게 씻어 주었고, 새벽의 고요를 흔들고 굴러 오는 범종梵鍾소리는 제행무상諸行無常의 진리를 세상 끝까지 아뢰었다. 몸에 둘렀던 갑옷 소리 대신에, 걸음을 옮길 적마다 이는 패옥의 쟁그렁거리는 소리가 요란하였고, 머리에 무거운 투구는 내려지고 대신에 금은채옥金銀彩玉으로 얽혀진 관머리가 휘황하게 빛났다. 거리에 밤낮으로 풍악 소리가 그치지 않았고, 집집마다 노래와 춤이 무르녹았다.

【2】 통일 신라의 문학과 국문학의 전통

이러한 환경 속에서 신라의 예술은 그 찬란스런 꽃을 활짝 피웠다. 원융圓融하고 섬세纖細하며, 신비롭고 명랑한 향가의 표현 방식은, 그들 숭고한 교양의 서정抒情을 남김 없이 뵈어 주었고, 감미甘味하고 인자한 설화의 내용은 그들의 생활 양식을 여지 없이 보여 주고 있다. 불편한 대로 한자漢字를 빌어 우리 말을 표기하는 데에도 익숙하여져서, 제법 한문漢文으로도 모든 것들을 기사 서정記事抒情할 수도 있게 되었다. 어찌 그뿐이랴! 정치적으로 정복당한 고구려, 백제의 좋은 문물과 예술을 그대로 신라 사림들은 띠 들어서, 그것을 소화시켜 자기네 것을 한결 더 빛나게 하였고, 멀리 당나라唐로부터도 날로 진전되어 가는 좋은 문화를 적극적으로 받아 들여, 새로운 문화를 지양止揚시키기도 하였다. 이렇게 통일된 신라의 모든 문물은 날로 자라났고, 그에 발맞춰 문학도 날로 성하였다. 이 속에서 가악歌樂으로써 서로 즐기는 화랑들은 드디어 최치원崔致遠의 이른 바 현묘玄妙한 가르침인 풍류의 도道를 완성시켰다.

이렇게 한번 자리잡은 통일 신라의 문학은, 그 뒤 고려 왕조, 이씨 왕조를 거쳐서 그 연면連綿한 전통傳統이 오늘에까지 뻗쳐 오고 있다. 아직도 우리들의 핏줄기 속에 용솟음치는 예술적 감흥은 신라 화랑들의 이 풍류의 도道를 이어받은 것임에 틀림 없고, 오늘날 새로운 경계境界를 개척하려는 시조형도 실로 신라 향가로부터 그 형태적形態的 모태母胎를 찾을 수 있고, 후세에 발달한 토끼타령, 흥보전, 심청전과 같은 소설들도 그

모체를 이 신라의 설화 문학에서 찾을 수 있다. 이리하여 신라의 문학은 우리 민족 문학의 완성된 기반으로써 그 존재 의의를 더욱 빛나게 하고 있다. 당唐의 뛰어난 문화를 오히려 무찌르고 앞서려는 신라 사람들의 기백과 재주는 아직도 우리들 핏줄기 속에 날뛰고 있음을 우리들은 느껴야 한다.

2. 국어학의 개조開祖 설총薛聰

【1】 국어의 특질과 한자

오늘날 국내외國內外의 국어학자들이 밝혀 준 바에 의하면, 우리 말은 이른 바 우랄·알타이 어족語族(Ural Altaic Family)에 속한다한다. 이 어족은 핀란드, 항가리, 터어키, 몽고蒙古, 만주滿洲, 한국韓國, 일본日本의 말들로써 이루고 있다. 그리고, 그중에서 특히 몽고, 만주, 한국, 일본 등지의 말을 다시 알타이 계系에 속한다고 하고 있다. 이러한 말의 분포分布는 고대의 민족 이동民族移動과도 표리表裏의 관계가 있으니, 앞서서 본 신화 전설의 분포 상태와 아울러 생각할 때, 민족 이동의 경로가 어느 정도 명백히 될 수 있으리라고 본다. 이러한 우리의 말은, 인지人智의 발달, 감정의 순화醇化, 교통의 확장擴張 등 여러 요인要因에 의하여 발달하여 왔다. 그러나, 이를 표기할 수 있는 문자를 일찌기 만들지 못하여 많은 불편을 느끼게 되었다. 그러던 차에 선진 문화국인 중국에서 한문자가 들어왔다. 그런데 이 한문자는 언어의 계통으로 보아 전혀 다른 씨노·티베트(Sino-Tibetan Family; 支那 西藏) 어족에 속하는 중국어를 표기하는 것이기 때문에, 이것 역시 우리 말을 표기하는데는 대단한 불편을 면ㅎ지 못하였다.

【2】 이두吏讀의 사용

그런 대로 우리의 선민은 우선 이 한자에 매어달리지 않을 수 없었다. 한문을 그대로 배워 익히기도 하고, 또 한 쪽으로 한자의 음音와 새김訓을 빌어 우리 말을 적어 보았다. 이렇게 하여 이루어진 표기 방법을 이두吏讀吏頭, 이토吏吐, 이투吏套, 이도吏道, 이찰吏札, 향찰鄕札이라 불렀다. 이것을 사용한 범위는 지명, 인명, 관명, 물명 등에 적용하였다.

신라 진평왕眞平王 때의 서동동요薯童童謠-

善花公主主隱 他 密只 嫁良 置古 薯童房乙 夜矣卯乙 抱遣 去如
선화공주님은 남 몰기 얼여 두고 마동방을밤일란안고 가다

라는 것이 이두문이다.

【3】 설총과 이두

그런데, 제왕 운기帝王韻記신라조에 "弘儒 薛侯製 '吏書' 俗言鄕語 通科隷"라 하였고, 대명률 직해大明律直解 김지金祗 근지謹識에는 "我況本朝 三韓傳薛聰所製方言文 謂之 '吏讀'"라 있으며, 훈민정음訓民正音 정인지 근서鄭麟趾謹書에는 "昔新羅薛聰 始作 '吏讀' 宮府民間 至今行之"라 하였으나, 위에서 이미 본 바와 같이, 설총 이전에 이두는 이미 씌었음을 본다. 이에 설총의 사실史實을 소고溯考하여 보면, 삼국사기三國史記 권 제46 열전列傳 제 6 설총薛聰 조에,

설총의 자字는 총지聰智요, 조祖는 담날내마談捺奈麻요, 부父는 원효元

曉인데, 총聰이 성이 명예性明銳하여, 나며 도술道術을 알고, 방언方言으로써 구경九經을 읽고, 후생後生을 훈도訓導하여 지금도 학자學者가 으뜸으로 받든다.

라 하였고, 삼국 유사三國遺事 권 제4 원효 불기元曉不羈 조에는,

총聰이 나며 예민睿敏하여 경사經史를 널리 통하고, 방언方言으로써 화이華夷의 방속 물명方俗物名을 통회通會하고, 육경 문학六經文學을 훈해訓解하여 지금도 해동海東의 명경明經을 위업爲業하는 이가 끊이지 않게 전하고 받든다.

라 하였는 바, 구경九經은 주역周易, 시전詩傳, 서전書傳, 춘추春秋, 예기禮記, 곡례曲禮, 좌씨전左氏傳, 논어論語, 효경孝經이고, 육경六經이라 함은, 그 중의 여섯을 말함일 것이다. 과연 구경인지 육경인지는 단정할 수 없으나, 설총이 비로소 우리 말글로써 이러한 경서經書들을 역해譯解한 것만은 틀림 없는 사실이겠고, 당시에 지방에 따라, 또는 개인에 따라, 각양 각색各樣各色으로 쓰이던 이두의 표기법을 설총이 가장 편리한 방법으로 그 표기법을 통일하여 썼을 것이 추측된다. 이렇게 한번 설총이 정리하여서 제정한 이두의 표기법은, 그 뒤에 그것이 하나의 표준이 되어 전승傳承되어 오는 가운데에 이두를 설총이 창제하였다고 와전訛傳되었을 것이다. 따라서 설총은 국어학을 최초로 창건한 이로서 비단 문학사에서만이 아니라, 우리의 문화 사상에 잊지 못할 큰 공적을 끼친 이로서, 후세의 선비들이 그를 추숭追崇하는 의의를 알 수 있는 것이다.

3. 향가鄕歌 문학

【1】 향가의 작가

전대前代 화랑제도의 창설로 말미암아 찬란한 신라 문학의 터전이 이루어졌고, 장차 그 열매가 맺어질 날이 약속되더니, 과연 신라가 삼국을 통일한 이후, 화랑들의 씩씩한 기풍은 변개되어 오로지 풍류의 도에 정진하여 향가 문학을 완성하였다. 오늘날 전하는 향가는 삼국유사에 14수, 균여전均如傳에 11수, 모두 25수가 있다. 그 작가는 득오곡得烏谷, 충담사忠談師, 희명希明, 광덕부廣德婦, 월명사月明師, 융천사融天師, 신충信忠, 영재永才, 균여均如인 바, 이들의 작품이 약간씩 전하여 오고, 더러는 그 작품은 전하지 못하고, 곡명曲名과 작가의 성명만이 전하는 것도 있다.

삼국유사 권 제2 처용랑處容郎 조 및 악학궤범樂學軌範, 악장 가사樂章歌詞에,

> 東京明期月良 夜入伊遊行如可 入良沙寢矣見昆 脚烏伊四是良羅 二肸隱吾下於叱古 二肸隱 誰支下焉古 本矣吾下是如馬於隱 奪叱良乙何女爲理古
>
> －三國遺事－
>
> 동경東京ᄇᆞᆯ근ᄃᆞ래 새도록 노니다가, 드러 내 자리를 보니, 가ᄅᆞ리 네히 로섀라. 아으, 둘흔 내해어니와, 둘흔 뉘해어니오.
>
> －樂學軌範·樂章歌詞－

라 함이 있는 바, 악학궤범이나 악장가사에 적힌 처용가處容歌에는 삼국유사에 적힌,

本矣吾下是如馬於焉(본듸 내 해이다마ᄅᆞᄂᆞᆫ)
奪叱良乙何如爲理古(아ᅀᅡᄂᆞᆯ 엇디ᄒᆞ릿고)

라는 귀절句節이 빠졌다. 이것은 신라 때의 처용가가 고려 때에 이르러 얼만큼 무당巫堂의 한 축원의 노래인 처용가로 개작改作되며, 그 형편에 따라 빠진 것이라 하겠다.

【2】 향가의 형태

본시 향가의 형태를 엄정히 말하면, 그 전부前部가 8귀八句요, 후부後部가 3귀三句이다. 그런데, 이 처용가는 그 전부인 8귀만이 남아 있고, 그 후부인 3귀는 누락되고 말았다. 또 안상 금보安瑺琴譜, 시용향악보時用鄕樂譜, 악장가사樂章歌詞에 적힌 사모곡思母曲,

호ᄆᆡ도 ᄂᆞᆯ히어신마ᄅᆞᄂᆞᆫ, 낟 ᄀᆞ티 들 리도 어ᄡᅳ새라 아바님도 어ᅀᅵ어신 마ᄅᆞᄂᆞᆫ 위 덩더둥셩, 어마님 ᄀᆞ티 괴시리 어ᄡᅦ라. 아소, 님하 어마님 ᄀᆞ티 괴시리 어ᄡᅦ라.

라 한 것이 있는 바, 이것은 속전俗傳에 신라 때 사람의 지은 바라고도 하던 것인데, 고려사 지권志卷 25 목주木州 조에,

목주 효녀木州孝女의 소작所作, 아버지와 후모後母를 잘 섬겨 효녀로 이름이 났으나, 아버지가 후모의 말에 혹하여 그를 몰아 내었다. 그래도, 참아 가지 못하여 머물러 부모를 봉양함이 더욱 극진하였다. 이에 부모는 더욱 노하여 기어이 그를 몰아 내어 버렸다. 부득이 부모를 하직하고

나선 그는 산중에서 석굴石窟 속에 사는 노파老婆를 만나, 사정 이야기를 하였더니, 그 노파가 가긍히 생각하고 그와 함께 있기를 허락하였다. 그 후 그는 그 노파를 자기 부모 섬기듯 극진히 하였다. 노파는 드디어 그를 며느리로 삼았다. 부부가 화락하게 지내고, 근검勤儉하게 살면서 크게 재물을 모았다. 그 여자는 부모가 간고艱苦하게 산다는 소문을 듣고 자기 집에 뫼셔다가 지성으로 봉양하였으나, 그 부모는 끝끝내 즐거워하지 않으므로, 효녀는 이 노래를 지어 한탄하였다.

고 있는데, 목주木州는 목천木川 즉 충남 천안군 목주면忠南 天安郡 木州面 목천리木川里이며, 목천읍지木川邑誌에도 이 가사가 실려 있고, 이 지방의 부녀들이 이 노래를 구전하여 왔다. 이 노래와 처용가는 지금 전하는 고가古歌 중의 보배로서 옛 노래의 모습과 옛 말의 맛을 잘 보여 주고 있다. 그런데, 이 노래도 엄정한 향가의 형태인 향가체鄕歌體가 아니고, 정읍사井邑詞와 같은 민요체民謠體의 일종이다. 그리니, 처용가와 이 목주가는 역대를 거쳐 오며, 말이 더러 변개되고 누락되었다 할찌라도, 오히려 옛 모습을 전하는 맛으로는 정읍사와 아울러 우리 고전 시가古典詩歌의 삼대 유보三大遺寶라 할 것이다.

【3】 유실된 향가

이 밖에 삼국 유사에,

제42 대 흥덕대왕興德大王 때에, 당唐에서 앵무새 한 쌍을 가져 왔는데, 얼마 후에 그 암놈이 죽고, 수놈만 남아 슬피 우는지라, 왕이 거울을 그 앞에 걸게 하였더니 수놈이 거울을 보고 제 짝인 줄 알고 거울을 쪼다가 죽었다. 이를 본 왕이 이 노래를 지었다.

하였으나, 그 작품은 전하지 않는다. 또 삼국유사 제48대 경문왕景文王 때에 국선國仙이 원랑元郎, 예흔랑譽昕郎, 계원桂元, 숙종랑叔宗郎을 맞아 금란金蘭(-通川 金蘭窟)에 놀쌔, 가만히 군주君主를 위하여 나라를 다스리자는 뜻이 있어, 노래 세 수를 지었는데, 심필사지心弼舍知를 시켜 침권針卷을 주어 대구 화상大矩和尙에게 보내어, 삼가三歌를 지었으니, 첫째는 현금포곡玄琴抱曲, 둘째는 대도곡大道曲, 세째는 문군곡問群曲이라 하여 왕에게 아뢰매, 왕이 퍽 기뻐하고 칭찬하였다 하였으나, 그 노래는 전하지 않는다.

이 밖에도 당시의 노래로 그 이름만 남은 것이 양산가陽山歌, 동경곡東京曲, 회소곡會蘇曲, 회악會樂, 신열악辛熱樂, 도솔가兜率歌, 돌아악突阿樂, 지아악枝兒樂, 사내악思內樂, 우식곡憂息曲, 대악碓樂, 간인竿引, 미지악美知樂, 도령가徒領歌, 날현인捺絃引, 사내기물악思內奇物樂, 내지內知, 백실白實, 덕사내德思內, 석남사내도石南思內道, 사중祀中, 치술령곡鵄述嶺曲, 달도가怛忉歌, 번화곡繁花曲, 이견대가利見臺歌 등의 이름과 그 뜻만이 전하나, 고려사 지권志卷 제25 속악俗樂 조에,

> 속악俗樂인즉 상스러운 말이 많아 그 심한 것은 다만 그 노래 이름과 노래지은 뜻을 적었다.

라 한 것과, "사리부재詞俚不載"란 말로써 그 사詞들은 여지없이 작두질되어 사라져 버렸다.

【4】 삼대목三代目의 편찬

그럼에도 불구하고, 삼국사기 신라본기新羅本紀 제11 진성왕眞聖王 춘 2월 조에 의하면,

> 왕이 각간角干 위홍魏弘으로 통하다가 이에 이르러, 항상 안에 들어 용사用事를 하였다. 인하여 대구화상大矩和尙으로 더불어 향가를 수집하게 하였으니, 이르되 삼대목三代目이라 하였다.

하였는 바 이 삼대목은 삼대 향가집三代鄕歌集의 명목名目이란 의미일 것이다. 그러나, 이 귀중한 보전寶典은 오늘날 다만 그 이름만 전할 뿐, 책은 역사의 아득한 안개 속에 영원히 사라져버렸으니, 어찌 아깝지 않으리오. 따라서 이 보전을 이미 잃은 우리는 오직 삼국유사와 균여전에 전하는 25수의 향가를 금과옥조金科玉條로 귀중히 완롱玩弄할 수 있을 따름이다. 그 구체적인 내용과 명목은 다시 다음 항에서 상세히 소개하겠다.

【5】 향가와 불교

그런데, 앞서 그 삼대목을 주로 편수한 이가 대구화상大矩和尙이었다. 뿐만 아니라, 역대 향가의 사종師宗이 거의 중僧侶이었음을 우리는 주목하지 않을 수 없다. 충담사, 신충, 영재, 능준대사 대구화상, 균여 대사 등이 다 중이며, 또 융천사, 월명사들도 중과 인연이 깊은 분들이었다. 이 밖의 뛰어난 낭도郎徒며, 국왕들도 다 중과 관계가 없는 이가 없었다. 실로 우리는 향가를 알자면 그 때의 중들과 불학佛學의 경지를 알아야만 할 것이다. 따라서 향가는 불교 문학의 한 봉우리를 이루었다 하겠다.

4. 설화와 소설

【1】 설화와 소설과의 관계

신라는 삼국을 통일하고 오히려 270여 년을 존속하여 천 년 사직社稷을 이은만큼, 그 문화도 우수하며, 향가 또는 민요 이외에 설화문학도 그 질에 있어서나 양에 있어서나 놀라웠다. 불승佛僧들이 이룩한 불교 연기설화佛教 緣起說話며, 화랑들의 풍류세어風流細語도 볼만하고, 민간에 떠돌아 다니는 민간 설화도 아름다웠다. 그리고, 이들 설화는 후세에 중국에서 들어온 소설문학의 자극을 입어 근조近朝 소설 문학의 터전을 이루어 주었다. 이제 그 몇 가지를 들어 보겠다.

【2】 귀토설龜兎說과 토끼타령

삼국사기 권 제41 열전 제1 김유신金庾信 귀토龜兎 조에,

> 옛날 동해 용녀東海龍女가 속병이 있었다. 의원醫員을 시켜 진찰ㅎ게 하니, 그 의원이 "토끼의 간肝을 먹으면 나으리라" 하였다. 그러나, 바다 가운데는 토끼가 없으니 어쩔수 없다. 한 거북이 용왕에게 사뢰되,"내 능히 얻겠다" 하고 드디어 뭍으로 나가 토끼를 보고 꾀되, "바닷 가운데에는 한 섬이 있는데 맑은 샘, 흰 돌, 무성한 숲, 좋은 실과에, 추위 더위며, 매도 침노하지 않으니, 네 만일 오고 보면 편안히 살아 걱정이 없으리라" 하고 인하여 토끼를 업고 헤엄쳐 2, 3리里쯤 가다가, 거북이 토끼를 돌아보고 가로되,"이제 용녀가 병이 깊어 네 간이 약이 된다기로 너를 업고 옴이니라" 토끼 가로되, "허허! 나는 신명神明의 뒤라, 오장五臟

을 내어 씻어 넣느니라. 일전에 속이 아파 간을 씻어 바위 밑에 두고 네 말을 듣고 왔으니, 이제 다시 돌아가 간을 가져옴이 옳지 않으냐? 너는 구하는 바를 얻을 것이요, 나는 간이 없어도 살 것이니, 어찌 서로 좋지 않으리요?" 거북이 믿고 돌아와 언덕으로 보내자, 토끼가 뛰어 풀 속으로 들어가며, 거북더러 이르는 말이 "어리석도다. 거북이여! 어찌 간이 없이 살 놈이 있으랴?" 하고 달아나니, 거북이 할일없이 물러갔다.

이는 신라 선덕왕善德王 11 년에 백제가 대량주大梁州를 치고, 김춘추金春秋의 딸과 사위를 죽였다. 김 춘추는 복수復讎하고자 고구려로 청병請兵을 갔다. 고구려 왕은 딴 트집을 잡고 옥獄에 가두었다. 이러구러 육순六旬이 지났다. 춘추는 고구려 총신寵臣 선도해先道解에게 뇌물賂物을 주고 탈옥脫獄을 꾀하였다. 뇌물을 얻어먹은 도해는 주찬酒饌을 가지고 옥중獄中으로 찾아와, 이런 귀토龜兎 이야기를 하였으니, 이는 하나의 우언寓言이었다. 김 춘추는 이 우언에서 암시를 받고 계략을 꾸며 고구려를 탈출하는데에 성공하였다. 이는 인도印度의 본생경本生經의 용원 설화龍猿說話와도 비슷한 바, 선도해가 이를 개작한 것인가 한다.

이것이 다시 근조에 와서 토끼 타령, 수궁가水宮歌, 귀토가龜兎歌, 별주부전鱉主簿傳 등의 이름으로 불려지는 소설이 되었다.

【3】 방이旁㐌 이야기와 흥보전興甫傳

유양잡조酉陽雜組 또는 동사강목東史綱目 부권附卷 중의 괴설변증怪說辯證 방이旁㐌 조에는 방이旁㐌는 신라 사람이다. 그 아우는 부자였다. 서로 각각 살쌔 방이는 몹시 가난하여 빌어먹는데 누가 밭 한 때기를 주었다. 누에와 곡식 씨를 아우에게 달라고 갔더니, 아우는 그것을 쪄서 주었다. 그런 줄 모르고 이를 얻어간 방이는 누에를 깨고, 씨를 뿌렸다. 그랬더니, 누에 한 마리가 깨었는데, 그 크기가 황소만하고 뽕잎을 두어 나무씩이나 먹어도 모자랐다. 아우는 심술이 나서 그 누에를 죽여 버렸다. 그랬더니, 사방四方으로서 누에가 날아 그 집으로 들어왔기 때문에 형을 "누에왕"이라 일컬었다. 이웃 사람들까지도 그 실을 다 켰다. 그리고, 곡식은 다만 한낱이 났으되, 그 이삭이 한 자나 넘어 길었다. 방이가 그 이삭을 지키고 있노라니까, 문득 새가 물고 날아갔나. 방이는 새를 좇아 산으로 갔다. 새는 돌틈으로 들어갔다.

방이는 돌 옆에 멈춰 있었다. 밤은 깊고 달은 밝았다. 붉은 옷을 입은 어린아이들이 모여 장난을 하다가 한 아이가 "너는 무얼 먹고 싶으니?" 한즉, "술을 먹고 싶다"하였다. 금방망이로 돌을 두드리니, 술동이가 나오고, 또 한 아이는 "음식이 먹고 싶다" 하니, 또 방망이로 두드리니 떡국 구이 등이 돌 위에 늘어놓였다. 그들은 이를 먹고, 이윽고 헤어졌다. 가면서 그들의 가셨던 금방망이를 돌틈에 찔러 두었다. 방이는 금방망이를 가지고 돌아와 하고 싶은 대로 두드려, 거대한 부자가 되었으며, 항상 보물을 그 아우에게 주었다. 그 뒤 아우는 형의 말을 듣고, 그곳에 다시 찾아 갔다가 여러 아이들에게 잡혀 코를 뽑혀 코끼리처럼 되어 돌아왔다.

이것은 일천여 년 전 당唐의 은성식殷成式의 유양잡조酉陽雜俎에 적힌 것이다. 근조의 흥보전興甫傳은 이것에서 번안翻案된 것이다. 흥보전에는 방이와 같은 인물을 흥보라 하였고, 방이의 아우와 같은 인물을 놀보라 하여 형제간의 우애友愛를 강조한 것으로서, 방이와 같은 흥보를 아우로 한 것은 그 효과를 더하게 하였다.

【4】 연권녀連權女와 심청전沈淸傳

삼국사기 열전 8 또는 동사절요東史節要의 연권녀連權女 조에,

> 효녀 연권連權의 딸은 일찍 아버지를 여의고, 혼자 그 어머니를 봉양하면서 나이 이미 서른 둘이 되도록 시집을 안 가고 어머니를 모셨다. 혹은 고용 노릇도 하고, 혹은 걸인 노릇도 하여 밥을 얻어다 먹였다. 날이 오래매, 고달픔을 이기지 못하여, 부잣집에 나아가 몸을 팔아 종이 되어 쌀을 얻고, 종일 그 집에서 일을 하고 저물면 밥을 지어 가지고 와서 공양하였다. 이러한 3, 4일에 그 어머니가 말하되, "전에는 밥이 좋지 못하나 달더니, 지금은 밥이 좋으나 맛은 전만 못하고, 창자를 칼로 쑤시는 것 같으니, 이게 웬 까닭이냐?" 하고 물으니, 딸이 사실대로 고하였다.
>
> 이에 그 어머니가 가로되 "나 때문에 너를 종을 삼았으니 얼른 죽는 것만 못하나" 하고 인하여 소리쳐 울었다. 딸도 울었다. 마침 효종랑孝宗郞이 지나다가 그 광경을 보고 조粟 백 석과 의물衣物을 보내고, 또 그 매주買主에게 빚을 갚아 속량贖良을 시키고, 낭도郎徒 몇천명이 각기 조 한섬을 내었다. 대왕도 이 말을 듣고, 또한 조租 오백 석을 주고, 병정兵丁을 보내어 지키게 하고, 그 동네를 표방標榜하여 효양방孝養坊이라 하였다.

연권녀連權女의 어머니는 눈먼 이었다. 그는 눈먼 어머니에게 지극한 효도를 하였다. 어머니에게나 아버지에게나 그 효도야 마찬가지지만, 눈

면 어머니에게보다는 눈먼 아버지에게 그런 효도를 하였다는 것이 심청전이었으며, 더욱 더 효과적인 인상을 주게 하였다.

[연습문제]

1. 신라 문학의 특성을 논하라.
2. 설총薛聰에 대하여 아는 바를 써라.
3. 향가의 작가는 어떤 사람들인가.
4. 고전 시가의 삼대 유보三大遺寶란 무엇이며 그에 대하여 아는 바를 써라.
5. 신라 설화說話의 특성은 무엇인가?
6. 설화와 소설과의 관계에 관하여 아는 바를 써라

제4장 고려 시대高麗時代의 문학

1. 시대의 개관

【1】 시대 배경

고려 왕조高麗王朝는 안으로는 무신武臣과 외척外戚의 집정執政으로 말미암은 내홍內訌이 끊일 사이가 없었고, 밖으로는 금金, 몽고蒙古, 왜구倭寇의 연달은 침노로 말미암은 외환外患이 또한 그칠 겨를이 없었다. 그만큼 안으로 밖으로 격동激動하는 환경에서 근 500년의 세월은 흘렀다. 그러는 사이에도 고려왕조의 역대 임금들은 유교儒教와 불교를 아울러 숭상崇尙하였고, 그 외에 찬란한 신라의 문화를 바탕으로 하여 인방隣邦의 고도한 문물 제도를 널리 받아들여 더욱 융성한 문화를 창건하였다. 국초國初에 과거법科擧法을 시행하여 유위有爲한 인물을 등용하였고, 중국에서 많은 서적을 얻어 들여 널리 지식을 구하였고, 대 장경大藏經, 속 장경續藏經을 개간開刊하여 청사靑史에 빛나는 문화 사업을 이룩하였고, 활자活字를 발명하여 문화 발전에 큰 공헌을 끼치기도 하였다.

【2】 고려 문학의 진전

실로 이런 환경 속에서, 고려의 문학은 그 꽃을 피웠다. 종래에 흔히 말하기를, 고려 일대一代의 문학을 규정짓되, 국문학의 쇠퇴기衰退期라 일컬어 왔다. 그러나, 우리는 유구한 역사의 흐름은 잠시라도 정체停滯를 허락許諾하지 않는 것을 잘 안다. 위에서 본 바와 같이, 융성한 고려의 일반적 문화는, 그 줄기찬 흐름이 오직 문학만을 쇠퇴시키고 위축시켰으리라고는 생각지 못할 것이다. 우리는 오히려 역사가 가르쳐 주는 바에 의하여, 역대 임금 중 어떤 이는 성색聲色을 아주 좋아하여 문학 발전에 큰 공적을 남긴 이도 있었고, 송宋, 원元의 새로운 음악을 적극적으로 받아 들여 문학이 진전하는 데에 큰 도움이 되었다는 사실을 익히 알고 있다. 비록 오늘날 우리 손에 남아 있는 유산이 적다고 하여, 곧 그것이 당시 문학의 빈곤을 의미한다고 보는 것은 극히 위험한 일이라 아니할 수 없다.

【3】 여조 전기의 문학

신라의 화랑과 불승佛僧들이 유구한 민족의 호흡 속에서 발견하고, 마탁磨琢하여 창조하여 낸 향가는 고려 초기에까지 그 줄기찬 전통과 권위를 계승하고 유지하여 왔다. 고려 초 불학佛學의 사종師宗이요, 국학國學의 대가인 균여대사均如大師는 이 향가문학의 최후를 장식하는 유일한 작가였다. 그러나, 이 때는 벌써 향가가 지니고 있던 기능, 즉 극락 정토極樂淨土에의 비원悲願을 표현하려는 그 기능이 하나의 고질痼疾이 되어 공식적인 찬송가讚頌歌로 화化하였던 때이었다. 따라서 우리는 균여대사의 향가

11수에서 예술적인 향기는 찾아 볼 수 없고, 오직 세련된 기교만이 왕년의 향가문학의 잔해殘骸로써 남아 있는 것을 볼 뿐이다. 그리고, 균여대사의 전기에서 우리는 국학의 대사장大師匠으로서의 균여대사의 면모를 찾아 볼 수 있었던 것은, 국문학을 위하여 하나의 빛을 발견하는 기쁨이었다. 그의 탁월한 견식은 우리 것을 귀하게 알고 존중히 여기는 힘을 기르는데 큰 도움이 되었던 것이다. 이런 뜻에서 삼국유사를 편찬한 승 일연僧一然의 공적이 또한 컸던 것이다. 신라 일대를 풍미風靡하던 향가문학의 일단一端을 보여준 것도 장하였거니와, 풍부한 설화는 실로 우리 고대古代의 문학을 재건하는데에 커다란 보고寶庫가 아닐 수 없다.

【4】 여조 후기의 문학

향가의 낡은 형식과 진부陳腐한 내용에 싫증이 난 고려 초엽 이후의 지식인들은, 새로운 시가의 형태를 모색하지 않을 수 없었다. 이리하여 등장한 새 시가형이 곧 시조형時調形과 별곡형別曲形이었다. 오랜 역사의 흐름 속에서 민중들의 밑바닥에 용솟음치는 3장 6귀三章六句 체의 민요의 한 형태는, 새로운 시형詩形을 찾아 헤매는 문인들의 세계로 차차 침투하여 들기 시작하였다. 처음에는 한문 어귀에 토를 다는 정도로 딱딱하던 시조형은 어느덧 그들의 서정성抒情性을 담는데에 알맞는 그릇으로 굳어지자, 딱딱한 한문투漢文套는 점점 가시어지고, 부드럽고 아름다운 우리 말이 영롱하게 아로새겨졌다. 한 편, 역시 민요의 한 형태가 선비들의 집단연회集團宴會 석상에 오르내려, 순 한문투의 별곡체別曲體라는 새로운 시형이 또한 등장하게 되었다. 이 별곡체는 민요의 한 형태에서 파생派生한 별곡과도 서로 의지하면서, 그 형태는 형성되었고, 이 별곡과 별곡체는 꼭같은 궁중 음악의 가사로 채택되어, 근조에까지 계승되어 왔다. 그리고, 한 편으로는 한문 엇구에 우리말 토를 다는 새로운 문체가 형성되면서, "어부사漁父詞"와 같은 가사체歌詞體의 발생을 보게 되었다. 이리하여, 시조형, 별곡체, 가사체 등의 새로운 시형들이 연달아 발생함으로써, 고려의 문학은 그 다채로운 보고를 자랑하게 되었다.

2. 균여전均如傳과 삼국유사

【1】 균여대사와 향가

균여전의 원명은 대화엄수좌원통양중대사균여전大華嚴首座圓通兩重大師均如傳이라는 것으로, 현재 해인사海印寺 장판藏板이 되어있다. 균여均如는 속성俗性이 변씨邊氏, 황주인黃州人으로 신라 신덕왕神德王 6년 정축丁丑(-단기3250)에 났다. 어려서 출가出家하여 화엄華嚴의 깊은 뜻을 다 알았고, 신라 말기에 해인사의 화엄종華嚴宗이 두 파兩派로 나뉜 것을 화회和會시키기에 힘썼으며, 여조麗朝 광종光宗이 귀의歸依가 깊어서, 특히 귀법사歸法寺를 새로 짓고 거주하게 하였으며, 그 질秩이 양중대사兩重大師에 이르렀다. 광종 24년(단기3306)에 입적入寂하니, 나이 56세였고, 화엄의 교학敎學에 관한 조예造詣가 깊어, 그 찬술撰述한 것이 60여 권이나 되니, 이를 원통기圓通記 또는 원통묘圓通妙라 일컬었다.

균여전은 그가 입적入寂한 지 102년 후인 문종文宗 28년으로부터 29년 사이에 진사進仕 혁역정赫連挺이 균여 문도均如門徒가 제공한 재료에 의하여 찬撰한 것이다. 그 제7 가행화세분歌行化世分에,

대사大師의 외학外學이 더욱 사뇌詞腦에 익어 보현십종원普賢十種願에 의하여 노래 11장을 짓고, 그 서序에는 사뇌詞腦는 세인世人의 희락戱樂하는 기구器具요, …중간 약… 예경제불가禮敬諸佛歌, 칭찬여래가稱讚如來歌 광수공양가廣修供養歌, 참회업장가懺悔業障歌, 수희공덕가隨喜功德歌, 청전법륜가請轉法輪歌, 청불왕세가請佛往世歌, 상수불학가常隨佛學歌, 항순중생가恒順衆生歌, 보개회향가普皆廻向歌, 총결무진가總結无盡歌

등인 11가를 지어 퍼치매, 왕왕往往 이 노래를 담벼락에 쓰기도 하고, 사평군沙平郡 나필급간那必及干은 고질痼疾이 삼 년이나 낫지 않아서, 대사에게 이 원왕가願王歌를 얻어 항상 외웠더니, 하루는 공중에서, "너는 대성大聖의 노래 힘을 입어 아픔이 나으리라" 하고 바로 나았다 한다.

라고 있다. 그의 전기에서 보는 바와 같이 균여대사는 한 부처님이 세상에 났다고 존숭하던만큼, 화엄종華嚴宗의 대종사大宗師였으며, 그 외학外學이 더욱 사뇌詞腦에 익었다 함은, 이 11수 및 양재가禳災歌 1수 등으로도 넉넉히 짐작할 수 있다. 그러나, 그는 향가의 임종기臨終期에 있어, 지나치게 기교적技巧的이었다. 물론 교묘巧妙한 엇구語句가 없는 것은 아니지마는, 이는 종교나 도학道學의 선선으로시의 효과를 노린 것이고, 문학 예술인 시詩로서는 그리 찬양할 수는 없는 것이다. 여조에 이르러 향가가 쇠퇴소망衰退消亡한 원인의 하나도 여기에 있었다 하겠다.

그러나, 균여 대사는 우리 국학國學의 의식은 철저하였다. 우리는 그를, 당시에 한시문漢詩文이나 사대사상을 추종하던 사람들과는 한가지로 말할 것이 아니다. 그의 자주자존하는 정신은 마땅히 오늘날 우리의 사종師宗이 되어야 한다. 그의 불학佛學에 관한 위대한 저서들은 젖혀 놓고라도, 그의 전기가 오늘 우리 국문학에 끼쳐준 풍부한 재료와 아울러, 그의 탁월한 정신은 저 신라의 설총薛聰과 근조近朝의 김만중金萬重과 아울러 가위 국학의 삼거인三巨人이라 부름직하다.

【2】 삼국유사와 향가 및 설화

일연대사一然大師의 저작이 과연 광범위하였지마는, 삼국유사를 그 머리에 놓지 않을 수 없을 것이다. 얼른 보기에는 이 책이 저 삼국사기의 한 보유補遺 같기도 하지마는, 그보다는 우리 국문학의 하나의 귀중한 전적典籍이 아닐 수 없다. 전5권으로 된 이 책의 내용은 제1은 왕력王曆, 기이紀異이고, 제2는 문호왕文虎王 내지乃至 가락국기駕洛國記이고, 제3은 흥법興法, 탑상塔像이고, 제4는 의해義解이고, 제5는 신주神呪, 감통感通, 피은避隱, 효선孝善인데, 향가鄕歌로는 도솔가兜率歌, 태평가太平歌, 득오곡모죽지랑가得烏谷慕竹旨郎歌, 해가海歌, 노인헌화가老人獻花歌, 안민가安民歌, 찬기파랑가讚耆婆郎歌, 신공사뇌가身空詞腦歌, 앵무가鸚鵡歌, 삼가三歌-초명현금포곡初名玄琴抱曲, 제이대도곡第二大道曲, 제삼문군곡第三問群曲, 처용가處容歌, 신회작가神會作歌, 서동동요薯童童謠, 완산동요完山童謠, 구간영신군가九干迎神君歌 맹아득안가盲兒得眼歌, 영묘사장륙풍요靈妙寺丈六風謠, 광덕부원왕생가廣德婦願往生歌, 월명사도솔가月明師兜率歌, 위망매영재가爲亡妹營齋歌, 융천사혜성가融天師慧星歌, 신충원가信忠怨歌, 영재우적가永才遇賊歌 등인데, 이 중에는 사詞를 전하지 않는 것도 더러 있다. 또 설화로는 단군기사檀君記事, 연오랑延烏郎, 세오녀細烏女, 도화녀桃花女, 비형랑鼻荊郎, 처용랑處容郎, 거타지居陁知, 노힐부득努肹夫得, 달달박박怛怛朴朴, 조신調信, 김현감호金現感虎, 손순매아孫順埋兒, 빈녀양모貧女養母 등이 있다.

이두吏讀 고기古記로써 우리의 참된 문학을 보여 주는 것이 이 삼국유사였고, 우리 민족의 성조聖祖인 단군의 기사를 소상昭詳히 전하는 것도 이 삼국유사였다. 실로 보각국사普覺國師 승 일연僧一然이 이 삼국유사를 편찬한 그 공덕功德은 겨레의 이름과 더불어 길이 빛날 것이다.

그리고, 이 삼국유사 이외에 고려사高麗史, 백운소설白雲小說, 파한집破閑集, 보한집補閑集, 졸고천백拙藁千百, 늑옹패설櫟翁稗說 등에도 보암 직한 설화가 적지 않다. 우리는 하루 바삐 이런 재료들을 잘 모아서, 우리말로 옮겨 널리 알게 하면 우리 고문학古文學이 더욱 풍부하여지고 찬란하여질 것으로 믿는다.

3. 시조형의 성장

【1】 시조의 작가

해동가요海東歌謠에는,

> 여조麗朝로부터 국조이래國朝以來 열성어제列聖御製 및 명공名公 석사碩士, 가자歌者, 어사漁者, 이서吏胥, 여항호유閭巷豪遊, 명기名妓와 무명씨無名氏의 작作,

이라 하였으며, 청구영언靑丘永言, 가곡원류歌曲源流 대동풍아大東風雅에는 여조 초엽初葉 목종穆宗 때 최충崔沖의 작이 2수, 중엽中葉 예종睿宗 때 곽여郭輿의 작이 2수, 고종高宗 때 이규보李奎報의 작이 1수가 전하고 있다. 그리고, 말엽末葉에는 충숙왕忠肅王때 우탁禹倬의 작이 2수, 충혜왕忠惠王 때 이조년李兆年의 작이 1수, 공민왕恭愍王때 이존오李存吾의 작이 1수, 길재吉再의 작이 1수, 원천석元天錫의 작이 2수, 이색李穡의 작이 1수, 정포은

鄭圃隱의 작이 1수, 태종太宗의 작이 1수, 홍장紅粧의 작이 1수가 전한다. 이 밖에 정도전鄭道傳, 변계량卞季良, 맹사성孟思誠, 성석린成石麟, 조준趙浚, 황희黃喜 등의 작도 있으나, 이들은 이 근조近朝에 편입編入하여야 하겠다.

또 청구영언靑丘永言에는 고구려 을파소乙巴素의 작이 1수, 백제 성충成忠의 작이 1수, 신라 설총薛聰의 작이 1수가 있으나, 이런 것은 믿을 수 없다.

【2】 시조형의 기원

시조時調의 원형原形은 본시 육귀삼절형六句三節形의 민요형民謠形에서 파생되어, 삼국三國 때부터 기악器樂과 반주伴奏하던 창사唱詞의 일종으로 추측된다. 그러나, 삼국 때에는 신라를 중심으로 하여 향가가 이보다 더 성행하다가, 여조에 들어 향가가 망하매 그 형形의 장점을 약간 섭취攝取하고, 명석明晳한 우리 민족의 조리성條理性과, 음운音韻이 풍부한 우리 언어의 자연성을 발휘하여 시조형은 장원長遠히 존속하고 있다. 이리하여, 삼국 시대에는 가악歌樂의 한 창사唱詞로서 원시적인 민요형태에서 그다지 진전이 없었던 것이 여조에 와서는 과연 하나의 시형詩形으로 여물어져 더욱 성장하게 되었다.

珍本 靑丘永言의 한 부분[7]

7 원문에는 **'珍本 靑丘永言의 한 부분'**은 설명과 함께, 본문 그림이 실려 있다.

【3】 시조형의 성장

시조는 이후 두 파류派流로 나뉘어졌으니, 한문투漢文套의 작풍이 성盛하게 된 것은, 신라의 향가가 소망한 이후 한문을 더욱 숭상하며, 당시의 학식이나 교양의 모두가 한문으로써 이루어졌기 때문이었다. 따라서 시가에도 급기야는 이 한문투가 엉기어, 하나의 시가형을 이루었으니, 풍입송風入松, 한림별곡翰林別曲 등속의 시형이 그것이다.

이런 판국에서도 시조형의 성장을 보게 된 것은, 그 때 지식층이던 유림儒林 중의 뜻있던 몇몇 분들이 한시漢詩보다도 이것을 우리 문학의 한 보배로 알고 지어왔기 때문이었다.

이화梨花에 월백月白ᄒᆞ고 은한銀漢은 삼경三更인제,
일지一枝춘심春心을 자규子規야 알랴마는,
다정多情도, 병인양ᄒᆞ야 잠 못들어ᄒᆞ노라.

\- 李兆年 -

구름이 무심탄 말이 아마도 허랑虛浪ᄒᆞ다.
중천中天에 ᄯᅥ이셔 임의任意로 다니면서.
굿타여, 광명光明ᄒᆞᆫ 날비ᄎᆞᆯ 더퍼 무삼ᄒᆞ리오.

\- 李存吾 -

백설白雪이 ᄌᆞ자진 골에 구름이 머흐레라.
반가온 매화梅花ᄂᆞᆫ 어ᄂᆡ곳에 피엿ᄂᆞᆫ고.
석양夕陽에, 홀로 서이셔 갈 곳 몰라 ᄒᆞ노라.

\- 李穡 -

이 몸이 죽어 죽어 일백 번一百番 곳쳐 죽어,
백골白骨이 진토塵土되고 넉시라도 잇고 업고.
님 향ᄒᆞᆫ, 일편단심一片丹心이야 가실 줄이 이시랴

– 鄭夢周 –

여조 말麗朝末의 이런 작들은 거의 원숙하였다. 그 후 근조에 많은 작가들은 양적으로만 늘어 놓았을 뿐, 질적으로는 여말의 이런 작품들을 도저히 능가하지 못하고 말았다.

4. 곡과 별곡別曲

【1】 별곡의 등장

전절에서 본 바와 같이, 시조형時調形이 여조麗朝 중엽中葉에 이르러, 하나의 시형詩形을 완성한 이후, 그 말엽末葉에 이르러서는 제법 성장하여 우리 말을 제대로 무르익게 아로새겼다. 그런데, 이 시조형과는 달리 또 하나의 시형이 여조에 이루어졌으니, 별곡체別曲體가 곧 그것이다. 제왕운기帝王韻紀 신라新羅 조에,

士女熙熙分別行 行不賚糧文不閉
花朝月夕携手遊 別曲歌詞隨意製

라 하여 별곡別曲이란 명칭이 보이는데, 이는 신라 때부터 이런 것이 있던 것이 아니라, 제왕운기를 쓰던 당시에 성행하던 별곡의 명칭을 신라 때에

까지 치켜 올린 것으로 보는 쪽이 마땅할 것이다. 신라 때에는 별곡이란 명칭은 문헌상에 전혀 나오지 않는 까닭이다.

고려사 지권志卷 속악俗樂 조에는 서경西京 대동강大同江이라는 악곡樂曲이 있는 바, 동국문헌비고東國文獻備考 악고樂考 속악부俗樂部 기자조선악箕子朝鮮樂 조에는 서경곡西京曲 대동강곡大同江曲이라 하였다. 그리고, 악장가사樂章歌詞에는 서경 별곡西京別曲이라는 전全 14절節의 노래가 전한다. 그런데, 이것을 좀더 자상하게 분석하여 보면, 그 제1절에서 제8절까지는 서경 별곡에 해당하고, 제9에서 제14절까지는 가위 대동강 별곡大同江別曲이라 이를 만한 것이었다. 고려사 및 문헌비고에는,

> 서경곡은 기자箕子의 백성百姓이 예양禮讓을 익혀 임금을 높이고, 왕을 찬하는 뜻으로 이 노래를 지어, 그 인은仁恩이 넘쳐 초목草木에도 미쳐, 비록 꺾인 버들이라도 산 뜻이 있다고 하였고, 대동강곡은 기자가 팔조八條의 교敎를 베풀어 예속禮俗을 일으키매, 조야朝野가 편안하고 인민人民이 기뻐하여 대동강을 황하黃河에 비比하고, 영명령永明嶺은 숭산嵩山에 비하였다 하나, 이는 여조에 든 이후의 소작所作이다.

라고 하였다. 그런데, 지금 악장가사에 전하고 있는 내용은 이와는 다르다. 근조近朝 성종成宗 18년에 왕의 교지敎旨에,

> 종묘宗廟의 악樂에 보태평保太平 정대업定大業과 같은 것은 좋으나, 그 나머지 속악俗樂에 서경별곡과 같은 것은 남녀가 서로 기꺼하는 말이니, 심히 불가不可하다.

함을 보면, 이는 지금 전하는 서경별곡이고, 원 서경 곡, 대동강 곡 등은

따로 있었던 것이다.

【2】 별곡의 의의와 별곡체

여기서 우리는 별곡의 어원語原을 알 수 있다. 우리가 얼핏 생각하더라도, 별곡은 그 원래 있던 곡曲과는 달리 만들어진 곡의 별칭이리라고 보여진다. 그러나, 이런 생각만으로는 단언하기는 어렵고, 적어도 어떤 증거를 얻어야 할 것이다. 만전춘곡滿殿春曲이 세종실록世宗實錄 권 제146에 적혔는데 악장가사의 만전춘별사滿殿春別詞는 이와는 구별하여 별사別詞라고 쓴 것이라 하겠다. 이로 밀우어 별곡도 이와 같은 뜻으로 쓰였던 것이 아닐까? 그러나, 그후 별곡이란 말은 반드시 그런 뜻으로만 쓰지는 아니하였으니, 그저 노래의 한 명칭으로서 무슨 별곡이니 하여 여조 이래 많이 쓰여왔다.

> 紅牧丹 白牧丹 丁紅牧丹 紅芍藥 白芍藥 丁紅芍藥 御柳玉梅 黃紫薔微
> 芷芝冬柏 위 間發ㅅ景 긔 엇더ᄒᆞ니잇고
> 合竹桃花 고온 두분 合竹桃花 고온 두분
> 위相暎ㅅ 景 긔 엇더ᄒᆞ니잇고

이것은 한림별곡翰林別曲의 일장一章인 바, 여기 "위×× 景 긔 엇더ᄒᆞ니잇고"를 한자로 "景幾何如"로도 적었기 때문에 이것을 경기체景幾體라고도 하는 이가 있으나, 엄격히 말하자면 이것을 별곡체別曲體라고 불러 마땅하리라고 본다. 이 별곡체는 여조 고종高宗 때 제유諸儒의 소작所作이던 한림별곡翰林別曲으로부터 근조 선조宣祖 때 권 호문權好文의 독락팔곡獨樂八曲

까지 350여년을 전하여 왔다. 그 동안 그 형식면形式面에 있어서 많은 변천을 겪어 왔으나, 그 독특한 체體는 연면히 이어 왔었다. 물론 이 별곡체는 한림별곡으로써 그 창시創始를 삼을 수 있으나, 기원은 민요에서 찾아야 할 것이다. 즉 종래의 민요의 "넘기고 받는 소리"를 의방依倣하여, 각장을 일경一景으로 하여, 이를테면 시문詩文, 서적書籍, 명필名筆, 명주名酒, 명화名花, 음악音樂, 누각樓閣, 추천鞦韆 등의 엇구를 부르며 노던 것이었다. 그 뒤에 유관儒冠들이 이 별곡체를 서로 계승繼承하여 노래를 지어서 연희나 제향祭享에 이를 부르기도 하였다.

【3】 별곡의 변천

그리고 서경별곡西京別曲이니 청산별곡靑山別曲같은 것은, 이 별곡체와는 달리 일종의 민요로써 전승되어 근조에까지 이어 왔다. 따라서,이 종류의 노래는 앞서의 별곡체와 구별하기 위하여 별곡이라 불러 마땅할 것이다. 따라서 비록 별곡은 우리 말로지은 것이고, 별곡체는 한문으로 지었다 할찌라도, 그 기원은 꼭 같이 민요의 한 형태에서 파생한 것이기 때문에, 같은 시가의 형태로 볼 것이고, 결코 별개의 것이라고는 할 수 없을 것이다. 그리고, 흔히 별곡체의 기원을 저 중국 시가의 형태에서 찾고자 하는 이도 있는듯하나, 위에서 본 바와 같이, 순연히 우리의 민요에서 그 모태를 찾을 수 있는 이상, 그것은 쓸데 없는 부회附會라 아니할 수 없을 것이다.

그런데 이 별곡의 현전現傳하는 것으로는 앞서 든 서경 별곡(엄격히 말하면 서경 별곡과 대동강 별곡의 합친 것) 및 청산 별곡 이외에, 악장가사樂章歌詞, 악학궤범樂學軌範, 그리고 근래에 발견된 시용향악보時用鄕樂譜

등에 그 어법으로나 내용으로 보아 고려시대에 제작되었다고 추측되는 작품들이 전해지고 있다. 즉 정석가鄭石歌, 유구곡維鳩曲, 귀호곡歸乎曲-가시리, 상저가相杵歌, 이상곡履霜曲, 만전춘滿殿春, 그리고 정과정곡鄭瓜亭曲, 쌍화점雙花店 등이 그것이다. 그중 정과정곡은 의종毅宗때의 폐신嬖臣 정서鄭敘가 지은 것이고, 쌍화점은 충렬왕 때에 제작된 것으로 추측된다. 그리고 유구곡은 예종睿宗 때에 지었다는 벌곡조伐谷鳥의 유언遺言이 아닌가 하며, 귀호곡은 고려사 악지에 전하는 예성강곡禮成江曲의 전편前篇으로 추측된다. 상저가는 그 고박古朴한 품으로나 자연스런 경지가 방불히 백결 선생百結先生의 대악碓樂을 연상ㅎ게 한다. 비록 양으로 보아 요요한 감이 없지 않으나 자연과 인사의 희비애락喜悲哀樂을 진저眞摯 박소樸素하게 읊어 낸 수법이며 제도에 우리는 옛 구슬을 어루만지는 기쁨을 오히려 자랑하지 않을 수 없다.

5. 가사체歌詞體의 발생

【1】 가사체의 발생

가사歌詞, 가사歌辭는 이자동의異字同義로되, 그 뜻하는 바는 어떤 소리詞의 노래歌를 말함이었다. 근조 말엽에 이르러 이른 바 십이 가사十二歌詞라는 것이 불리게 되자, 가사체歌詞體의 문학은 하나의 뚜렷한 시가형詩歌形으로서의 자리를 차지하게 되었다. 그리고, 이 가사체의 기원은 멀리 고려 말엽에서 찾아 볼 수 있다.

앞서 든 십이 가사 중 어부사漁父詞에서는 우리는 그 발생적發生的인 형태를 볼 수 있다. 즉 어부사는 어부漁父들의 정경을 읊은 옛날 싯구詩句들에 우리말로써 토를 달고, 그 사이 사이에 "ᄇᆡ ᄠᅥ라 ᄇᆡ ᄠᅥ라", 또는 "지국총 지국총 어ᄉᆞ와 어ᄉᆞ와"라는 여음餘音을 끼어, 모두 12장章을 얽었다. 그 장과 장이 서로 연락도 통일도 없이, 그저 늘어만 놓은 것이라든지, 이런 것 저런 것의 제재題材를 거칠게 주어 모은 것은, 마치 한림별곡翰林別曲과 방불한 인상을 주게 하고 있는 것은 주목할 사실이 아닐 수 없다. 그 십이 가사중의 수양산가首陽山歌, 양양가襄陽歌, 처사가處士歌, 권주가勸酒歌, 상사별곡相思別曲, 백구가白鷗歌, 황계가黃鷄歌, 춘면곡春眠曲 같은 것들은 그 줄거리가 줄거리가 서로 연락이 되고 통일되어, 한편篇을 이루고 있는 것과를 비교할 때에, 이 어부사는 가사체歌詞體 형성기形成期의 한 좋은 본이 아닐까 싶다. 따라서 이 가사체는 일찍 여조 말麗朝末에 발생하였다고 봄이 마땅할 것으로 본다.

【2】 서왕가西往歌와 가사체

이런 생각을 더욱 굳게 하여 주는 것은, 현재 해인사海印寺 장판藏版 속의 염불보권문念佛普勸文과 신편보권문新編普勸文에, 여말麗末의 이름난 중僧 나옹화상懶翁和尙이 지었다는 서왕가西往歌 라는 가사가 있어, 우리의 주목을 끌고 있다. 물론 이 노래는 후인後人이 전사傳寫하는 가운데에 약간 전와舛訛도 되고, 개찬改竄도 있으리라는 것은 추측되나, 그래도 얼마큼 그 원형을 지니고 있으리라고 본다.

나도 이럴망정 세상에 인재人子러니, 무상無常을 생각ᄒᆞ니, 다 거즛 거시로쇠. 부모의 기친 얼골 주근 후에 속절업다. 저근닷 생각ᄒᆞ야 세ᄉᆞ世事를 후리치고, 부모ᄭᅴ 하직ᄒᆞ고 단표자簞瓢子 일납一衲애 청려장靑黎杖

을 빗기 들고 명산名山을 ᄎᆞ자드러 선지식善知識을 친견親見ᄒᆞ야, ᄆᆞ음을 ᄇᆞᆯ키려고 천경만론千經萬論을 낫낫치 추심追尋ᄒᆞ야 뉵적六賊을 자부리라. 허공마虛空馬를 빗기 ᄐᆞ고 막야검莫耶劍을 손애 들고, 오온 산五蘊山 드러가니 제산諸山은 첩첩疊疊ᄒᆞ고 ᄉᆞ상 산四相山이 더옥 놉다. 육근문두六根門頭애 자최 업슨 도적은, 나며 들며 ᄒᆞᄂᆞᆫ 중에 번노심煩惱心 베쳐노코 지혜로 ᄇᆡ를 무어 삼계三界바다 건네리라.

이것은 염불보권문에 실린 나옹화상의 서왕가西往歌 허두虛頭의 일절一節이다. 물론 그 내용은 불교佛敎의 한 선전문에 지나지 않으나, 그 수법手法이며 방법方法이 이부사에서보다 훨씬 더 진보하였음을 본다.

【3】 가사체의 전통성

근조近朝 단종端宗 때의 사람 범승락范承落이 기록한 그 증왕고曾王考 복암伏岩 화동기話東紀에 이유헌理猶軒 신득청申得清 의 역대 전리가歷代轉理歌가 있는 바,

탐학무도하걸이貪虐無道夏桀ᄂᆞᆫ 단주, 상균불초丹朱商均不肖ᄒᆞ야 요순우堯舜禹의 선위상전禪位相傳 어이타ᄀᆞ 부지不志ᄒᆞ고, 말희여색대혹妹喜女色大惑ᄒᆞ야, 가련可憐ᄒᆞᆯ사 용봉 충신龍逢忠臣 일조살지一朝殺之 무ᄉᆞᆷ일고.

는 그 허두의 일절이다. 이는 중국의 역대 제왕의 무도無道한 사적事蹟을 들어 지어서 공민왕恭愍王께 드린 것이고, 이상의 한문 엇구語句에 토를 단 것은 그 뒤 성삼문成三問, 박팽년朴彭年이 한것이라 한다. 그런데, 이런

종류의 노래는 훨씬 치켜 올라가 이규보李奎報의 동명왕편東明王篇, 이승휴李承休의 제왕 운기帝王韻紀, 오세문吳世文의 역대가歷代歌 등에서도 찾아 볼 수 있다. 그리고, 종래 우리 조상들이 글을 읽을 때에, 축문祝文이나 치사致詞 외에는 반드시 우리말로 토를 달아 읽었는지라, 장편한시長篇漢詩에 토만 달아 읽든지, 시조체時調體의 초, 중장初中章을 길게 연속連續하면 이 가사체歌詞體가 형성될 것임이 기대된다. 위의 서왕가 중에도 "역천겁이 불고歷千劫而不古ᄒᆞ고 극만세이장금極萬世而長今이라"하는 귀절이 있으니, 이도 역시 한문 엇구에 우리말 토만 단 것이다. 이런 사실들로 미루어 볼 때, 우리는 시조나 가사歌詞의 발생적發生的 계기契機를 짐작하는 데에 좋은 증거를 얻을 수 있다고 본다. 바꾸어 말하면, 시조나 가사가 그 형태를 갖추게 되던 시기에는 한문체漢文體가 주류를 이루고, 거기에 국어체國語體를 혼용하였음을 짐작하겠고, 그 형태가 차차 굳어지면서 영롱한 우리말을 자유럽게 쓰면서, 그 형태들이 차차 발전하였음을 알겠다.

[연습문제]

1. 균어진의 문학사적 의의를 말하라.
2. 삼국유사의 문학사적 의의를 말하라.
3. 시조형의 발생을 말하라
4. 별곡, 별곡체의 발생을 말하라.
5. 가사체의 발생을 말하라.
6. 고려 시대 문학의 특성을 말하라.

제2편 근조편近朝篇

제1장 시가詩歌 문학의 난숙爛熟

1. 시대의 개관

【1】 훈민정음 창제와 국문학

우리문학을 크게 나누되, 두 편으로 나누어 여조麗朝 이전以前과 근조近朝로 한 것은, 실로 훈민정음이 제정을 계기로 하여 획연劃然히 갈라질 수 있기 때문이다. 세계사世界史적인 견지에서 볼찐대 유럽歐羅巴에서는 마침 르네상스文藝復興의 줄기찬 새로운 운동이 전개되던 바로 그 때에, 우리 나라에서도 같은 성질의 문화 운동이 벌어졌다. 그것은 곧 훈민정음 제정이란 획기적인 사업을 이름이다. 비록 정음 제정 당시의 정신은 그 후 우리 겨레의 역사적인 특수성으로 인하여, 오래도록 계승되지는 못하였으나, 새로운 인간의 권위와 그 정신을 발견하고, 겨레의 말을 표기할 수 있는 글자를 발명하였다는 사실은 우리 문학으로 하여금 제 자리를 잡게 하였고, 앞으로 찬란하게 발전할 수 있는 계기를 만드는데 결정적인 구실을 하게 되었던 것은 길이 잊지 못할 사실이었다.

【2】 근조 전기前期의 문학

대체로, 근조의 문학적 사실을 더듬어 보면, 임진왜란壬辰倭亂이란 민족적 비극을 중간에 두고 전후 두기로 나눌 수 있고, 그 전기를 전 시대에 발생하여 기틀을 잡은 운문韻文문학이 난만하게 익어 가는 시기로 볼 수 있고, 그 후기를 산문散文적인 정신이 싹트기 시작하여 다음에 올 근대문학의 기초를 잡게 하여 준 시기로 볼 수 있을 것이다. 이제 근조 전기의 문학이 어떻게 신라 고려의 장구한 역사적 전통을 이어 받아 시가문학을 활짝 꽃을 피게 하였는가를 보기로 하겠다. 첫째로 고려 시대에 발생한 시조時調와 별곡別曲과 가사歌詞를 계승하여 그 역사적 기능을 충분히 발휘하는데에 이바지하였고, 특히 가사와 시조는 이 시기에 최고도로 발달하여 세계 만방에 자랑할 아름다운 문학으로 승화昇華시키게 되었다.

훈민정음이 창제되자, 그 첫 사업으로 이씨 왕정李氏王廷에서는 그 조상을 거룩하게 받들고 찬양하기 위하여 용비어천가龍飛御天歌를 지어서 이를 음률音律에 맞추어 궁정 연향宴享에 노래로 불리게 하였다. 그리고, 뒤이어 세종대왕이 손수 월인천강지곡月印千江之曲을 지어서 온 백성으로 하여금 부처의 은혜를 생각하게 하였다. 이 두 노래가 됨으로 하여 이씨 왕조는 전대에 없던 새로운 문학의 형태를 만들어 내었다. 이것이 곧 악장樂章이라는 새로운 시가형이다. 한번 이 시가형이 완성되고 널리 퍼지게 되자, 점잖고 유식한 모든 선비들은 그것을 곧 자기네의 새로운 문학형태로 알고, 즐겨서 이 형태를 본받아 많은 악장들을 지어, 혹은 임금에게도 바치기도 하고, 혹은 가인歌人을 시켜 불리기도 하였다. 그리고, 한편으로는 고려조에 왕성하던 별곡체別曲體도 또한 유가儒家의 여기餘技로 널리 불려지게 되니, 악장樂章과 별곡체別曲體는 오로지 유가儒家들의 손에 의하여 한 동안 예원藝苑을 풍미하는 듯하였으나, 널리 그 기반을 갖지 못하는 이들 형태는 얼마 가지 않아 소멸하는 운명을 면하지 못하였다.

【3】 시조와 가사의 융성

이 두 형태를 압도하여 근조 전기 시가 문학의 대표적인 형태로서 등장한 것이 곧 "시조"와 "가사"였다. 악장과 별곡이 한문을 숭상하는 유가들의 손에 아무리 익숙하게 지어졌다 손치더라도 그것을 향유하는 기반이 지나치게 좁았던 것에 비하여 꼭같이 유가들의 손에 의하여 발견되고 제작된 이 시조와 가사는, 그래도, 그것을 향유하는 지반이 훨씬 광범하였다. 이렇게 광범한 지반을 얻게 된 이유는 두 가지로 생각할 수 있으니, 첫째로는 그 수사修辭의 방법에 있어서 시조나 가사가 훨씬 우리 겨레의 호흡에 자연스레 합치된다는 점이었다 하겠고, 둘째로는 그 가진 바 기능을 발휘하는데 있어서, 이 두 형태의 시가가 가장 이상적인, 형식적인 특성을 갖추었다는데서였다 하겠다. 즉 시조는 간결하고 소박한 것을 즐겨하는 유가儒家들의 시정성抒情性을 표현하는데에 알맞는 형태이었고, 가사는 현실적이고 설복적인 유교 이념을 표현하는데에 알맞는 형태이었다. 이처럼 문학 형태도 적자생존適者生存의 원리에 의하여, 더러는 한 동안 성행하였다가 슬어 없어지고, 더러는 길이 빛나는 그 명맥을 이어 나갔으며, 그를 통하여 우리는 우리 조상들의 생활의 일면을 알게 되는 것이라 하겠다.

이상 보아 온 바에 의하여, 우리는 근조 전반기의 문학이 훈민정음의 창조로 말미암아, 비로소 그 확고한 자리를 잡았을 뿐 아니라, 전대 문학을 계승하여 더욱 발전시킨 자취를 얻어 볼 수 있었다. 이리하여, 이른바 우리 겨레의 중세기적 문학은 운문 문학으로써 그 최고 절정에 이르렀음을 알겠고, 다음에 오는 근대 문학에게 그 풍부한 기반을 넘겨 줌으로 하여, 그의 역사적 기능을 완수하였음을 알 수 있으리라고 본다.

2. 훈민정음의 창정創定과 국어 국문학

【1】 이두와 한글

근조는 근세조선近世朝鮮을 이른 것인 바, 우리 국문학은 엄정한 의미로 근조에 와서야 비로소 정확히 기록되었다고 하겠다.

그 이전에는 다만 한문 이두吏讀로써 겨우 그 뜻이나 짐작하게 되었다.

한문은 말할 것도 없으려니와, 이두 그것도,

> 이두는 관부官府와 민간이 지금도 쓰나, 다 글자를 빌어 쓰며, 혹 알삽하고 혹 어색하여, 성기고 대중없을 뿐만 아니라, 말을 적는데는 그 만萬에 하나를 통할 수 없다.
>
> "吏讀" 官府民間 至今行之 然 皆假字而用 或澁或窒 非但 鄙陋無稽而已 至於言語之間則 不能達其萬一焉

라고 한 정인지鄭麟趾의 훈민정음근서訓民正音謹書와 같이, 모든 우리말, 글을 적는데 불편이 많았다.

이런 불편이 없이 우리 말글을 말 그대로 쓰기 위하여 지은 글이 즉 한글이고, 한글로 적은 우리 말글이야말로 과연 제 말을 제 글로 적은 참다운 문학이 될 수 있는 것이다.

향가 기타 시문詩文이 약간 이두로 전하는 것이 있으나, 우리가 이걸 보고는 알기 곤난하다. 첫째 이걸 어떻게 읽어야 할까? 인하여 각기 해석解釋이 다르게 된다.

만약 이런 걸, 한글로 적었다 하면 그런 곤난은 덜었을 것이다.

한글을 과연 익히기 쉽고, 쓰기 쉽고, 읽기 쉬운 글로, 이 글이 창제創製된 후, 우리 어문학語文學은 점점 융성하게 되었다.

【2】 한글과 문체

용비어천가, 월인 석보와 같은 창작과 불서佛書, 유서儒書 등의 번역이 성행하였다.

그러나, 근조엔 가장 유학儒學을 존숭하여 사대사상을 유일한 외교 정책으로 쓰며, 우리 민족의 독립 정신은 차차 희박해졌다.

모처럼 창제된 한글도 이 때문에 "언문"으로 천대하고, 주로 한문 또는 이두를 쓰고, 한글로는 어쩌다가 번역이나 하고, 서민층, 부녀층에서나 이를 썼으며, 우리 문흭은 부녀와 서민들이 가장 숭상하고 발달시켜 왔었다.

시가 문학으로는 악장, 시조, 가사 등이 운어체韻語體로서 대개 한시문漢詩文을 모방 도습하여 투어套語, 난조爛調의 천편일률千篇一律이었고, 산문 문학으로는 담화체談話體,내간체內簡體, 역어체譯語體의 삼종三種이 있는 바, 몇몇 창작 외에는 대개 번역체의 문장이었다.

번역체는 우리 말글로 적기는 적었으나, 그 때 글이고 보면, 한문만을 문자로 알던 관견管見으로서 국어문國語文의 성질을 채 모르고 번역하는 격으로, 한문에 토나 달고, 그렇지 않으면 순 우리 말로 했다는 것도 역시 알삽하고 꺽꺽하여 아주 우리 말글로 옮겨 놓지를 못한 것이 대부분이다.

【3】 한글과 국문학

그렇다고 해서, 우리 문학이 근조에 들어와서 변천 발달이 되지 아니했다는 것은 아니다.

시가는 물론, 산문-소설과 같은 것은 정말 근조에 들어와서 비로소 이루어졌다.

삼국三國, 여조麗朝에도 그 비슷한 것이 없지 않았으나, 중국 문인中國文人들의 전기적傳奇的 설화를 모방하여 약간 모습을 달리해서 전할 따름이다.

그것은 암만하여도 한문식으로서 우리 문학 작품으로 보기는 거북스럽다고 않을 수 없다.

이런 속에서 금옥金玉과 같은 우리 근조 문학을 잘 선택하여 감상 비평批評을 하여야겠다.

그 허구많은 재료에 형형炯炯한 눈을 휘둘러 보고, 참다운 그 생명과 가치가 있는 것을 찾아 내야겠다.

3. 용비어천가와 월인석보

【1】 용비어천가龍飛御天歌

이 두 저작著作은 우리 한글이 창제된 즉시 가장 큰 창작이었다. 용가龍歌와 월인月印은 시가詩歌로서 석보釋譜는 산문散文으로서 그러하다.

용가는 한글도 창제되기 전 세종 24년 봄부터 경상慶尙, 전라全羅 관찰사觀察使에게 전지傳旨를 내려 태조太祖가 운봉雲峰에서 왜구倭寇와 싸우던 사적事蹟을 탐문探問하여 올리라 하여 용가를 편찬ㅎ고자 하였으며, 동 28

년 정음 반포 후 태종실록太宗實錄을 상고하여 용가龍歌를 첨입添入하였으며, 동 29년 2월에 용가에 주해註解를 붙여 십권十卷을 만들어 올리었고, 동 5월엔 용가를 관현管絃에 조음調音하여 치화평致和平, 취풍형醉豊亨, 봉래의鳳來儀, 여민락與民樂 등의 악보樂譜를 만들어 공사 연향公私醼享에 쓰게 하였다.

【2】 월인석보月印釋譜

월인석보도 동 28년 2월에 소헌왕후昭憲王后 심씨沈氏가 승하昇遐하시매, 세종께서 슬퍼하시고, 왕후의 명복冥福을 추천하기 위하여 석가세존釋迦世尊의 전기傳記를 짓고자, 동년 12월에 김수온金守溫을 명하여 석가보釋迦譜를 증수增修하게 하여 둘째 아드님 수양군首陽君을 시켜 이것을 한글로 옮겨, 동 29년 7월에 완성完成하여 올리매, 세종世宗께서 보시고 여기에 찬송讚頌을 더하여 월인천강지곡月印千江之曲이라는 노래 상중하上中下 3권을 지으셨다.

【3】 석보상절

지금 서울 국립도서관 소장國立圖書館 所藏인 석보 상절釋譜詳節 네 책四冊은 전질全帙 24책의 낙질落帙로서, 신자근申自謹이가 가졌던 그 때 원고본原稿本이었으며, 월인月印과 석보釋譜와를 합친 교정본校正本이었다. 여기서 주목注目할 것은 월인은 한글로 쓰고 한자를 달아놓고, 석보에는 한자를 쓰고 한글로 그 음音을 단 것이다. 용가엔 한자로 된 말은 한자로만 썼다. 그런데, 그 뒤 합쳐 박을 때엔 석보식釋譜式으로 통일統一하여 세조世祖때

간경도감刊經都監에서 다른 불경佛經과 함께 간행刊行하였다.

(ㄱ) 용비어천가

海東六龍 ·이ᄂᆞᄅᆞ·샤 :일:마다 天神·이시·니 古聖 · 이 同符 ·ᄒᆞ시 ·니 第一章

불·휘 기·픈 남·ᄀᆞᆫ ᄇᆞᄅᆞ·매 아·니 :뮐·ᄊᆡ 곶 :됴·코 여·름·하ᄂᆞ·니 :ᄉᆡ·미 기·픈 ·므·른 ·ᄀᆞ므·래 아·니 그·츨·ᄊᆡ :내·히 이·러 바·ᄅᆞ·래 ·가ᄂᆞ·니第二章

용가는 이상以上과 같이 세종世宗의 육조六祖–목穆, 익翼, 도度, 환桓, 태조太祖, 태종太宗의 성덕盛德을 찬송하고, 또는 규계規戒하여 자손의 보수를 축원한 125장의 노래인 바, 제1장은 근조 왕업의 훌륭함이 천명의 도움임을 총서總叙하였고, 제2장은 탁물托物하여 왕업 누적王業累積의 심장함을 말하였고, 제10장과 제68장과 제79장은 상장上章을 이어 반복 가영反復歌詠하였고, 제110장 이하는 다 반복 가영하여 규계規戒의 뜻을 일렀고, 권제權踶, 정인지鄭麟趾, 안지安止, 최항崔恒, 박팽년朴彭年, 강희안姜希顔, 신숙주申叔舟 등을 시켜 지었다 하고, 또 한시로 번역하여 주해를 자상히 한 것이라 하였다. 그러나, 용가의 노래도 월인천강지곡과 같이 세종께서 친히 지으신 것으로서, 종래 우리 가요歌謠 가운데에서 4구 2절四句二節을 취取하여 우리말을 자유自由 자연自然스럽게 쓴 것이었으며, 육조六朝의 업적業蹟을 중국 역대 제왕中國歷代帝王 사적事跡과 견주어 서술하였다.

이는 정형定形으로 된 악장樂章의 대표적인 걸작으로서, 월인천강지곡月印千江之曲과 아울러 우리 고전으로서의 막중莫重한 보배였다.

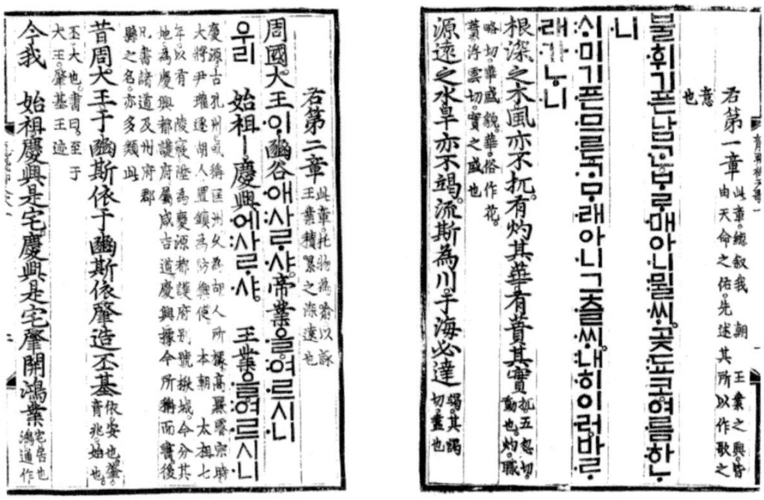
君第一章
불·휘기픈남·ᄀᆞᆫᄇᆞᄅᆞ매아니:뮐ᄊᆡ。곶됴·코여·름하ᄂᆞ·니
:ᄉᆡ·미기·픈·므·른·ᄀᆞᄆᆞ·래아·니그·츨ᄊᆡ。:내·히이·러바·ᄅᆞ·래·가ᄂᆞ·니
根深之木。風亦不扤。有灼其華。有蕡其實。
源遠之水。旱亦不竭。流斯爲川。于海必達。

君第二章
周國大王이豳谷애사ᄅᆞ·샤帝業을여르·시니
우리始祖ㅣ慶興에사ᄅᆞ·샤王業을여르·시니
昔周大王。于豳斯依。于豳斯依。肇造丕基。
今我始祖。慶興是宅。慶興是宅。肇開鴻業。

용비어천가龍飛御天歌 제1, 2장第一. 二章

(ㄴ) 월인석보

阿僧祇 前世 劫·에:님 금 位ㄹ ᄇᆞ·리·샤 精舍·애·안·잿·더시·니
五百 前世 怨讎ㅣ 나·랏 :쳔 일버 ·사 精舍 ·를:디 ·나·아가 ·니

– 월인천강지곡에서

:녯 阿僧祇劫 時節·에 ᄒᆞᆫ 菩薩·이 王ᄃᆞ외·야 :겨·샤 나·라ᄒᆞᆯ 아ᅀᆞ 맛·디시·고 道理빈 ·호 ·라나 ·아 ·가 ·샤 나 ·라ᄒᆞᆯ 아ᅀᆞ맛 ·디시 ·고道理 빈 ·호 ·라나 ·아 ·가 ·샤 瞿曇 婆羅門 ·을맛 ·나 ·샤 ·ᄌᆞ갸 ·오ᄉᆞ ·란밧 ·고 瞿曇 ·ᄋᆡ·오 ·ᄉᆞᆯ니브 ·샤深山 ·애 ·드 ·러 果實 ·와 ·믈 ·와:좌시 ·고坐禪 ·ᄒᆞ ·시다 ·가나 ·라 ·해 :빌머 ·그 ·라 ·오시 ·니 :다 :몰 ·라 ·보 ·ᅀᆞᆸ더 ·니 小瞿曇 ·이 ·라·ᄒᆞ더 ·라 菩薩 ·이城밧甘蔗園·에[8] 精舍 밍·ᄀᆞᆯ·오 ᄒᆞ오·ᅀᆞ 안·자잇·더시·니 도ᄌᆞᆨ 五百·이 그윗거 ·슬일버 ·서 精舍ㅅ 겨 ·ᄐᆞ ·로:디 ·나가

8 '精舍 밍·ᄀᆞᆯ·오 ᄒᆞ오·ᅀᆞ 안·자잇·더시·니 도ᄌᆞᆨ 五百·이' 부분이 누락되어 추가 입력한다.

·니 그 도ᄌᆞ·기 菩薩ㅅ 前世生ㅅ 怨讎ㅣ러 ·라

–석보상절에서

:녜 丙寅年·에 아·셔 昭憲王后ㅣ 榮養·ᄋᆞᆯ ᄲᆞᆯ·리 ᄇᆞ·려시·ᄂᆞᆯ :셜·버 슬ᄊᆞ·보·매 이·셔·ᄒᆞᇙ ·바·ᄅᆞᆯ :아·디:몯·ᄒᆞ다·니 世宗·이 :날ᄃᆞ·려 니ᄅᆞ·샤·ᄃᆡ 追薦·이 轉經 ᄀᆞᆮᄒᆞ·니:업스·니:네 釋譜·ᄅᆞᆯ ᄆᆡᇰ·ᄀᆞ·라 飜譯·호·미·맛 당ᄒᆞ·니·라·ᄒᆞ·야시·ᄂᆞᆯ ·내 慈命·을 받ᄌᆞ·바 더·욱 ᄉᆞ랑·호·ᄆᆞᆯ 너·비·ᄒᆞ·야 僧祐 道宣 :두 律師ㅣ 各各譜 ᄆᆡᇰᄀᆞ로·니 잇거·늘 시·러 :보·ᄃᆡ 詳略·이 ᄒᆞᆫ 가지 아·니어·늘 :두 ·글·워·ᄅᆞᆯ 어·울·워 釋譜詳節·을 ᄆᆡᇰ·ᄀᆞ·라 일·우·고 正音·으·로 飜譯·ᄒᆞ·야 :사ᄅᆞᆷ:마·다 :수·비·알·에 ·ᄒᆞ·야 進上·ᄒᆞ·ᅀᆞ 보·니 :보ᄆᆞᆯ ·주ᅀᆞ·오시·고 곧 讚頌·ᄋᆞᆯ :지스·샤 일·후·믈 月印千江·이·라·ᄒᆞ시·니 ·이제 ·와 이·셔尊崇·ᄒᆞᅀᆞ·보·ᄆᆞᆯ :엇·뎨 누·기리·오

–월인석보 서에서

월인 석보를 자세히 보면 월인이나 석보가 석가보釋迦譜에서 취재取材를 한 것이고, 그것을 그대로 번역한 것은 아니었고,한 창작創作이었다. 즉 월인은 세종이 지으셨고, 석보釋譜는 그 둘째 아드님 수양 대군首陽大君이 지었다. 월인을 읽어보면 용가도 세종 어제世宗御製임을 알겠는 바, 월인은 용가처럼 악보를 만들거나 공사 연향公私醮享에 썼다는 기록은 없으나, 또한 동일한 체재며 수법手法으로서 악장체樂章體이었음은 명백한 일이었으며, 용가, 월인이 서사적敍事的 서정시의 웅편雄篇이었으며, 석보는 그 명랑하고 평이한 우리 말글 산문散文으로서의 최초인 전범典範이었다.

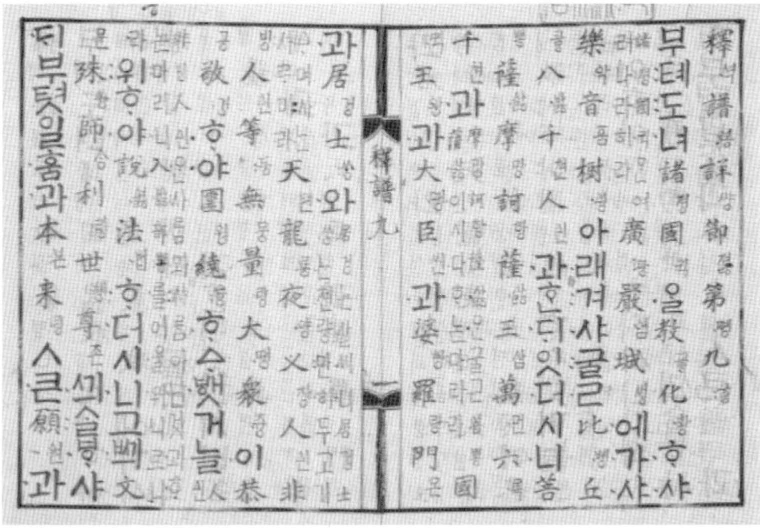

석보상절釋譜詳節 제9第九

4. 악장樂章의 발달

용가龍歌, 월인月印 밖의 악장樂章으로서는 용가, 월인과 같은 정형이 아니고 부정不整한 여러 가지 형태形態이었다.

국초엔 태조太祖가 등극登極하신 후 관제官制, 법령法令, 신도新都 기타 초창의 일이 많은데, 가악歌樂은 대개 여조 그것을 그대로 쓰고, 신흥한 나라의 임금을 송축頌祝ᄒᆞ기 위하여 신조新調의 노래를 지었으니, 문덕곡文德曲, 무공곡武功曲 또는 근천정覲天庭, 수명명受明命등이 있다. 이제 한 둘 그 보기를 들면 아래와 같은 것이 있다.

법궁法宮이 유엄심구중有嚴深九重ᄒᆞ시니 일일만긔분기미一日萬機紛其

美ᄒᆞ샷다.

군왕君王이 요득민정통要得民情通ᄒᆞ야 대개언로달사총大開言路達四聰ᄒᆞ시다.

개언로군불견開言路君不見가, 아후지덕我后之德이 여순동與舜同ᄒᆞ샷다아으.

아후지덕我后之德이 여순동與舜同ᄒᆞ샷다.

－文德曲 開言路章

납시시웅강納氏恃雄强ᄒᆞ야 입구동북방入寇東北方하더니, 종오과이력縱傲誇以力ᄒᆞ니, 봉예鋒銳라 불가당不可當이로다.

－武功曲 破納氏

천자유지天子有旨 방인진황邦人震惶 유군부사維君父使 불감혹황不敢或遑

－覲天庭

……익익내심翼翼乃心 사대유일事大惟一 봉양성교奉揚聲教 점우출일漸于出日

－受明命

문덕文德, 무공武功 두 곡二曲은 그 때 문하시랑門下侍郞 정도전鄭道傳이 태조太祖의 공덕功德을 찬송하여 지은 노래이고, 근천정覲天庭, 수명명受明命은 태종太宗이 잠저潛邸 때 명나라에 들어가 명제明帝의 권례眷禮를 받고 옴과 태종이 예禮로써 사대事大 천자天子가 명명인장明命印章과 면복冕服을 주었다 함을 말한 것이라 하였다.

문덕文德 무공武功 두 곡曲은 한문에 우리 말로 토만 달았고, 근천정覲天

庭, 수명명受明命은 순 한문純漢文으로 시경詩經의 아송체雅頌體를 그대로 모방하여 지었으며, 근조의 사대 사상이 그런 종묘악장宗廟樂章에 나타난만큼 그것은 비록 한 외교정책外交政策이라 하더라도 그 때문에 우리 민족정신은 점점 희박하여지게 되었다.

이 밖에도 보암직한 악장 이 많으나, 악장문학樂章文學은 군왕의 송덕을 위주한만큼 혹시 사실일찌라도 그것은 아유적阿諛的 과장적誇張的인 찬사에 불과하였다.

5. 가사 문학의 발달

【1】 가사歌詞의 안정

별곡別曲이란 노래에는 서경별곡西京別曲, 청산별곡靑山別曲과 같은 민요도 있었으며, 한림별곡翰林別曲, 화산별곡華山別曲, 상대별곡霜臺別曲, 안축安軸의 관동별곡關東別曲, 죽계별곡竹溪別曲, 화전별곡花田別曲과 같은 특수한 별곡체別曲體도 있었으며, 관동별곡關東別曲(-정철鄭澈), 성산별곡星山別曲, 환산별곡還山別曲과 같은 가사歌詞도 있었다.

근조초 정극인丁克仁(3734~3805)이 지은 상춘곡賞春曲을 보더라도 가사체가 여말에 벌써 있어 왔음은 부정할 수 없다. 정극인은 여조가 망한 뒤 십 년에 출생한 이로, 그가 상춘곡賞春曲과 같은 원숙한 가사를 지은 것은, 그가 그 형태를 창시한 게 아니고, 그 이전부터 있던 체를 쓴 것이었다.

아모타 百年行樂이

이만한들 엇더ᄒᆞ리

는 이 상춘곡의 종구終句다. 가사체로서 시조 종장時調終章과 같은 종구를 가진 것은 그 정형定形을 갖춘 것이다. 여말 나옹懶翁의 서왕가西往歌에는 아직 이런 형이 미정하였다. 그 뒤 근조 가사에도 이런 미정형未定形으로 된 것도 있지마는, 그 정형으로는 위에 말함과 같은 것이 많았다. 상춘곡賞春曲이 이런 정형을 보여 줌은 과연 그 효시嚆矢이었다.

【2】 정송강과 가사

근조에 제작된 가사가 많으나, 그 중에서 최고봉은 정송강鄭松江의 사미인곡思美人曲, 속미인곡續美人曲이다. 송강은 단가短歌보다도 더 장편長篇의 천재天才였다. 성산별곡星山別曲은 공교스럽고, 관동별곡關東別曲은 웅장雄壯하다. 순오지旬五志의,

> 송강소작松江所作, 관동 산수關東山水의 미美를 다 들어 유하궤괴幽遐詭恠의 관觀과, 상물狀物의 묘妙를 말한 바 조물造物의 기奇함은 실로 악보樂譜의 절조絶調다.
>
> 사미인곡思美人曲 역시 송강의 작인 바 시경詩經의 미인일자美人一字를 조술祖述하여, 우시 연군憂時戀君의 뜻을 붙였다. 또한 영중郢中의 백설白雪이다.
>
> 속미인곡續美人曲 역시 송강의 작, 전사前詞의 미진未盡함을 풀어 말한 바, 말이 또한 능란하고, 뜻이 더욱 간절하여 공명孔明의 양출사표兩出師表를 더불어 백중伯仲으로 보겠다.

함은 관동별곡, 사미인곡, 속미인곡을 평한 것이다. 순오지旬五志 저자著者 홍만종洪萬宗은 희귀한 문학 평론가文學評論家로서, 평評도 타당妥當하였다.

【3】 가사문학의 진전

그리고, 박인로朴仁老의 누항사陋巷詞, 선상탄船上嘆, 사제곡莎堤曲, 고상안高尙顏의 농가월령가農家月令歌며, 김인겸金仁謙의 일동장유가日東壯遊歌며, 한산 거사漢山居士의 한양가漢陽歌, 홍순학洪淳學의 연행가燕行歌 등은 가장 거편으로서, 송강의 작보다도 또 다른 시대적 지방적 색채를 보이며, 우리의 민족적 의식이 농후濃厚하였으며, 그 밖의 백발청산가白髮靑山歌 기음노래 등도 작자는 미상하나, 또한 우수한 작이었다.

가사는 서사적인 것도 있으며, 너그럽고 임의로운 문학 형태로서 앞으로도 퍽 진전할 기망企望이 많다. 투어套語 난조爛調인 구접스러운 수사修辭를 버리고, 새로운 독실篤實한 공정工程을 쌓아 시작試作해 본다면, 보다 더 효과를 나타내리라고 믿는다.

6. 시조의 난숙爛熟

【1】 시조문학의 중추中樞

국초로부터 황희黃喜, 김종서金宗瑞, 성삼문成三問, 원호元昊, 왕방연王邦衍, 남이南 怡 등을 비롯하여 명공석사名公碩士의 작품이 많이 전하여 오는 바, 이들은 모두가 당대에 이름난 유도儒道의 대가들이었다. 고려조에 시조가 발생發生하던 당시로부터 시조는 실로 이들 유관儒冠들에 의하여 그 중추 세력中樞勢力을 이루어 왔음을 우리는 주목하지 않을 수 없다. 이제 이 시조 문학의 중추中樞를 이룬 유가儒家들의 작품을 살펴 보기로 하겠다.[9]

중종中宗 때의 농암聾岩 이현보李賢輔는 10장章으로 전하는 어부사漁父詞를 줄여서 5장으로 만든 것은, 농암 자신과 퇴계退溪 이황李滉도 칭찬稱讚한 바이어니와, 그것은 오히려 한시漢詩의 여타餘唾를 주은 것으로서 우리 문학으로는 이렇다 할 것이 없었고, 퇴계의 도산십이곡陶山十二曲은 이별육가李鼈六歌를 의방依倣하여 지었고, 율곡栗谷의 고산구곡가高山九曲歌는 주희朱熹의 무이구곡武夷九曲을 의방하여 지었다 하는 바, 이 역시 한시문漢詩文의 그것을 도습蹈襲하여 온유돈후溫柔敦厚함을 힘썼으나 어다음왜語多淫哇하다는 우리 말글인 노래만도 못하였다.

【2】 면앙정俛仰亭과 시조

중종中宗으로부터 명종明宗 무렵까지의 시조 작가의 최고봉으로는 송순宋純을 치지 않을 수 없을 것이다.

송순宋純의 약전[10] 자字를 수초守初, 호號를 기촌企村 일호一號를 면앙정俛仰亭이라고도 하였다. 성종 계축(成宗 癸丑, 3826)에 났다. 어려서부터 독서와 문예를 좋아하여 20세에 등과登科하니 그 때 조정암趙靜菴이

9 글 전체에 걸쳐 원문과는 다르게 단락이 붙어 있거나, 떨어져 있는 경우는 모두 원문대로 수정한다.

10 글 전체에 걸쳐 원문과는 다르게 들여 쓰기가 안 되어 있는 것들은 모두 원문대로 수정한다.

고관考官이 되어 그의 글을 보고 크게 탄상嘆賞하였다 한다. 얼마 아니하여 남곤南袞, 심정沈貞에게 조정암이 무사誣死되매, 사환仕宦의 뜻이 없다가, 승문원承文院, 예문관藝文館 호당湖當의 독서讀書로서 주서注書, 시강원 설서侍講院說書를 지내고, 부수찬副修撰 겸兼 지제교知製敎 및 양전랑兩銓郎을 두세번 겪고, 인종仁宗 때에 김안로金安老가 득지得志하여 현류賢類를 배척하매 귀향하여 면앙정俛仰亭을 지었고, 김안로金安老가 복주伏誅된 뒤에 다시 응교應敎, 어사御使, 도승지都承知, 관찰사觀察使,대사간大司諫을 지내고, 명종明宗 을사乙巳(3878)에 윤원형尹元衡이 득세하여 기구제현耆舊諸賢을 죽이매, 그는 분개탄상歎傷하여,

곶이 진다ᄒᆞ고 새들아 설허마라,
바람의 흣날리니 곶의 탓 아니로다.
가노라 희짓ᄂᆞᆫ 봄이야 새워 무슴 ᄒᆞ리오.

하는 노래를 지었다 한 기생이 어느 연석讌席에서 이 노래를 불렀더니, 진 복창陳復昌이 듣고 놀래며 이는 반드시 누구를 비방誹謗한 노래라 하고 힐문詰問하다 말았다 한다. 그는 그 뒤 주문사奏聞使로써 북경北京에 간 일도 있었고, 56세 되던 무신戊申(−3881)년에는 개성 유수開城 留守가 되어 황진이黃眞伊와도 사귀었다. 그리고, 대사헌大司憲 이조참판吏曹參判까지 겪었으나 구 수담具壽聃과 체결締結하였다 하여 서천舒川 순천順天으로 귀양갔다가 사유赦宥되어 선산 부사善山府使, 전주 부윤全州府尹, 나주 목사羅州牧使로 갔었고, 의정부 우참찬議政府右參贊 겸兼 춘추관사春秋館事로서 나이 77에 향원鄕園에 퇴거退居한 지 14년이라, 선조 기로先朝耆老로서 지중추知中樞에 붙여 식물食物을 정례廷例와 같이 하였다. 기묘己卯년에 회방연回榜宴을 베푸니, 나라에서 듣고 호조戶曹를 명하여 사화賜花 선온宣醞을 신은례新恩例와 같이 하였다. 때에 정송강鄭松江, 고 제봉

高霽峰, 기 고봉奇高峰, 임 백호林白湖와 도백읍재道伯邑宰가 다 면앙정俛仰亭에 모여 밤이 깊고 술에 취하여 침실寢室에 나아갈 때, 송강松江이 말하되 "공公의 남여藍輿를 우리가 메자"하고 드디어 모셔 갔다 한다. 이처럼 나이 90이 넘도록 정력이 여전하다가 선조宣祖 15년(3915)에 졸卒하였다.

그 문집은 면앙집俛仰集 권지卷之 4까지 있는데, 그 권지 4 잡저雜著에 신번 면앙정 장가新翻俛仰亭長歌 1편, 면앙정 단가短歌 7편, 면앙정 잡가雜歌 2편, 자상특사황국 옥당가自上特賜黃菊玉堂歌 1편, 몽견주상가夢見主上歌 1편, 치사가致仕歌 3편, 오륜가五倫歌 5편 등이 한역漢譯 되어 있으나, 우리 말글로 가곡 책에 전하는 것은 8, 9편쯤이다.

이상과 같이, 내직內職, 외직外職의 경력經歷이 많았으나, 그는 음률音律도 정통精通하여 매양 금현琴絃도 어루만지고 시가詩歌 풍류風流로써 일생을 보냈다. 그 자상특사황국 옥당가는 명종明宗 때 어원御苑의 황국黃菊을 꺾어 옥당관玉堂官에 주고 가사를 지어 바치라 하매, 옥당관이 창졸倉卒히 못하였다. 때에 면앙정이 재추宰樞로서 총부摠府에 수직守直하므로, 차작借作을 하여 바쳤다.

> 풍상風霜이 섯거친 날의 ᄀᆞᆺ 픠온 황국화黃菊花를
> 금분金盆에 ᄀᆞ득 담아 옥당玉堂에 보내오니,
> 도리桃李야 곶이온양 마라, 님의 뜻을 알괘라.

명종이 이 노래를 보시고 놀래며 누가 지었느냐 하시니 옥당관이 감히 숨기지 못하여 사실대로 아뢰었다. 명종께서 크게 상을 주었다. 이는 일종의 풍간법諷諫法을 쓴 노래로서, 면앙정이 아니고는 이렇게 지을 수 없었다.

【3】 절창絶唱 황진이의 시조

송도 기생松都 妓生 황진이黃眞伊는 황 진사黃進士의 따님이었다. 얼굴이 곱고, 금률琴律, 시가詩歌, 서사書史에 정통하였고, 일찌기 서화담徐花潭에게 배웠으며, 화담花潭, 박연朴淵, 자기와를 "송도 삼절松都三絶"이라 자칭하였다. 산수에 오유遨遊하여 풍악楓樂, 태백太白을 다 밟아 보고, 금성錦城에 방백方伯과 제기諸妓를 놀래기도 하였다. 개성 유수 송 면앙정과 처음 만나 그 첩妾을 질광嫉狂ㅎ게 한 적도 있었다. 이덕형李德馨의 송도기이松都記異에는,

> 송공宋公이 그 대부인大夫人을 위하여, 수연壽宴을 베푸는데(송 면앙정이 개성 유수로 갔을 때에는, 이미 그 부모가 별세하고 난 뒤이었으니, 이는 한 착오錯誤인 듯), 경성京城의 모든 묘기가희妙技歌姬를 다 초집招集하고, 인읍隣邑 수재守宰와 잠영簪纓이 연석聯席하여 홍장紅粧이 자리에 가득하고, 비단 옷이 수두룩하였다. 진랑眞娘은 단장도 않고 남장淡粧으로 와서 천연한 국색國色으로 그 광채가 마음을 움직이게 하되 끝끝내 말석末席에 앉았으나, 여러 손님이 칭찬하지 않는 이 없었다.

라고 한 것은 그의 절색을 말한 것이고,

> 술끝에 비로소 시비侍婢를 시켜, 가득 잔에 부어 진랑을 먹이고 하여금 독창獨唱을 재촉하매, 진랑이 옷을 여미고 노래하였다. 노래가 유량하고 요요하여 공중에 치닫고 높고 낮고 맑고 부드러움이 보통 조調에서

뛰어났다. 송공이 무릎을 치며 극히 칭찬하되 천재라 하였다.

란 것은 그 가창歌唱의 절묘絶妙함을 말함이었다.

그는 한시漢詩도 박연朴淵, 반월시半月詩, 등 만월대 회고登滿月臺懷古, 여소양곡별與蘇陽谷別 등 사편을 전하는 바,

誰斲崑山玉
裁成織女梳
牽牛一別後
愁擲碧空虛

누가 곤산 옥을 캐어,
직녀의 빗을 만들었노,
견우와 한 번 이별한 후,
설워 공중에 더졌도다.

라는 "반월시半月詩"는 이 두李杜와도 비견比肩하겠다. 우리 시조로서는 "청산리靑山裏", "동지冬至ㅅ달", "내 언제" "산은 옛산" "어져 내일" 등 여섯 수가 남아 있다.

청산리靑山裏 벽계수碧溪水야 수이 감을 자랑마라.
일도一到 창해滄海ᄒᆞ면 다시 오기 어려웨라.
명월明月이 만공산滿空山ᄒᆞ니 쉬어간들 엇더리.

는 한 희작戲作으로서 종실宗室의 벽계수碧溪守를 놀린 것이다.

황진이는 과연 희한稀罕한 천재였다. 오늘날 그의 작으로 남은 것이 비록 6수 있으나, 그것들은 모두가 절작絶作이었다. 그런 천재로서 송 면앙정을 만나 더욱 정진精進되었을 것이니, 마치 두보杜甫가 이백李白을 만남과 같았던 것이었다.

【4】 기류妓流의 시조

근조 중엽中葉에는 작자도 많았고, 우수한 작품도 많았다. 그러나 도학자道學者의 작보다는 오히려 기생들의 작에서 더욱 절품絶品을 찾을 수 있다. 소백주小栢舟, 한우寒雨, 구지求之, 송이松伊, 매화梅花, 다복多福, 천금千錦, 명옥明玉, 문향文香, 매창梅窓, 홍랑洪娘 등의 작이 한두 편씩 전하고 있으니, 이들은 모두가 진개塵芥 속의 금옥金玉이라 하겠다.

묏버들 갈히 것거 보내노라 님의 손대
자시는 창 밧긔 심거두고 보소서.
밤비에 새닙 곧 나거든 날인가도 너기소서.

이게 홍랑洪娘의 노래다. 그리고 오산설림초고五山說林草稿에 성종成宗이 매양 군신群臣으로 더불어 잔치를 하였는데, 하루는 소춘풍笑春風이란 영흥永興 명기名妓를 시켜 행주行酒를 하매 영상領相 앞에 나아가 잔을 들고,

당우唐虞를 어제 본듯 한당송漢唐宋을 오늘 본듯
통고금通古今 달사리達事理ᄒᆞ는 명철사明哲士를 엇더타고
대설듸 역역歷歷히 모르는 무부武夫를 어이 조ᄎᆞ리.

하고 노래를 불렀다. 재좌在座하였던 무관武官이 이를 듣고 함노含怒하매, 소춘풍이 또 잔을 들고 그 앞에 나아가,

> 전언前言은 희지이戲之耳라 ᄂᆡ 말을 허물 마오
> 문무文武 일체一體인 줄 나는 잠간 아옵거니
> 두어라 규규赳赳 무부武夫를 아니 좇고 어이리.

하고 불렀다. 성종이 크게 기꺼하여 금단錦緞 견주絹紬와 호표피虎豹皮와 호초胡椒를 많이 상사賞賜하셨다 하였다. 이처럼 기류妓流의 작품들은 저 도학가道學家들이 즐겨하는 무슨 관념觀念의 유희로써 시조를 읊은 것이 아니라, 절박한 생활 속에서 그들의 생활 감정과, 인정을 교묘한 수사로써 읊어 낸 데에 그 장끼가 있었음을 본다. 그리고, 비록 그들의 사회적인 신분은 얕았으나, 그들이 지니고 있는 교양은, 그들이 일상 접촉하는 양반들이 지니고 있는 것에서 그리 멀지 않았음을 보아, 그들의 문학이 귀족 양반들의 문학에 육박肉迫하여 가는 것을 우리는 또한 주목하여야 할 것이다.

【5】 문학의 대가 정송강과 윤고산

(ㄱ) 정송강

정송강鄭松江 철澈과 윤고산尹孤山 선도善道는 우리 국문학의 두 대가大家였다.

정송강鄭松江의 약전 중종中宗[11] 31년 한양漢陽서 났다. 그 아버지가

사화士禍에 걸려 창평昌平에 유락流落하매 따라와 16세에 학업을 비롯하여 송 면앙정宋俛仰亭, 김하서金河西에게 배웠으며, 27세에 장원 급제壯元及第하고, 지평持平, 수찬修撰을 지나, 선조 즉위宣祖卽位하매 전랑銓郞이 되고, 직제학直提學, 장악원정掌樂院正 사간司諫의 직職으로 있을 때 시의時議에 맞지 않아, 해직解職, 귀향歸鄕하려다가 말고, 동부승지同副承知 겸 수찬관修撰官으로 있었다. 때는 동서東西의 당黨이 나뉘어 송강松江은 서인西人으로서 동인東人에게 피핵被劾 저척詆斥을 당했다. 그러나 선조宣祖께서 충직忠直한 신하로 지우知遇하셨다. 45세에 강원도江原道 관찰사觀察使가 되어 풍화風化를 선도善導ㅎ고자 단가短歌 16수와 관동 산수關東山水를 찬미하여 관동 별곡關東別曲을 지었고, 그 다음 해에는 대사성大司成이 되어, 더욱 저척詆斥을 받아 창평昌平으로 가 있다가, 특지特旨로써 전라도全羅道 관찰사觀察使가 되고, 도승지都承旨 예조참판禮曺參判, 함경도咸鏡道 관찰사觀察使가 되고 예조판서禮曺判書로 특폐特陞되자, 기주실의嗜酒失儀 교구생화交構生禍 강편기 극지인剛偏忌克之人이라는 논핵論劾을 당하고, 49세에 대사헌大司憲, 그 이듬해에 판돈녕判敦寧이 되이 조신朝臣의 자훼訾毁와 양사兩司의 논척論斥을 받고, 고양高陽에 퇴거退去하였다가 창평昌平으로 갔었다. 이리하여, 한 5년 동안 창평昌平에서 그 처妻의 외척外戚인 김성원金成遠의 산정山亭을 얻어 있으며, 수식水石괴 구학鷗鶴으로 더불어 벗도 삼고 독서讀書, 탄금彈琴, 소영嘯詠도 하며, 항상 국사國事를 걱정하고, 군은君恩을 생각하였다. 성산 별곡星山別曲,사미인곡思美人曲, 속미인곡續美人曲도 이때 지은 것이었다. 선조宣祖 22년 기축己丑 54세가 되어 그 장자 상長子喪을 당하여 장사葬事를 지내려 고양高陽에 와 있을 때, 정여립鄭汝立의 모반사건謀叛事件이 발각發覺되었다. 그 변變을 듣고 즉시 대내大內에 들어가니, 선조宣祖께서 그 충절忠節을 장려

11 원문의 '31년 한양漢陽서 났다. 그 아버지가 사회에 걸려 창평昌平에' 부분이 누락되어 보충 입력한다.

하고 우의정右議政을 특배特拜하여 안치按治ㅎ게 하고, 이어 최 영경崔永慶의 옥獄을 다스리고 좌의정左議政으로 승배되고, 인성 부원군寅城府院君이 되었다. 그 다음 해 건저建儲ㅎ고자 하다가 상上의 뜻을 거스리고 "위대신 침우주색 기오국사 고의爲大臣 沈于酒色 其誤國事 固矣"라는 안덕인安德仁 등의 저척詆斥과 양사兩司의 논계論啓를 받아 파직罷職되고, 명천明川, 진주晋州, 강계江界로 귀양갔었다. 그 다음해는 임진란壬辰亂이라, 대가大駕가 서수西狩하매 방석放釋되어 선조宣祖를 평양平壤서 배알拜謁하고 의주義州로 호가扈駕하였다가, 체찰사體察使가 되고, 선조宣祖 26년 계사에 봉사奉使하여 명明에도 갔다가 동년 12월 강화江華에서 졸卒하니, 나이 58세였다. 그 유저遺著는 송강집松江集 칠책七冊과 가사歌辭 일책一冊이 있다.

송강松江은 그 때 당로當路하여, 그 파란이 중첩한 당쟁黨爭의 와중渦中에서 부침浮沈하고, 여러 번 큼직한 옥사獄事를 안치按治ㅎ게 되매, 자연 득방得謗이 많았다. 그러나, 선조宣祖의 특수한 은총恩寵을 받았으며, 성품性稟이 강직剛直하나 협애狹隘하다는 평을 듣는 이라, 그 구질仇嫉이 많을 것은 말할 것도 없지마는, 송강松江은 정객으로서보다도, 예술가의 기질이 더하였다. 술酒과 색色을 좋아한다는 것으로는, 그다지 탈 될 것이 없다. 송강松江은 꾀죄죄한 한낱 근칙謹飭에 그칠 이가 아니고, 호일豪逸도 하고 방분放奔도 하였다.

송강松江의 작인 단가短歌는 총 74수가 있는 바, 그의 문학적 재질은 단가에도 충분히 발휘되어 있음을 보고, 더욱이 그의 넘쳐나는 패기覇氣는 다른 사람이 따르지 못한 바 있다.

네 아들 효경孝經 닑더니 어도록 빈홧ᄂᆞ니

내아ᄃᆞᆯ 소학小學은 모ᄅᆡ면 ᄆᆞ출로다
어ᄂᆡ제 이 두글 ᄇᆡ화 어딜거든 보려뇨
-경민편警民編의 자제유학子弟有學-
재 너머 성 권농成勸農집에 술닉닷 말 어제듯고
누은 쇼 발로 박차 언치 노하 지즐 ᄐᆞ고
아ᄒᆡ야 네 권농勸農 겨시냐, 정 좌수鄭座首 왔다 ᄒᆞ여라.

(ㄴ) 윤고산尹孤山

그 작품作品은 산중 신곡山中新曲의 만흥漫興 6수, 조무요朝霧謠 1수, 하우요夏雨謠 1수, 일모요日暮謠 1수 야심요夜深謠 1수, 기세탄饑歲歎 1수, 오우가五友歌 6수, 산중 속신곡山中續新曲의 추야조秋夜操 1수, 춘효음春曉吟 1수, 고금영古琴詠 1수, 증반금贈伴琴 1수 초연곡初筵曲 2장, 파연곡罷宴曲 2장, 어부사시사漁父四時詞, 춘하추동春夏秋冬 각 10수이다.

윤선도尹善道의 약전 자字는 약이約而 호號는 고산孤山, 선조宣祖 20년 정해丁亥3920 한경漢京서 났다. 20세 광해光海 4년 임자壬子에 진사進士하고, 광해 7년 을묘乙卯에 이이첨李爾瞻이 국병國柄을 전집專執하여 조정朝廷을 탁란濁亂하매 상소上疏 청죄請罪하다가, 경원慶源에 안치安置 당하였고, 인조 9년仁祖 무진戊辰에 두 대군(봉림대군鳳林大君)-효종孝宗, 인평대군麟平大君의 사부師傅가 되었고, 동 9년 신미辛未에 양주 고산별서楊洲孤山別墅에 놀고, 이 해 해남海南으로 돌아갔고, 동 15년 정축丁丑에 탐라耽羅로 들어가 살려하다가, 보길도甫吉島를 지내며 봉만峰巒이 수려秀麗하고, 동학洞壑이 심수深邃함을 바라보고 삼직하다 하고, 드디어 나무를 베고 길을 냈다. 산세山勢가 주조周遭하여 해성海聲이 아니 들리고, 청냉소상淸冷蕭爽하고 천석泉石이 절승絶勝하매 드디어 이름을 부용동芙蓉洞이라 하고, 격자봉格紫峰 아래에 집을 짓고 낙서재樂書齋라 하였다. 병

자호란丙子胡亂에 부가赴駕를 않았다는 죄罪로 영덕盈德에 귀양갔다가, 그 이듬 해 풀려 와 가사는 그 아들에게 맡기고 수정동水晶洞에 집짓고 살았으며, 또 문소聞簫, 금쇄金鎖 두 곳이 다 유수幽邃 소쇄蕭灑하여 수석水石의 취趣가 있다는 말을 듣고, 항상 왕래往來 소요逍遙하였으며, 동 27년 기축己丑에 인조仁祖가 승하昇遐하고, 효종孝宗이 즉위하매 불러 보시고, 효종 10년孝宗十年 기해己亥에 효종孝宗 승하昇遐하시고, 현종顯宗이 즉위하매, 궐하闕下에 가 곡哭하고, 고산孤山으로 돌아갔다. 당초 효종 상사孝宗喪事에 조대비趙大妃(－仁祖 繼妃 莊烈王后趙氏)가 마땅히 장자 3년복三年服을 입어야 한다고 허목許穆과 함께 주창하였는 바, 송시렬宋時烈, 송준길宋俊吉은 기년복朞年服을 입어야 한다고 주창하였다. 고산이 이를 상소上疏 역변力辯하다가 부용동芙蓉洞으로 들어가, 다섯 해 되던 현종顯宗 12년 신해辛亥에 낙서재樂書齋에서 졸卒하니 나이 85세 였다. 그 위고遺稿는 고산 위고孤山遺稿 6권 6책六卷 六冊이 있고, 권지 6 하卷之六下에 그 가사歌辭가 수록收錄되었다.

고산孤山은 퇴은退隱, 소영嘯詠, 탄금彈琴 등의 아취雅趣는 있으나, 그는 한 규모적規模的인 인물로서, 그의 작도 퍽 꼼꼼하고 고드람스러운 한시문漢詩文의 고사故事 숙어熟語를 많이 인용한 한 인공적人工的이고 기교적技巧的인 습벽習癖에 도취한 이었다. 그리고, 어부사시사漁父四時詞는 그 전부터 전래하는 어부가漁父歌를 모작模作한 것으로서, 시조와는 다르나 더러는 그 여음餘音의 부분을 생략하고 시조형으로 전하기도 한다. 이것은 그 후인後人의 개찬改竄인 듯하다.

비오ᄂᆞᆫ듸 들헤가랴 사립닷고 쇼머겨라.
마히 ᄆᆡ양이랴 잠기연장 다ᄉᆞ려라.

쉬다가 개느날 보아 ᄉ래 긴밧 가리라.
심심은 ᄒ다마ᄂᆞᆫ 일업술손 마히로다.
답답은 ᄒ다마ᄂᆞᆫ 한가ᄒᆞᆯ손 밤이로다.
아희야 일즉 자다가 동트거든 닐거라.

—송우요頌雨謠

【6】 김천택과 김수장

이 밖에 김광욱金光煜, 신흠申欽, 효종 대왕孝宗大王, 이간李侃, 이정보李鼎輔 등도 각기 일가一家를 이루었었고, 근조 말엽近朝末葉엔 김천택金天澤과 김수장金壽長이 한 거장巨匠이었다.

김천택 자字는 백함伯涵, 호는 남파南坡, 숙종조肅宗朝 포교捕校 명가名歌로서 영조英祖 4년(4061)에 청구 영언靑丘永言 수백여 결數百餘闋을 수집蒐集 편찬하였으며, 그 중에는 자작노 수십 결數十闋이 있으나 별반 신기한 것이 없다.

김수장 자字는 자평子平, 호號는 노가재老歌齋, 숙종조肅宗朝 기성서리騎省書吏, 명가名歌로서 영조英祖 39년에 해동 가요海東歌謠라는 이름으로 사세自製 및 기타 수백 장을 수집蒐集하여 한 가집을 편찬하였다. 이 작품에는 전고에 없던 사실 의식寫實意識이 나타나 있다. 근조近朝 말엽末葉의 희귀한 작가였다. 종래 중국中國에서는 인생과 자연과를 읊은 시가 많으나 우리 나라에는 순연한 서경시敍景詩가 그리 없었다.

개화동開花洞 북녹하北麓下에 초암草菴을 얽었으니,
바람비 눈서리는 그렁저렁 지ᄂᆡ여도

어느제 다ᄉᆞᄒᆞᆫ 히빗치야 쐬야볼쑬 잇시랴.

경회루慶會樓 만주송萬株松이 눈알픠 버려있고
인왕寅王 안현鞍峴은 취병翠屛이 되었는듸.
석양夕陽에 편편翩翩 백로白鷺는 오락가락 ᄒᆞ노믜

는 과연 사실적 서경시敍景詩가 아닌가? 영조英祖 21년 을해乙亥에 사곡거사社谷居士 장복소 서張福紹序에는,

> 김수장이 남파南坡 김천택金天澤으로 더불어 경정산敬亭山과 같은 상대相對였다. 이 두 늙은이는 당세當世에 노래를 통한 이었다. 미묘호상微妙豪爽한 절주節奏와 묘리가 이 두 문門에서 나는 바 개연히 잃은 걸 찾고, 그르친 걸 바로잡을 뜻이 있어, 널리 여러 군자君子의 소작所作과 이항에 전송傳誦하는 걸 모아 말의 그릇됨을 따지고, 청탁淸濁의 분간을 밝히고, 그 끝에 자기가 지은 장단가長短歌 백여장百餘章도 붙여, 합하여 일부一部를 삼아 그 뜻을 진술陳述하였으니, 다른게 아니라,다만 효친孝親, 충군忠君, 수분守分, 안졸安拙 청정淸靜, 애국愛菊, 낙가樂歌 희가다. 진소위眞所謂 진세간塵世間 호걸 군자豪傑君子라.

하였는데, 김수장과 김천택과는 지추 덕제地醜德齊한 막역莫逆한 사이로서, 같은 가악歌樂에 정통한 이다. "경정산敬亭山과 같은 상대다"의 경정산敬亭山은 일명一名 소정산昭亭山, 우명又名 사산査山인데, 지금 중국中國 안휘 선성현安徽宣城縣의 북北에 있다. 높이가 수백 장數百丈이고 천암 만학千岩萬壑으로 근교近郊의 명승이다. 당나라 이백李白의 시 독좌경정산獨坐敬亭山의,

衆鳥高飛盡
孤雲獨去閑
相看兩不厭
只有**敬°亭°山°**

이란 데서 나온 것이다. 그러면, 김수장과 김천택과는 이 경정산敬亭山과 같은 사이라 한 것이었다.

【7】 시조 명칭의 기원

그리고, 근조 말엽초에는 명가名歌가 배출輩出하고, 서민문학庶民文學이 발흥勃興하는데 시조의 창唱도 발생하였다. 당시 시조의 창사唱詞는 모두 삼국 때부터 있어 오던 가곡歌曲의 창사唱詞였다. 사실 "시조"란 명칭은 퍽 오래 보급되어 왔으나, 종래에는 나만 가곡칭으로 전해 왔으며, 시조는 시절가時節歌라는 이름으로서 영조英祖 50년 갑오甲午(4107, 1774) 신석북申石北 광수光洙의 관서악부關西樂府의,

初唱聞皆說太眞
至今如恨馬嵬塵
一般**時°調°**排長短
來白長安**李°世°春°**

이런데 처음 시조란 말이 보인다. 시조는 즉 시절가조時節歌調의 약어略語로서, 그 때 한 명가名歌인 이세춘李世春이가 평양까지 보급하였던 것이 아닌가? 그 후로는 시조의 명칭이 각종 기록에 종종 나오되, 시조책時調冊

이라고 한 건, 요마적 신문관新文館에서 발행한 최남선崔南善의 찬撰인 시조유취時調類聚밖에 없었다. 시조유취時調類聚는 그전 가곡책으로 전하는 청구영언靑丘永言, 해동가요海東歌謠, 가곡원류歌曲源流, 여창유취女唱類聚 등을 합해 놓은 것이다. 그 중엔 시조 아닌 것도 있다. 그건 시조時調와 가곡歌曲과를 구분하지 못한 탓이 있다. 그러나, 이런 형태의 노래를 가곡歌曲으로 불러오며, 단가短歌 또는 장단가長短歌, 가歌, 곡曲, 요謠, 음吟, 탄嘆 등등 한자의 그것을 인용하였고, 우리 말글로 해당한 것이 없었다. 비록 뒤에 생겼을망정 시조는 우리의 창작인 말로서 이미 보급된지라, 그걸 한 창조唱調의 곡명曲名으로 쓰는 동시에, 한 문학文學의 명칭으로도 쓰게 된 것이었다.

【8】 근조 말의 시조

이 근세엔 송계연월松桂烟月, 익종翼宗 김민순金敏淳과 명가名歌요 가곡원류歌曲源流 찬자撰者인 박효관朴孝寬과 주옹 만록周翁漫錄이라는 자작自作가사집歌詞集 및 금옥총부金玉叢部를 지은 조황趙榥과 같은 많은 작자가 있었으나, 그는 다 그저 모방模倣 도습蹈襲과 투어套語, 난조爛調로서 하등 창의 창작이 없었다. 심하게 말하면, 옛 사람의 그걸 되풀이한, 극히 진부陳腐한 수작이었다.

[연습문제]

1. 훈민정음과 국어 국문학의 관계를 말하라.
2. 용가, 월인의 문학사적 의의를 말하라.
3. 대표적 시조 작가 다섯 사람을 들라.

4. 가사와 별곡의 관계를 말하라.

5. 근조 초기 문학의 특성을 말하라.

제2장 산문 정신의 맹아萌芽

1. 시대의 개관

【1】 신사조新思潮의 도입

임진 왜란壬辰倭亂과 병자 호란丙子胡亂이라는 두 차례에 걸친 외적의 침입으로 인하여, 우리 겨레는 일대 위기에 봉착하였다. 정치적으로, 경제적으로, 문화적으로 새로운 방향과 기운氣運을 촉구促求하는 시대의 요구는 강렬하였다. 이런 절박한 위기를 타개하는데 서쪽 대륙大陸으로부터 제세 구민濟世救民하는 새로운 서광이 비쳐 왔다. 이는 곧 유럽에서 일어난 새로운 체계體系인 근대 과학의 대두이다. 중국의 신흥 왕조인 청조淸朝에서 일어난 이른바, 실사구시實事求是의 학풍學風은 재빨리 우리 나라에 무난히 밀려 들어왔다.

모든 부문에서 새로운 방향을 찾고자 하는 시대의 요구는, 이 실사구시의 학풍을 적극적으로 받아 들였다. 종래의 관념적觀念的인 유교 정신을 냉철히 비판하는데에서 시작한 이 실학實學은, 우리의 문학계에도 새로운 방향을 제시提示하는데에 충분하였다. 즉 고전古典에 대한 반성은, 과거의 가집歌集을 편찬하게 하였고, 유럽 근대 문학의 가장 중요한 산물産物이었던 소설 문학의 발달이 그것이었다. 이에 중세기中世紀적인 운문 시대는 이미 지나가고, 근대적인 산문의 세계가 우리의 문단文壇을 휩쓸게 되었다. 서정의 상아탑象牙塔은 차차 허물어져 가고, 새로운 근대 과학의 정신은 정확하고 사실적寫實的인 산문으로, 그 찬란한 의상衣裳을 바꿔 입지 않으면 안되었다.

【2】 문학의 산문화散文化

그리고, 유럽에서 근대 정신이 서민 대중庶民大衆을 기반基盤으로 하여 일어났음과 같이, 우리 나라에 있어서도 근대적인 요소를 띤 새로운 문학 운동을 서민을 그 기반으로 하여 일어났고, 그 서민들의 생활 감정과 의식 형태意識形態를 기초로 하여 발전發展하는 원동력原動力을 얻게 되었다. 이를테면 춘향전春香傳, 심청전沈淸傳 흥보전興甫傳, 홍길동전洪吉童傳과 같은 소설들은 모두가 서민 대중들의 속에 깊이 뿌리를 박고 있었으며, 그 내용에 있어서도 유교적인 효제충신孝悌忠信을 그 기본적인 주제主題를 삼는데는 과거와 별 다름이 없으나, 그 결구結構나 수사修辭에 있어서는 완전히 서민적인 특성을 십분 발휘하고 있음을 본다. 그리고, 시가의 방면에서도 과거의 귀족적인 가사歌詞문학이 이 시기에 이르러서는 다분히 서민화되어 백발가白髮歌, 용부가庸夫歌 우부가愚婦歌 등과 같은 서민을 상대로 하는 가사가 제작되었고, 시조도 사설시조辭說時調라는 새로운 장르를 탄생ㅎ게 한 것도 보인다. 이렇게 가사나 시조의 새로운 세계의 개척은 항상 과거의 시가가 지니고 있던 주관적인 서정성抒情性을 부인하고, 시가에 객관적인 사실성寫實性의 도입導入을 꾀함으로써 시작된 것을 우리는 주목하지 않을 수 없게 된다.

【3】 이 시기의 문학의 특성

이와 같이, 근조 후반기의 문학은 한 마디로 말하면, 근대 문학의 생명인 산문성散文性으로서 그 특성을 규정짓지 않을 수 없게 된다. 그러나, 일시 대두한 이 근대적 요소는 일종의 풍토적風土的인 불모성不毛性으로 말미암아, 그 완전한 발전을 보지 못하고, 항상 근대에의 순응에 반발하는 반동성反動性에 제지制止되어 왔음을 본다. 따라서 이 시기의 문학은 과거의 문학을 반성 비판하는 역사적인 사명을 다하는 동시에, 갑오년 이후 새로 일어나는 신문학新文學에의 하나의 교량적橋樑的인 구실을 하는 것으로써 그 역사적인 사명을 다하였다는 정도로 그치고 말았다. 이러한 풍토적인 불모성은, 곧 우리 겨레의 역사적인 진전을 더디게 한, 후진성後進性을 노정露呈하였고, 따라서 우리 문학의 진전도 자연히 더디게 만들었으니, 훈민 정음의 창제 이후로 갑오甲午년까지의 500년 문학을 통털어 볼 때에, 그렇게 불모한 풍토 위에서 근대적인 산문 정신의 발흥은 특기할 사실이 아닐 수 없다 하겠다.

2. 산문 문학의 전개

【1】 설화문학의 발달

이 시기에 발달한 산문으로는, 전대의 유산을 이어 받아 설화說話, 전설傳說, 기행紀行, 잡문雜文 등이 제가끔 자리잡고 발전하였다. 설화說話로는 국초國初로부터 태평 한화太平閑話, 용재총화慵齋叢話 등의 명저名著가 있었거니와, 그 뒤에 야담野談, 시화詩話 기타 잡록雜錄에 많이 적혔으나 그 중에서도 촌담해이村談解頤, 어면순禦眠楯, 속어면순續禦眠楯, 명엽지해蓂葉志諧, 어수록禦睡錄, 파수록罷睡錄 등이 비록 잡스러운 이야길망정 보암직한 것이다.

설화문학의 작가로서는, 광해군光海君 때 유몽인柳夢寅과 숙종肅宗 때 홍만종洪萬宗이 가장 탁월한 작가였다. 유몽인은 어우야담於于野談을 지었고, 홍만종은 명엽지해를 지었는바, 그들은 그 창의를 더하여 풍자諷刺와 경유警喩가 많았다.

시화詩話로는 동인시화東人詩話, 동국시화東國詩話 등이 있으나 홍만종의 시화총림詩話叢林, 소화시평小華詩評이 가장 거작巨作이었다. 그러나, 이런 것들은 다 한시漢詩에 해당한 것이었고, 우리 말글은 말하지 않았다. 시조시화時調詩話나 추구시화推句詩話 같은 것이 약간 잡록雜錄등에 보일 뿐이다.

전설傳說도 각종各種 기록記錄 속에 적혀 있는바 세종 실록 지리지世宗實錄地理志 경상도 지리지慶尙道地理志, 동 속지리지同續地理志 동국여지승람東國輿地勝覽, 명산기名山記 등에 가장 많이 수록收錄되어 있다. 그리고 아직도 각처各處에서 구전口傳하는 것도 많이 있으니, 이런 문헌을 조사 정리하여 문학적 가치가 있는 것을 추려 내면 한 거대巨大한 전설집傳說集이 될 것으로 믿는다.

【2】 기행문

기행紀行은 박연암朴燕岩의 열하일기熱河日記와 같은 명문名文도 있으나,

우리 말글로 이만 못지 않은 무오연행록戊午燕行錄 6권이 있다. 이것은 정종正宗 22년에 서유문徐有聞이 서장관으로 중국에 갔다가 그 보고 듣고 느낀 바를 자상히 적은 것인데, 열하일기보다는 17년 뒤에 된 것이다.

> 무오 팔월 초구일 경ᄉᆞ의 샤은 겸 동지ᄉᆞ 셔장관을 슈망으로 낙점ᄒᆞ신지라, 이역의 멀리 ᄯᅥ나기를 당ᄒᆞ니,견마의 미셩이 지극 경셜ᄒᆞᆯ ᄲᅮᆫ 아니라, ᄯᅩᄒᆞᆫ 냥친이 년세 노프시고 ᄌᆞ당 병환이 ᄌᆞ즈시니,인ᄌᆞ의 ᄉᆞ경이 엇지 졀박지 아니리오마ᄂᆞᆫ, 강히 ᄉᆞᄉᆞᄅᆞᆯ 닐치 못ᄒᆞ믄 고인의 니ᄅᆞᆫ 배오, 왕ᄉᆞ미고ᄂᆞ 인신의 직분이라,ᄒᆞ믈며 연경은 텬ᄌᆞ의 도읍이니,문물이 비록 다ᄅᆞ나, 산쳔은 의구ᄒᆞ고,관이 비록 변ᄒᆞ여시나 인물은 고금이 업ᄂᆞ니,엇지 ᄒᆞᆫ 번 몸을 니ᄅᆞ혀, 텬하의 크믈 보지 아니며,내 나히 졀멋고 다힝이 태평무ᄉᆞ시ᄅᆞᆯ 당ᄒᆞ야 ᄒᆞᆫ 번 멀니 놀미 ᄯᅩᄒᆞᆫ 남ᄋᆞ의 쾌ᄉᆡ 아니리오.

이것은 무오 연행록 권지 1의 첫 절이다. 열하 일기를 잘 번역하였더라도 이렇게 수월하고 참할 수는 없을 것이다.

> 긔튝년 팔월의 낙을 ᄯᅥ나 구월 초싱의 함흥으로 오니, 다 니ᄅᆞ기ᄅᆞᆯ 일월출이 보암즉다 ᄒᆞᄃᆡ, 상게 오십니라 ᄒᆞ니, ᄆᆞᄋᆞᆷ의 듕난ᄒᆞᄃᆡ, 기싱들이 못내 칭찬ᄒᆞ여 거룩ᄒᆞ믈 일ᄏᆞᄅᆞ니, 내 ᄆᆞᄋᆞᆷ이 들셕여 원님긔 청ᄒᆞᆫᄃᆡ ᄉᆞ군이 ᄒᆞᄃᆡ 녀ᄌᆞ의 출입이 엇지 경이 ᄒᆞ리오 ᄒᆞ여, 뇌거불허ᄒᆞ니 ᄒᆞᆯ일 업셔 그쳣더니,신묘년의 ᄆᆞᄋᆞᆷ이 다시 들셕여 하 ᄀᆞᆫ졀이 청ᄒᆞ니 허락ᄒᆞ고,겸ᄒᆞ여 ᄉᆞ군이 동행ᄒᆞ야 팔월 이십일일 동명셔 나ᄂᆞᆫ 듕노손 한 명우의 집의가 자고 게서 ᄃᆞᆯ보ᄂᆞᆫ 귀경ᄃᆡ가 십오리라 ᄒᆞ기, 그리 가려ᄒᆞᆯᄉᆡ,그ᄭᅴ 츄위 지리ᄒᆞ야 길 ᄯᅥ나ᄂᆞᆫ 날ᄀᆞ디 구름이 ᄉᆞ면으로 운집ᄒᆞ고 ᄯᅡ히 즈러 ᄆᆞᆯ발이 ᄲᅡ지되, 임의 내현 ᄆᆞᄋᆞᆷ이라, 동명으로 가니, 그 날이 종시

청명티 아니ᄒᆞ니 새박의 죵이 드러와 임의 날이 됴화시니, 귀경ᄃᆡ로 오ᄅᆞ쟈 근청ᄒᆞ기, 쥭을 먹고 길히 오ᄅᆞ니 임의 먼동이 드더라. 빵교마와 죵과 기싱 ᄐᆞᆫ ᄆᆞᆯ을 밧비 채를 치니, 네 굽을 모화 쒸여 ᄃᆞᄅᆞ니, 안졉디 못ᄒᆞ야 십오리를 경각의 ᄒᆡᆼᄒᆞ야 귀경ᄃᆡ의 오ᄅᆞ니, ᄉᆞ면의 애운이 ᄶᅵ이고 ᄒᆡ 돗ᄂᆞᆫᄃᆡ 잠간 터져 겨우 보ᄂᆞᆫ돗 마ᄂᆞ돗 ᄒᆞ여, 인ᄒᆞ여 도라올ᄉᆡ 운젼 니ᄅᆞ니, 날이 쾌청ᄒᆞ니 그런 애ᄃᆞᆯ은 일이 업더라.

이것은 의유당 일기意幽堂日記 중의 동명 일기東溟日記의 첫 대문이다. 의유당은 연안 김씨延安金氏 김반金盤의 따님이요, 한산 이씨韓山李氏 이희찬李羲贊의 부인되는 이의 당호堂號이었다. 이 이는 친정과 시가媤家가 다 남행南行 집으로서 범절과 문한文翰이 도저하였다. 이 일기는 의유당 관북유람일기意幽堂關北遊覽日記라 하여 기행紀行, 전기傳記, 번역飜譯등을 합한 진기珍奇한 문집이었다.

잡문雜文에는 선조宣祖, 정종正宗, 익종翼宗의 어필御筆 등도 그러하려니와, 기타 규방閨房의 유명 무명의 작도 퍽 기묘한 것이 적지 않다. 혹은 규방과 기타의 서로 왕래하는 내간內簡에서, 부인네의 수기手記에서 가지가지 일품逸品들을 얻어 볼 수 있다.

3. 소설의 발달

【1】 전대前代의 소설

소설은 근대 문학의 왕자적王者的인 지위를 차지하고 있는 바, 그 어원語原을 소고溯考하여 보면, 우리 나라에서는 여조麗朝 이규보李奎報의 찬撰

이라는 백운소설白雲小說이 소설의 처음일 것이다. 그리고, 근조에는 어숙권魚叔權의 찬인 패관잡기稗官雜記에는 파한록破閑錄, 역옹패설櫟翁稗說, 양화소록養花小錄, 태평한화太平閑話, 용재총화慵齋叢話, 추강냉화秋江冷話, 제주풍토기濟州風土記 등을 소설이라 하였다.

【2】 설화문학과 소설문학

근조의 소설로서, 우리 말글로 된 것으로 조웅전趙雄戰, 정향전丁香傳이 일찍 저작되었다 하나 믿을 수 없고, 가장 믿을 수 있는 것은 허균許筠의 홍길동전洪吉童傳으로부터라 하겠다. 허균은 명문名門 문인文人인 허엽許曄의 아들로서, 경박하다는 평은 있으나, 탁월한 문인이었다. 홍길동전은 비록 수호전水滸傳을 의방하였다 할찌라도, 그것을 그대로 도습한 것이 아니라, 우리의 전래하는 그런 붙이의 설화-임거정 고사林巨正故事 같은데서 취재取材한 훌륭한 창작이었다.

춘향전春香傳, 심청전沈淸傳, 별주부전鱉主簿傳, 흥보전興甫傳 등은 우리 서민문학庶民文學의 고봉적高峰的 존재이다. 이들은 극가劇歌 또는 소설로 되어있다. 춘향전은 그중에도 가장 회자膾炙하는 것이며, 그 기원에 대하여는 여러 가지 설說이 있다. 그러나, 춘향전은 숙종肅宗 조 이후에 되었다고 봄이 옳을 것이고, 소설로서보다도 극가劇歌(-광대소리)로서 먼저 된 것이라 봄이 옳을 게다. 광대는 가면假面, 잡희雜戲, 기악器樂, 소리 등의 4종이 있는 바, 그 창조唱調가 발흥하기는 숙종 이후였다. 이로 좇아 춘향전을 비롯한 여나믄 모든 소설들이 차차 가극화하였고, 또 한 편으로는 산문散文 소설이 되기도 하였다. 그리고 이런 소설들은 멀리 옛 이야기에서 부연되어 지어진 것을 또한 알 수 있다. 이를테면 토별가는 귀토설龜兎

說에서, 흥부전은 방이旁㐌이야기에서, 심청전은 연권連權의 딸 이야기에서, 춘향전은 도미都彌의 아내 이야기에서, 장화 홍련전薔花紅蓮傳은 철산鐵山 배 좌수裵座首와 남산南山골 꼴생원 이야기에서 제각기 부연되어 소설화한 것이라 하겠다. 그리고, 심청전을 탈태奪胎한 적성의전翟成義傳을 번안한 김태자전金太子傳도 있다.

【3】 한문 소설

화사花史는 근조近朝 임제林悌의 저라 하여 사본寫本을 전하고 있으나, 실은 근조 남성중南聖重의 작이었다. 남성중은 기아箕雅를 찬한 남용익南龍翼의 서자庶子로서, 숙종肅宗 때 사람이다. 그리고, 순 한문으로 될 소설로는 국초의 매월당 김시습梅月堂金時習의 작인 금오신화金鰲新話가 있는 바, 이는 원밀元末의 전등신화剪燈新話를 의방하여 지은 것이었다. 또 연암燕岩의 별집別集 속의 마장馬駔, 예덕선생穢德先生, 민옹閔翁, 광문廣文, 양반兩班, 김신선金神仙, 우상虞裳 등이 있어, 패관기서稗官奇書라는 평을 받으러 널리 읽혀 왔다.

【4】 궁정 소설宮廷小說

근조의 궁정 소설宮廷小說로는 계축일기癸丑日記, 인현왕후전仁顯王后傳, 한중록恨中錄 등이 있다.

계축일기는 선조宣祖의 계비繼妃인 인목대비仁穆大妃의 소생 영창대군永昌大君을 역모逆謀로 죽이고, 그 궁인宮人 내관內官이며 친정의 아버지와 형제를 다 죽이고 대비大妃를 폐모廢母하여 서궁西宮(-明禮宮)에 가둔 일이 있었다. 대비는 다시 인조반정仁祖反正 후에 복위하였으니, 이 사실을 서궁 나인들이 서술한 것이 곧 이 계축일기(일명 서궁록-西宮錄)이다. 이는 과연 희귀稀貴한 사실寫實 소설로서, 근조 중엽의 가장 대표적인 담화체談話體 문장이었다.

인현왕후전仁顯王后傳은 숙종대왕과 그 계비繼妃 인현왕후와의 고사를 재료로 한 것이다. 현미賢美한 왕후의 성행性行과 용자容姿며, 숙종의 변덕과 장 희빈張禧嬪의 요사 간악妖邪奸惡한 모함을 남김 없이 그려낸 이 책은 한 권으로 되어 있으며, 문장도 내간체內簡體로서 간중簡重하고 전아典雅한 것이 도저하여 다른 책의 따르지 못할 명장이었다.

한중록恨中錄은 혜경궁惠慶宮 홍씨洪氏의 작이다. 그는 홍봉한洪鳳漢의 따님으로 태어나, 사도세자思悼世子의 빈嬪으로 빠였다. 친정 족속族屬에의 공적 사적 연루와, 국가 종사宗社에 관한 당쟁黨爭의, 복잡한 문제에 얽매어, 마치 칼날과 같은 그 위에 일생을 보낸 그는, 특히 정력과 재예를 타고나 그 민감한 감성은 행운유수行雲流水 같은 문장과, 주옥 같은 사법寫法으로 그 겪은 많은 파란과 곡절을 세세히 적어낸 것이다.

【5】 여항소설閭巷小說

여항소설閭巷小說에는 양반 소설兩班小說과 서민 소설庶民小說이 있다. 양반 소설로는 구운몽九雲夢, 남정기南征記, 장인걸전張人傑傳, 숙영낭자전淑英娘子傳, 요로원야화기要路院夜話記 등이 있고, 서민 소설로는 홍길동전洪吉童傳, 춘향전春香傳, 심청전沈淸傳, 별주부전鱉主簿傳, 흥보전興甫傳, 해서기문海西奇文, 녹처사연회鹿處士宴會 등이 있다. 이제 그 작가와 줄거리를 소개하면 다음과 같다.

구운몽九雲夢은 우리 어문학語文學을 가장 의식意識하던 서포西浦 김만중金萬重(-仁祖 15年 丁丑生, 肅宗8年, 壬申 卒, 3970~4025)의 저작이었다. 서포는 인조仁祖 15년 정축호란丁丑胡亂 때 강화도江華島에서 절사節死한 김익겸金益謙의 유복자遺腹子로서, 그 어머니에게 글도 배웠으며, 그 어머니가 소설을 좋아하는 지라, 그를 위로하기 위하여 이 소설을 지어 드렸다 한다.

> 이 소설은 형산衡山 연화도장蓮花道場의 육관대사六觀大師의 제자 성진性眞이가 대사大師의 명命을 받아 용궁龍宮에 갔다 오는 도중에서, 팔선녀八仙女를 만나 희롱한 죄로, 다시 인간에 환생幻生하여 출장입상出將入相하여 팔첩八妾을 두고 갖은 향락을 다하다가 산종일성山鍾日聲에 깨고 보니, 한바탕 꿈이더라는 것이었다.

그런데, 이 소설은 뒤에 서포의 종손從孫 김춘택金春澤이 이것을 첨삭윤색添削潤色하여 한문으로 번역한 후로는, 그 원문原文보다도 이 역본譯本이 성행하였고, 이 역본을 다시 우리 말 글로 번역한 것이 많이 유포流布되었다. 그리고, 이것을 번안飜案한 이른바 "몽자류夢字類" 소설도 많이 유행流行하였으니, 회헌晦軒 이정작李庭綽은 옥린몽玉麟夢 15권을 지었고, 남영로南永魯(号 潭樵初居水原, 或云 居龍琵琶潭邊)는 옥루몽玉樓夢을 지었다.

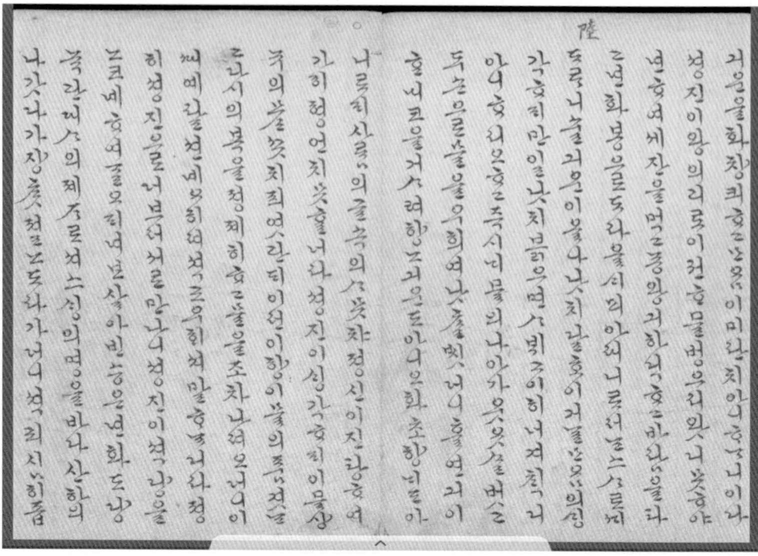

九雲夢 卷第一의 한 부분[12]

남정기南征記, 謝氏南征記는 전 1책으로 된 것인 바, 요첩妖妾이 주부主婦를 무함誣陷하여 축출逐出하고, 그 집이 망해 가는 경과를 밝힌 작품이다. 이도 서포의 작품으로서, 숙종肅宗이 한때 희빈 장씨嬉嬪 張氏에 혼탁하여 그 계비繼妃 인현왕후仁顯王后를 폐비廢妃하여 안국동安國洞 본겻에 가두었을 때,이 소설을 지어 바쳐 숙종을 개오改悟ㅎ게 하고자 함이었다. 이것 역시 그의 종손 김 춘택이 한문으로 번역하여 널리 사대부 사이에서도 읽히게 되었다.

장인걸전張人傑傳은 상하 두 책으로 되었는데, 작자는 미상未詳하다.

장인걸張人傑은 고려 말엽高麗末葉의 한 무관으로서 불우不遇한 한동안

12 원문에는 '九雲夢 卷第一의 한 부분'이라는 설명과 함께 본문 그림이 있다.

화류花柳에 침혹沈惑하여 가산家産을 다 없애고, 자살自殺을 꾀하다가, 그도 못하고 변괴로 폐읍이 되던 영남 인주 목사를 자원自願하여 가서, 강남江南 연쇠의 신책神策을 얻어, 그 작희作戱하던 요호妖狐 세 마리 중, 그 한 마리를 죽이고, 들어와 정승政丞이 되었다가, 그 요호 한 마리가 여진국女眞國 장군이 되어 반란을 일으키매, 장 인걸이 가서 그를 평정平定하였다. 이러매 장인걸의 명성名聲이 천하에 진동하는지라, 그 때 그 요호 한 마리는 중국 황제皇帝의 계후繼后가 되어 극한 총애寵愛를 받고, 장 인걸을 불러들여 장차 죽이려 하였다. 장 인걸은 강남 연쇠의 꾀로 봉래산蓬萊山 신선神仙의 매 한 마리를 얻어 가지고 가서, 그 요호 왕후를 죽이고 도리어 황제께 득총得寵하여 고관高官이 되고, 그 남방南方의 흉년凶年으로 인하여 민란民亂이 크게 일어나매, 장 인걸이 가서 토평討平하고 강남 연쇠의 처자妻子를 찾아 그 연쇠를 전하고, 치사致仕하여 본국으로 돌아와 처자들과 안락하게 지내다가, 마침내 봉래산 신선이 되어 돌아갔다.

그 문장의 부드럽고 구수한 맛과 곰살갑게 쓴 것도 좋으려니와, 중국의 신마 소설神魔小說인 봉신전封神傳의 호정狐精과 비슷한 기이奇異한 제재題材로써 오히려 우리 민족民族의 자존적 의식自尊的意識을 강조 양양强調昂楊한 것은 국문학의 진수眞髓를 발휘하고 남음이 있는 것이라 하겠다.

숙영낭자전淑英娘子傳은 한 신화神話 소설이다.

세종世宗 때 백 상곤이란 이가, 그 부인 정鄭씨와 명산대찰名山大刹에 가 기도한 후, 선군이란 아들을 두었다. 선군은 한 적선謫仙으로 한 선녀仙女와 기연奇緣을 맺아 부부가 되어 자녀 남매男妹를 두었다. 지나치게 금슬琴瑟이 좋은 선군은 아버지와 아내의 권에 못 이겨 겨우 서울로 과거

科擧 보러 가는 길을 떠났다. 그러나, 그 부인을 잊지 못하여 밤을 타서 두 번이나 달려 와 그 아내를 만나고 갔다. 그 때 마침 그 아버지가 야순夜巡을 하다가 며느리 방으로 들어가는 검은 그림자를 발견하고 간부間夫로 짐작하였다. 그 시비侍婢 매월을 부르매, 매월은 일찌기 선군과 깊은 관계를 맺고 있던 터이되, 선랑仙娘과 동거한 후로는 소대疎對를 당하매 원한怨恨이 있는지라, 이를 간부間夫로 무고誣告하였다. 그 아버지는 며느리를 뜰 아래 내려 형문刑問을 극히 하였으나, 끝끝내 불복不服하였고, 드디어 칼로 가슴을 찔러 자살하고 말았다. 그 시체屍體는 썩지도 않고 움직이지도 않았다. 한편 선군은 서울에서 대과 급제大科 及第를 하여 귀향하였다. 아버지는 걱정이 태산같아 근처의 임진사의 규수閨秀를 청혼請婚하여 응락을 받았다. 그러나, 선군은 돌아오자 그 아내의 가슴에 꽂힌 칼을 빼니, 그 구멍에서 청조靑鳥가 나와 날며 "매월, 매월"하고 외쳤다. 이에 매월을 문초하여 그 일을 밝히고, 아내는 환생還生하였다. 아내의 권으로 임진사의 규수와도 결혼을 하여 슬하에 자녀를 많이 두고, 부귀를 누리다가 천사天使의 부름을 받아 내외 세 사람은 다시 천상으로 돌아갔다.

요로원 야화기要路院夜話記는 박두세朴斗世(孝宗 五年 生, 肅宗 八年 壬戌 增廣甲科 及第, 忠清道 大興郡 居住)의 작품이다. 숙종 4년(4011)에 그가 과거科擧 보러 서울에 왔다가 가는 길에 소사素沙를 지나 요로원要路院에 이르러, 어느 주막酒幕에서 서울 양반을 만나 스스로 향암鄕闇인 척하고, 양반, 경향풍속京鄕風俗, 작시 경기作詩競技, 사색 편론四色偏論, 학문 수양學問修養 등을 기롱譏弄으로써 문답하고 한 밤을 새워, 서로 작별할 때에 "소매를 서로 잡고 길을 나눠 떠날 제 저도 내 성명을 모르고, 나도 제 성명을 모르니라"하였으며, 얼마큼 혁신革新한 사상으로써 그 때 국가, 사회의 제도와 정책을 날카롭게 풍유 풍자諷諭諷刺한 우리 고대의 단편短篇의 한 전형이었다.

춘향전春香傳의 작자作者는 오늘날 알 길이 없고, 그에 선행하는 몇 가지 기원 설화起源說話가 전해 오는 중에 어느 문사文士가 이를 보고 소설화하였을 것이다. 그런 것들은 모두가 도청 도설道聽塗說에 불과하고 믿을 만한 것은 못된다. 숙종肅宗이후 판소리의 발생을 보게 된 후에, 판소리로 등장한 이 춘향전은 후에 소설로써 산문화散文化한 것도 상당히 있다. 4249년 신문관新文館 발행인 고본 춘향전古本春香傳은 극가劇歌와 소설小說을 혼합混合한 것이었고, 서울 한남서림翰南書林 장판藏板인 춘향전 권지단春香傳卷之單은 산문으로 된 소설이라 하겠다. 그리고, 전주판全州板 열녀춘향 수절가烈女春香守節歌와 신오위장 재효申五衛將在孝의 동창 춘향가童唱春香歌, 남창춘향가男唱春香歌, 이 선유李善有의 오가전집五歌全集 중의 춘향진 들온 다 극가劇歌로서 운어체韻語體로 되어 있다.

심청전沈清傳도 소설로는 한남 서림 장판의 심청전 권지단이 있고, 별주부전鱉主簿傳, 흥보전興甫傳은 소설로 된 것은 적고, 거의 다 극가劇歌로 되어 있다.

해서 기문海西奇聞은 한 골계滑稽 소설로서 부담浮談이란 책에 실려 있다. 우리의 방귀 문학으로는 민요 설화에도 약간 있으나, 이처럼 거대巨大한 작作은 없었다. 말하자면,

> 황해도黃海道 봉산鳳山 땅에 방 약정의 딸이 생겨나며, 두 볼기가 크게 남다르더니, 십 사 세 봄에 메에 나물 캐러 나갔다가 방귀를 뀌어 까토리 두 마리를 잡아 왔다. 그 부모는 의심하고 힐문詰問하매 그 부모 앞에서 방귀를 뀌어 변명辨明하였다. 그 뒤 배풍헌 아들에게로 시집가서 또 방귀

를 뀌다가 쫓겨났다. 친정으로 오는 길에 원님의 약으로 쓸, 배梨를 방귀로써 따 주고 무명 한 통을 상받아서 다시 시가로 돌아가서 생남생녀生男生女하고 귀염을 받다가, 또 방귀로 유명한 풍초관과 겨름을 하여 더욱 이름이 높았다 함이었다.

녹처사 연회鹿處士宴會는,

녹 처사鹿處士 생일에 모든 짐승들을 다 청하였으되, 산군山君, 호랑이은 아니 청하였다. 그러고는 모든 짐승들이 다 모여 질탕히 노던 바, 토 선생兎先生과 구미호九尾狐의 문답問答－문벌門閥자랑이 있었고, 장 선생獐先生의 호담豪談이 있었다. 그런데, 그 인근隣近에 살던 두꺼비, 개구리, 너구리들은 자기들을 아니 청했다는 것으로서, 녹처사 연회를 무함誣陷하여 산군께 소지所志를 정呈하였다. 녹 처사鹿處士는 잡혀가 잘 변명하여 도리어 관대를 받고 돌아왔다.

이는 우언 소설寓言小說이다. 수시隨時 응변應變을 말함이었다.

4. 서민 문학의 대두擡頭

【1】 국문학에 반영된 신사조新思潮

근조近朝는 국초國初 적부터 사대 정책事大政策으로서 명明에 교친交親하고, 상문尙文 억무抑武하여 그 기업基業을 안정한 바, 세조世祖의 찬역簒逆과 연산燕山의 탕란蕩亂과 사화士禍는 있으나, 대체로는 편안히 지내다가, 선조宣祖 때 왜란倭亂을 단하여 7년 동안 인명, 재산을 막대히 손실損失하고,

이어 광해光海의 난정亂政과 인조仁祖의 괄란适亂, 호란胡亂을 당하매 국력이 퍽 간핍艱乏하였다. 그 뒤 한 50년 뒤인 숙종肅宗 때에야 겨우 회복恢復하게 되었다.

그러나, 사화士禍는 사색 당쟁四色黨爭으로 변하여 숙종 때에는 더욱 심각深刻하여지고, 적서嫡庶, 양반兩班의 차별差別은 더욱 심하여 미천微賤한 서민庶民들은 관리官吏, 양반의 어육魚肉이 되어 있었다. 그럴수록 서민들은 그들을 미워하였고, 불평 불만은 쌓여 민란民亂을 일으키고 암살을 자주 하게 되었다.

그러한 역사적인 배경 속에서 중국에서 들어온 새로운 사조, 실사구시實事求是의 학풍學風은 이러한 서민층을 발판으로 줄기찬 힘을 뻗기 시작하였다. 그러매, 문학도 자연히 새로운 방향을 개척하기 시작하였으니, 저 허균許筠의 홍길동전洪吉童傳은 실로 그런 문학의 효시嚆矢로 볼 수 있을 것이다. 이런 서민문학庶民文學의 목록目錄으로 우리는 잡가雜歌의 발생, 가사歌詞의 변질變質, 시조의 발전-사설시조辭說時調의 발생, 소설의 발흥勃興 등을 들 수 있겠으나, 이 서민 문학의 백미白眉로 극가劇歌 즉 "판소리 문학"을 들지 않을 수 없을 것이다. 이 극가劇歌는 그 때 천대賤待를 받던 광대廣大, 기생妓生의 작이요, 창唱이었다. 기생, 광대에는, 의협義俠 호방豪放한 천재적天才的인 예술가藝術家가 많았다.

【2】 광대廣大와 극가劇歌

광대는 팔도八道에 다 있어, 숙종肅宗 26년 이후로는 칙행勅行이 있을 때에는, 좌우산거행左右山擧行을 하였으며, 순조純祖 때에는 송흥록宋興錄, 염계달廉啓達, 고수관高秀寬, 하은담河殷潭 등 명창名唱이 배출輩出하여, 장끼

타령, 변卞강쇠타령, 무숙武淑이타령, 심청전沈淸傳, 흥보전興甫傳, 토별가兎鼈歌, 춘향가春香歌, 적벽가赤壁歌, 강릉매화전江陵梅花傳, 숙영 랑자전淑英娘子傳, 옹고집壅固執타령 등 열 두十二마당을 불렀다 한다. 그 중 유명한 춘향가春香歌는 백 수십百數十여년 전의 전주全州 판본板木 사십 장四十張쯤 되는 춘향가가 가장 그 원본原本에 가까운 것인가 하고, 보다 더 오랜 것은 영조英祖 30년 갑술甲戌(-4087)에 만화당晩華堂 유진한柳振漢의 저작인 칠언七言 이백 귀二百句 춘향가가 있다. 그는 그 전 해에 호남湖南으로 역유歷遊할 때에 남원南原에도 가보고, 광대가 부르는 것을 듣고 돌아가 그것을 한시漢詩로 지었던 것이다. 그 내용의 경개梗概는 지금 전하는 다른 춘향가와도 다른 것이었다. 이런 것을 보더라도 숙종肅宗 이후 이런 노래가 성행하였던 것임을 넉넉히 짐작하겠다.

춘향가도 수십여종數十餘種의 이본異本이 있고, 심청전沈淸傳, 흥보전興甫傳, 토별가兎鱉歌 등도 이본異本이 꽤 많은 바, 특히 서민 문학庶民文學으로 집대성集大成한 것으로는 고창高敞 신오위장申五衛將의 본집本集이다.

【3】 신오위장申五衛將의 극가 문학

신오위장은 신재효申在孝, 자字는 백원百源, 호號는 동리桐里, 순조純祖 12년4195에 나서, 고종高宗 31년(4217)에 졸卒하였다. 본本은 평산平山이었으나, 그 문벌門閥은 혁혁赫赫하지는 못하였다. 그 선대先代는 경기도京畿道 고양高陽, 또는 서울에서 살아 왔다. 그 아버지 신광흡申光洽이 무슨 사정으로 인하여 전북全北 무장茂長으로 낙향을 하여 고창高敞 읍내로 옮아 왔을 때에 그는 스무 살에 가까웠다. 그 때에 숭상하던 충忠, 효孝, 열烈이나 한시문漢詩文같은것 보다, 당시에 몹시 천대 멸시하던 광대와, 극가와, 우리 말글과를 홀로 사랑하고 키우고자 일생의 정력을 바쳤다는 사실이다. 실로 신오위장은 우리 민족성을 크게 발휘하여 극가 문학劇歌文學을 집대성한 거장巨匠이었다.

그는 그의 타고난 총예聰睿로써 열심히 공정工程을 쌓아 가장 우리 음률音律에 정통하였다. 그가 서울 있을 때에, 그 때 번성하던 구후감九猴監에 관련關連을 맺었는가 하며, 우리 음률 가운데에서도 광대廣大 소리를 특히 잘 알아, 그의 밑에서 우수한 광대와 기생들을 많이 길러 내었으며, 종래從來의 되는 대로 불려오던 광대소리를 여섯 마당, 즉 춘향가, 심청가, 박타령, 가루지기 타령, 토끼 타령, 적벽가赤壁歌와 같은 절차로 하고, 그 대문과 어구語句도 실정, 실감에 맞게 고치어 그의 독특한 창의創意를 보이었다. 과연 사대가 아닌, 그의 자주적 사상은 역대로 잠류潛流하여 오던 우리 민족성을 대표하였다 할 수 있겠고, 따라서 우리 민족 문학을 수립하는데, 창시적創始的 공적을 남긴 거장巨匠이라 하겠다.

그 본집本集 6책에는 동창童唱, 여창女唱 춘향가, 남창 춘향가, 심 청가, 적벽가, 횡부가橫負歌, 토별가兎鱉歌, 박 타령, 치산가治産歌, 오섬가烏蟾歌, 성조가成造歌, 호남가湖南歌, 갈처사십보가葛處士十步歌, 추풍별곡秋風別曲, 도리화가桃李花歌, 어부사漁父詞, 광대가廣大歌, 단잡가短雜歌, 방아타령, 권유가勸遊歌, 명당축원明堂祝願 등이 있다. 이들은 그 중에 혹은 종래의 사설을 개작改作한 것도 있고, 성조가, 광대가, 도리화가, 오섬가, 허두가들은 그의 끔찍한 창작이었다. 명백한 사리며, 화려華麗한 수사修辭는 더할 나위 없는 신묘神妙한 필치였으니, 그의 본집 6책은 과연 우리 서민 문학庶民文學의 가장 높은 보전寶典으로서 그 빛나는 가치가 길이 빛날 것이다.

5. 번역 사업飜譯事業과 국어학

【1】 불경佛經의 번역

한글을 창제한 후 번역 서류도 퍽 많았다. 세조世祖 7년에는 간경도감刊經都監을 설치設置하여 불경佛經의 요서要書를 번역 간행刊行하였다. 금강경삼가해金剛經三家解 및 남명집南明集의 끝에 한 계희韓啓禧가 쓴 발문跋文(-成宗 十三年-3815)에 의하면, 불경 중 가장 중요한 금강경 삼가해, 남명집, 석보釋譜, 능엄경愣嚴經, 법화경法華經, 육조해금강경六祖解金剛經, 원각경圓覺經, 심경心經, 영가집永嘉集 등을 간판刊板 또는 인시印施하는데, 그 중 금강경삼가해와 남명집은 세종世宗의 유촉遺囑을 존숭하여 초초히 할 수 없으므로 문종文宗, 세조世祖를 거쳐 성종成宗 13년에 이르러서야 대왕대비大王大妃 즉, 정희대비貞熹大妃(-世祖妃 尹氏)의 명으로 학조學祖가 다시 교열校閱하여 금강삼가金剛三家는 300본, 남명집은 500본을 인출印出하여 여러 절에 널리 나누었다고 하였다. 금강경삼가해는 5원 5책인데, 야부冶父의 송頌은 한 철학적인 시詩이었다. 남명집은 세종世宗께서 친히 30여 수를 번역하신 바 이것은 상上, 하下 2책이다.

【2】 문학 서적의 번역

그 후로 불서佛書, 유서儒書 등을 많이 번역한 바, 이상 야부송冶父頌과 남명집은 귀중한 번역 문학이다. 성종에 이르러 성종이 유학 문인儒學文人을 좋아하여, 그 12년(3914) 12월에는 유윤겸柳允謙, 조위曺偉 등을 시켜 분류 두공부시分類杜工部詩 25권을 인시印施ㅎ게 한것도 또한 야부송, 남명을 번역하던 그 한 유교遺敎이었다. 유윤겸은 세종 때 제유諸儒를 명命하여 두시杜詩를 선주選註할 때에도 백의白衣로써 득참得參한 일이 있었다. 유윤겸이 두언杜諺을 다하여 강희안姜希顔의 글씨인 을해자乙亥字로써 초간初刊을 하였더니, 151년이 지난 인조仁祖 10년에 이르러, 천파天坡 오숙吳䎘이 영남嶺南으로 안절按節가서 그 일본一本을 얻어 선사繕寫 교정校正하여, 열읍列邑에 분간分刊ㅎ게 하고, 대구 부사大丘 府使 김상복金尙宓이 그 일을 주로 힘썼다. 이 중간본重刊本은 열읍에서 한만큼 각법刻法, 자체字體가 다르고, 그 후 완결刓缺된 것은 보각補刻도 하였으나, 선사繕寫 교정校正하였다 함과 같이, 그 전 것을 인조 때 말로 고치기도 하였다.

성종 14년 7월에 연주시격聯珠詩格, 황산곡 시집黃山谷詩集도 번역하였다 하나, 그것은 오늘날 얻어 볼 수 없고, 명종明宗 때 하서河西 김인후金麟厚가 백련 초해百聯抄解를 하여 그 자필自筆로써 새긴 판본板本이 장성長城 필암 서원筆岩書院에 소장所藏하였다 하는데, 이 백련 초해는 고대 명시古代名詩의 연구聯句를 백 수百首 뽑아 번역한 것이다.

그리고, 번역 문학의 풍부한 보고寶庫로써 하나 더 들지 않을 수 없는 것은 규범류閨範類에 속하는 것들이다. 이들은 주로 사본寫本으로 전하는 것인 바, 이를테면 공작행孔雀行, 장한가長恨歌, 귀거래사歸去來辭, 임고대臨高臺, 등악양루登岳陽樓, 공자행公子行, 추야장秋夜長, 추성부秋聲賦, 파주문월把酒問月, 취옹정기醉翁亭記, 굴원 어부사屈原漁父辭 등이 그것이다.

또 소설小說로는 중국의 삼국지三國志, 수호지水滸志, 서유기西遊記, 서상기西廂記를 비롯하여 수십여 종의 작품들이 번역되어 널리 읽혔다. 고종황제高宗皇帝 21년을 전후하여 문사文士 이종태李鍾泰라는 이가 황제의 명을 받아, 문사 수십 명을 집에 두고 오랫동안 중국 소설을 번역한 것이 근 백종이나 되었고, 창덕궁昌德宮 안에 있는 낙선재樂善齋에는 한글 서적書籍

이 4,000여책이 있는바, 그 중에는 번역 소설이 대부분이고, 더러는 국문학의 귀중본貴重本도 끼어 있었다.

【3】 유경儒經의 번역

유경儒經은 신라 설총薛聰의 번역이 그 뒤에도 전하였던 바 근조近朝에 이르러서는 세종世宗 때 김문金文, 김구金鉤로 하여금 사서四書를 번역하게 하였고, 세조世祖 때에는 재추宰樞를 명하여 사서 오경四書五經의 구결口訣을 정하였고, 또 중종中宗 때에는 김전金銓, 김정국金正國, 조광조趙光祖 등을 명하여 번역 소학飜譯小學을 한 것은 가장 명역名譯이었고, 그간 유숭조柳崇祖는 칠서(七書-周易, 書傳, 孟子, 中庸, 大學) 언해諺解를 하였다 하고, 그 밖에 삼강 행실三綱行實, 이륜 행실二倫行實 등의 번역이 있었다. 선조宣祖 17년에는 교정청校正廳을 두어서 문학지사文學之士를 모아서 이율곡李栗谷의 토석吐釋 등을 참작하여 경서 언해를 한 것이 있으나, 우리 말로는 잘 옮겨지지 못하였다.

【4】 근조 초기의 국어 학자

이상 보아온 바와 같이 근조 초기近朝初期에 훈민정음이 반포된 후로 불경과 문한서류가 번역되는 틈을 타서 우리의 국어는 비로소 그 담길 그릇을 얻어 문자상으로 정착定着하는 기회를 얻게 되었다. 훈민정음 창제에 직접 관련하여 그 주동적主動的 구실을 맡아 본 신숙주申叔舟는 신라新羅의 설총薛聰 이후, 국어학國語學의 중흥지조中興之祖라 할 만한 사종師宗이었다. 동국정운東國正韻, 사성통고四聲通攷, 홍무정운통고洪武正韻通攷 등은 실로 그의 국어 학자로서의 심혈心血을 기울인 역작力作이었고, 그의 학자적 면모를 보여 주는 좋은 자료라 하겠으나, 오늘날 이곳 저곳의 문헌에 그 낙질落帙만이 남았을 뿐, 그 완본完本을 보지 못함은 유감된 일이다. 그러고 중종中宗 때의 사람 최세진崔世珍은 훈민정음이 반포되어 실용적인 단계에 들었을 때에, 그것을 실용하는데에서 느낀 여러 가지 문제를 연구하여 훈몽자회訓蒙字會와 사성통해四聲通解를 써서 국어학을 더욱 발전시키는데 큰 업적을 남겨 주었다.

【5】 근조 후기의 국어 학자

근조 후반기後半期의 국어 학자로는 숙종肅宗 때 사람 박성원朴性源이 있어, 그의 화동정음통석운고華東正音通釋韻考가 있고, 영조英祖 때 사람 신경주申景濬의 훈민정음운해訓民正音韻解, 홍계희洪啓禧의 삼운성휘三韻聲彙, 홍양호洪良浩의 경세정운도설經世正韻圖說 등도 같은 시대의 저서들로서 국어학이 실사구시實事求是의 학풍學風을 받아 들여 더욱 진전된 것을 알 수 있다. 이런 실학의 영향을 입어 크게 발전을 보게 된 국어학은 순조純祖 때 사람 유희柳僖의 언문지諺文志에 와서 총결산總決算을 한 셈이 된다 하겠다. 특히 그의 국어 음운國語音韻에 관한 연구는 전인前人이 아직 밟지 않은 새로운 경지를 개척開拓한 공적을 특기特記하지 않을 수 없다.

고종高宗 31년(4117)에 새로운 문화운동인 갑오경장甲午更張이 선포되자, 이러한 국어학의 거장巨匠들의 뒤를 이어, 건양建陽 2년(4230)에는 우리 나라에 최초로 보는 문법서文法書인 이봉운의 국문정리가 나왔고, 이어 광무光武 9년(4238)에는 지석영池錫永이 신정국문新訂國文을, 융희隆熙2년(4241)에는 최광옥崔光玉이 대한 문전大韓文典을 내었고, 그 이듬 해인 융희 3년(4242)에 유길준兪吉濬이 또한 대한 문전大韓文典을 내었으며, 다시 그 이듬 해인 융희 4년(4243)에는 우리 나라 현대 문법학의 조종으로 추앙되는 주시경周時經 선생이 국어 문법을 발간하여 우리 문법의 기초를 닦게 되었다.

[연습문제]

1. 근조 후기 문학의 특성을 말하라
2. 소설 문학의 두 갈래 경향을 말하라.
3. 극가 문학에 대하여 말하라.
4. 번역 문학과 국어학의 관계를 말하라.
5. 유명한 국어 학자 세 사람을 들고 그의 공적을 말하라.

제3편 현대편現代篇

제1장 현대 문학의 시대 배경

1. 시대 배경

갑신甲申, 4217년과 갑오甲午, 4227년의 두 차례에 걸쳐 일어난 개혁 사건改革事件은 우리 나라에 정치면만 아니라, 문화면에 있어서도 커다란 분수령分水嶺이 되었다. 돌아보건대, 두 개혁 사건은 작은 규모의 프랑스 혁명과도 비슷한 것이었다. 프랑스 혁명처럼 완전한 효과는 내지 못했다 하더라도, 하여간 우리 나라는 이것으로써 하나의 근대적인 혁신 운동을 치루고 난 셈이다. 그리하여 우리 나라에는 비로소 봉건封建적인 낡은 제도에 대하여 공공연하게 선전 포고가 내리게 되었다. 이 포고는 지난 날에 세도를 마음대로 부리던 양반兩班과 그에 따르는 사회 제도와, 귀천貴賤을 엄청나게 가리던 직업과, 양반, 상놈常漢의 차별이 극심한 낡은 사상을 깨끗이 청산하는 뜻의 것이었다.

이 개혁 사건에서 무엇이 시작되었나? 안으로는 낡아빠진 봉건성이 물러나고 밖으로는 선진 외국의 근대 문명을 받아들이기 위하여 닫혔던 문이 활짝 열어진 일이다. 그리하여 이제까지도 굳게 닫히어졌던 쇄국주의鎖國主義의 문호門戶는 개방되었으며, 유럽으로부터 근대 문명의 물결이 힘차게 흘러 들어오기 시작하였던 것이다.

이 때까지도 새 시대가 오는 것을 좋아하지 않는 보수파保守派는 어디까지나 역사의 새 길을 막아 버리려고 완강하게 버티고 있었으나, 이와 반대로 젊은 청년들은 전체적으로 새 시대에 발맞추어 앞으로 나가고 있었다. 그리하여 19세기 말에 이르러 우리 나라에는 근대적인 운동이, 성난 파도와도 같이 퍼져 나가 하나의 장관壯觀을 이루었으니, 우리 앞에는 이른바 개화 운동 시대가 등장하였던 것이다.

개화 시대…… 이는 우리 나라 맨 초기 근대 운동의 모습이다. 말할 것도 없이 그것은 정치, 문화, 생활 전반에 걸쳐서 전개된 커다란 신문명 운동의 역사를 의미하는 것이다. 정치도 새 정치, 생활도 새 생활, 문화도 새 문화, 이와 같은 커다란 시대를 배경하고 우리 신문학 운동은 시작된 것이다.

이것을 좀더 구체적으로 말하면 4238<1905>년을 전후한, 즉, 20세기 초기를 잡아 들면서 태동胎動하기 시작하였는데, 그 신문학은 맨처음 신소설新小說이란 이름으로 등장을 보게 되었다.

2. "신소설"이라는 것

【1】 과도기의 형태

신소설의 대표작의 하나며 그 맨 처음 작품인 이인직李人稙의 "혈의 누(血의 淚)"가 당시의 "만세보萬歲報"에 연재連載된 것이 4239<1906>년이기 때문에, 우리는 현대 문학의 첫 출발을 그 해로 본다.

그러면 신소설이란 어떤 문학이냐? 그것은 하나의 과도기의 문학 형태인 것이다. 신소설은 새로운 문학으로서의 여러 가지 요소를 가지고 있었지만, 그와 반대로 과거의 낡은 문학으로서의 요소도 많이 가지고 있었다. 이것은 중간기에 위치한 문학 형편으로서는 어찌할 수 없는 일이었다. 이제 그 구체적 내용과 특징을 살펴보기로 하자.

첫째로 신소설의 주제主題인데 그것이 어딘지 고대 소설의 그것과 공통된 점을 볼 수 있는 것이다. 고대 소설이라면 대개가 권선징악勸善懲惡의 소설이다. 이것은 유독唯獨 우리 나라 고대 소설에서만이 아니고, 외국의 모든 고대 소설도 다 그런 종류의 것들인데, 그 낡은 소설의 형태를 신소설이 그대로 도습蹈襲한 것이다.

예를 들면 이인직의 "치악산雉岳山" 같은 것도 계몽 소설의 하나로서, 악을 대표하는 어붓어미는 끝에 가서 마침내 망하고, 선을 대표하는 아들과 며느리는 승리를 하는 이야기이다. 이런 점에서 보면, 신소설은 고대 소설의 한 연장으로 보여지는 것이다.

한편 신소설은 새로운 문학으로서의 특징도 가지고 있었으니, 우선 작품을 쓴 문장이 그러하였다. 이를 고대 소설과 비교해 보면 고대 소설의 문장은 같은 한글로 썼다 하더라도 다음과 같은 것,

> 좌우 풍경을 살펴 보니, 산은 첩첩 천봉이요, 물은 잔잔 벽계로구나. 기암 층층 절벽간에 백장 폭포 떨어진다. 장송은 울울하고 벽도화는 난만한데 꿈속에 잠든 학이 자취 소래에 훨쩍 날고 시내 가에 노는 백구 세우 중에 한가하다.……("춘향전"에서)

이처럼 한문투의 문장인 동시에, 거의 전부가 34조나 44조와 같은 운문체韻文體였다. 그에 비해서 신소설의 문장은 물론 한글로 썼으며, 당시 사람이 일상 쓰는 말과 같은 것, 곧 어문일치語文一致의 문장을 사용한

것이 그 특색이다.

그 외에도 신소설은 새로운 특징을 가지고 있었다. 가령 취재取才에 있어서도 현대의 사건, 인물의 모습 또는 성격을 다루었다는 점, 그리고 그 주인공들의 대부분이 젊은 청소년인데, 그들은 외국의 새 문명에 대하여 높은 이상과 열정을 가진 새 시대의 인물들이었다는 점이다. 먼저 말한 "치악산"의 젊은 주인공 홍백돌이나, 같은 작가의 "설중매雪中梅"에 나오는 주인공 이태준이나, "은세계銀世界"에 나오는 주인공들이나 최찬식崔瓚植의 소설 "추월색秋月色"의 여자 주인공 매선이와 같은 인물들이 모두 위에서 든 새 시대의 사람을 대변하여 나섰다.

그러니까, 당시 신소설을 쓴 작가들은 새 시대의 문학을 처음으로 시험해 본 이들이지마는, 그것이 워낙 첫 시험이었으니만큼 완전히 낡은 형태를 극복克服하지 못하고, 신구 절충식折衷式 문학이 되어버리고 말았다. 여기에 신소설이 지닌 바 과도기적인 문학의 의의가 있는 것이다.

【2】 신소설은 계몽 문학이다.

신소설은 성질로 보아서 하나의 계몽 문학으로 본다. 거기에는 첫째로 시대적인 의의가 포함되어 있는데, 신소설이 나오게 된 개화기開化期는 곧 우리 나라 역사가 밝아 오는 새벽을 의미하는 것으로서, 신문학은 이때에 신 세력과 손을 잡고 발걸음을 맞추어 나오게 되었다. 말하자면, 신소설은 문학적인 면에 있어서, 계몽 시대의 과정을 담당한 것이다. 이것은 시대적으로 보아 개화기란 봉건 시대에 대한 근대와, 낡은 것에 대한 새 것의 대립으로서, 낡은 인습과 제도의 타파와, 새 교육과 계몽이 당면한 과제였음은 필연한 사실이다.

이에 새로운 교육 기관, 곧 학교가 설립되고, 신문이 발간되고, 웅변이 유행되었었다. 이와 같은 모든 사회적 현상은 계몽기의 표시였던만큼 신소설은 거기 발맞추어 낡은 것을 비판하고, 새 것을 선전하는 사명을 띠고 나섰다. 여기에 하나 더 생각할 점은 무엇보다도, 그 때 신소설을 쓴 작가들이 스스로 계몽 문학인 것을 의식意識하고 작품을 썼다는 사실이다. 예를 들면, 신소설 작가 중의 한 사람인 이해조李海朝는 "화의 혈(花의血)"이라는 그의 작품 서문에서,

> 소설이라는 것은 정치를 말하고, 사회를 비판하고, 가정을 경계하고, 윤리倫理와 과학을 보급普及시키는데 사회적인 거울과도 같은 것이다.

라고 주장하였으며, 또 이인직은 "설중매"의 주인공 이태준의 입을 빌어서, 동서양을 막론하고 그 나라의 풍속을 뜯어 고치는데는 학교도 물론 좋지만 그보다도 훨씬 연설이 나으며, 또 연설보다도 소설과 연극이 더 낫다는 것을 주장하였다.

그러면 이와 같은 개화기에 처한 계몽 문학으로서의 신소설은 구체적으로 무엇을 쓰게 되었나 하면, 첫째로 근대 문명에 대한 찬양讚揚과, 둘째로 자주 독립에 대한 주장, 세째로 새로운 시대에 대한 새 교육의 장려獎勵, 네째로 미신 타파, 다섯째로 근대적인 서양의 과학 문명에 대한 계발啓發 등이다.

이 계몽 문학은 어느 나라 문학이나 처음에는 한번씩 거쳐 나온 문학적인 사실이다. 우리 나라 현대 문학이 처음 신소설과 같은 계몽 문학으로 비롯하여 등장한 것은 피할 수 없는 일이다.

신소설이 계몽을 의식意識하고 씌어진 예로서, "설중매"의 주인공 이태

준의 말을 빌어서 소설과 연극이 민중을 계몽하는데 효과가 빠르다고 주장했다는 것은 먼저 사실을 들었거니와, 그 밖에도 모든 작품의 주제主題를 보면 그 태반이 계몽적인 것이다. 그 중에서도 이해조의 "자유종"과 같이, 자활당自活黨에 빙자해서 시급한 교육을 이야기한 것, "구마검驅魔劍"과 같이 무당에 대한 폭로暴露를 해서 미신타파迷信打破를 강조한 것, 이인직의 "혈의 누(血의 淚)"나 최찬식崔瓚植의 "추월색秋月色"과 같이, 조혼早婚이나 결혼 의식儀式, 그 밖의 남은 인습을 개량할 필요를 주장한 것들은 계몽소설로서 대표적이라 할 수 있다. 따지고 보면, 신교육이나 과학科學의 장려 같은 것은 모두 계몽적인 뜻을 가진 것이다.

신소설은 대략 이야기하면 이상과 같은 것이다. 그런데 문학사적으로 봐서 신소설은 현대 문학을 위한 하나의 준비과정으로 봐서 타당할 것이다. 정말 현대 문학은 다음에 오는 최남선崔南善, 이광수李光洙 시대부터 본격적으로 시작되었다.

[연습문제]

1. 갑오 개혁은 문학에 어떤 영향을 끼쳤는가?
2. 개화시대의 특징은 무엇인가?
3. 유럽의 현대 문학과 우리 신문학을 비교해 생각하라.
4. 신문학의 환경은 어떠했는가?
5. 신소설의 특색이 무엇인가?
6. 신소설의 공로를 말하라.
7. 신소설은 무엇을 주제하고 썼나?
8. 신소설 작가 세 사람의 이름을 적어 보라.
9. 주요한 신소설의 이름을 적어 보라.

제2장 현대 문학이 싹트는 시기

1. "소년"이 시대의 주인공

4241년 10월에 "소년少年"이란 잡지가 19세 밖에 안된 최남선崔南善의 손을 빌어 발간發刊되었다. 최남선은 육당六堂이라 해서, 후에 역사가가 되었지마는, 첫 출발은 역시 문학이었다. 말하자면, 육당 최남선은 우리 나라에서 현대 문학을 맨처음으로 시작한 분이요, 또 그가 주재主宰하던 "소년"이란 잡지는 우리 나라 현대 문학의 발판이 된 것이다. 그러나, 우리는 이 "소년"에 대하여, 먼저 아래와 같은 두 가지 사실을 기억해 둘 필요가 있다.

그 하나는 "소년"이란 잡지는 한국의 새로운 문화 운동에 있어서, 맨처음 나온 월간 잡지月刊雜誌인데, 발간發刊 연대年代는 4241<1908>년이었다.

둘째는 잡지의 이름이 "소년"이라는 것과, 또 그 잡지를 한 이가 바로 19세 밖에 안된 소년이었다는 점이다. 이와 같이 나어린 소년이 잡지를 주재하였다는 것은 오늘날의 독자들에게는 믿어지지 않는 일일지 모르나, 당시의 사정으로서는 어디까지나 소년이 그 시대의 주인공이므로 족히 있을 수 있는 사실이었다. 앞에서도 말한 바와 같이, 신문학이 등장한 것은 우리 나라의 문화가 동트는 새벽이었고, 또한 낡은 것과 새 것이 서로 대립되는 시대였는데, 따라서 늙은이들은 낡은 사상에 젖은 탓으로 하여 새 것을 받아 들일 수 없었음에 반反하여, 청소년들은 신문명, 신사상을 받아들이기에 전력을 다하고 있었다.

그러므로, 당시 소년들의 위치가 시대적으로 보아 얼마나 중요하였는가는 아래에 소개하는 몇 가지 이야기로서 능히 이해할 줄 안다.

일찌기 육당은 "소년"을 발간하는 취지서趣旨書에 "우리 대한으로 하여금 소년의 나라로 하라"하는 말을 썼으며, 역시 같은 소년 잡지인 "한반도"의 머리말에서도 소년의 중요한 지위地位를 아래와 같이 말하였다.

> 지금은 우리 역사상 옛 사회를 혁명하는 날이며, 20세기 소년 "한반도"의 탄생하는 때이다. 천만 동포가 말하되, 옛 사회는 다했거니와 우리 신성한 소년의 "한반도"는 건재하도다…… 소년은 "한반도"를 위하여 태평양의 문호이며, 낡은 사회를 개혁하는 주력이다.

이와 같이 소년들은 당시 사회의 주인공이며, 시대적 영웅들이었다. 당시 최남선은 19세의 소년으로서, 한 잡지의 주간主幹이 되어 정치, 경제 등 일반 문화에 관한 글을 썼으나, 그 중에서도 가장 문학에 힘을 기울였는데, 육당의 문학적인 공로功勞는 자못 크다 아니할 수 없다.

그 공적功績의 첫째는 새로운 시문학詩文學 운동을 일으킨 것으로서, 종래의 고대시古代詩인 정형시定型詩를 깨뜨리고, 자유스러운 신체시新體詩를 썼다.

신체시라는 것은 글자 그대로 새로운 스타일의 시, 곧 새로운 시라는 것이다. 우리 나라의 신시新詩가 어떤 것인가를 알아볼 겸 또 그 신시들이 모두 소년을 주제主題로 해서 씌어졌다는 점에 주의하면서, 그 실례를 들어보기로 하자. 다음의 시는 "소년"잡지 제1호에 발표된 육당의 소년시이다.

우리는 아무 것도 가진 것 없소,
칼이나 육혈포나.
그러나 무서움은 없네.
철장 같은 형세라도
우리는 웃지 못하네.
우리는 옳은 것 짐을 지고
근 길을 걸어가는 자일세.…(생략)

이는 곧 당시 영웅적 존재存在인 소년이 지닌 바 굳은 의지와 신념信念을 노래한 것이며, 최남선의 다른 모든 시가 이런 소년의 의기義氣와 굳은 신념을 노래한 것이었다.

소년이 이 때 문학의 주인공이 된 예例는 이에 그치는 것이 아니다. 이 초창기草創期를 담당한 또 한 사람의 문학자 춘원 이광수春園 李光洙의 첫 소설, "젊은 꿈"(1915년 "청춘" 잡지 연재)도 그 제목부터가 벌써 소년을 내세운 것으로서, 이 소설은 역시 낡은 사회에 대한 비판과 개혁을 주제로 하고, 벗에게 보내는 편지투로 된 문학 작품이다. 또 춘원은 이보다는 훨씬 뒤에 발표한 글이지마는, "소년에게"라는 작은 논문에서, 소년에 대한 아래와 같은 웅변식 호소呼訴를 한 적이 있다.

소년 여러분! 지금 20세 안팎되시는 여러 아우님들과 누이들이여, 장차 아름다운 대한의 땅을 밟고 나오는 여러 아드님과 따님들! 우리의

> 현재와 장래의 살 길을 위하여, 긴급緊急한 말씀을 드릴 곳이 어디입니까? 하늘입니까? 하늘에 말이 없습니다. 땅입니까? 땅에도 말이 없습니다. 어른들입니까? 어른들은 늙고 힘이 없습니다. 그러므로, 이에 대한 설운 사정을 할 곳도 여러분이며, 미래의 큰 일을 부탁할 곳도 여러분밖에 없습니다. 여러분의 조그마한 손에는, 무한한 힘이 있습니다. 우리 민족을 살릴 이는 오직 이 손이요, 이 힘 뿐입니다……(생략)

이 예로만 보더라도 신문학 초창기에 있어서, 소년들이 영웅적 존재였으며, 주인공이 된 이유를 잘 알 수 있다.

2. 새로운 문장 운동文章運動

우리 나라에 신문학이 시작된 그 기원起源을 우리는 신소설이 등장登場한 시기와 같이 보지마는, 그러나 참다운 신문학의 등장은 역시 지금 말한 "소년"이 발간된 후, 곧 최남선이 신체시를 써내고, 이광수가 소설을 써낸 시기부터라고 보는 것이 옳다.

우선 문장 문제만 가지고도 그러하다. 이 때에 와서 비로소 참된 신문장을 만들어내는 운동이, 의식적으로 전개展開되었다.

이미 앞에서도 말한 바와 같이, 신소설의 작가들도 언문 일치言文一致의 글을 쓰기는 썼으나, 그들에게 있어서는 다른 나라 신문학이 언문일치적인 글을 쓰니까, 기계적으로 본떠서 쓴 것에 지나지 않았는데, 최남선과 이광수의 시대에 이르러서는, 그야말로 새로운 문학을 위한 새 문장의 필요를 느끼게 된 나머지, 신문장 운동을 일으키게 되었다.

이광수는 4250<1917>년에 발표한 문학론文學論에서 "현대 문학의 첫째 조건은, 순수한 시문체詩文體로 써야 한다"고 주장하였는데, 새 문장 운동이란 결국 이런 의미에서 출발되었던 것이다. 새 문장 운동의 첫 착수는 대개 4247<1914>년 경이라고 생각한다.

1911년 "소년" 잡지가 폐간廢刊된 후에 나온 "새별" 제14호부터 모범이 될만한 새 문장을 실리기 위하여 난欄을 신설, 당시 편집자編輯者는 새 문장 운동을 위해 이 난을 설치하였다는 것과, 또한 앞으로도 계속해 두겠다는 포부抱負를 말한 것이 있으며, 그 후 "새별"에는 매월 모범 문장을 실었는데, 예를 들면 아래와 같은 것이다.

> 나는 한참이나 글을 외우다가, 갑자기 무슨 소리가 들리는 듯하여 깜짝 글을 그치고 귀를 기울였다. 그러나 빗소리 사이로 선생님의 낮잠 주무시는 큰 소리 밖에 아니 들린다. 나는 이상하게 눈이 둥글하여지고, 몸에 오싹 소름이 끼친다. "옳다, 이것 안되었구나"하고 나는 장달음으로 뒷고개를 넘었다. 베 고의 적삼이 살에 착 들어붙고, 머리에서는 물이 흘러 눈을 뜰 수가 없다.

이 문장은 요지음 사용되는 문장과 별나른 차가 없는 것으로서, 환언換言하면 언문 일치의 문장이 이 때부터 등장되었던 것이다.

3. 민족 정신과 신문학

당시 신문학이 지닌 바 현대적 이데아는 곧 민족 정신이었다.
우리 나라는 역사적으로 항상 중국 같은 큰 나라에게 매어서 지내온 때문에, 근조近朝 말년까지도 우리 조상들의 머리 속에 찬 것은 민족 정신이란 하나도 없고, 사대주의事大主義 사상에 젖어 있었다. 이미 앞의 장章에서도 말했지마는, 갑오 개혁甲午改革과 같은 근대적 혁명이 있은 후, 개화기에 와서 근대 문명이 들어옴과 함께, 비로소 민족적 자주 정신이 싹트기 시작하였다.

그러나, 그 때까지도 이는 자기 민족에 대한 막연漠然한 반성이요, 진실한 민족주의는 아니었는데, 4243<1910>년 소위 한일 합병韓日合併 후에 일어난 애국 운동과 함께, 우리 겨레의 가슴속에 맥박친 것이 곧 민족주의 자주 정신이었다. 그 때 이미 최남선과 이광수는 새로운 문학을 제창提唱함과 동시에, 애국 운동의 전위부대前衛部隊였으므로, 그들은 그의 문학 작품 속에 적극적으로 애국적인 민족 정식을 고취鼓吹하였었다. 4251<1918>년, "청춘"에 실린 춘원의 단편소설 "방황"의 주인공은 아래와 같은 말을 하였다.

> 나는 한국 사람이다. 한국 사람은 교육자와 지도자를 구한다. 과연 한국 사람은 불쌍한 것이다. 나도 한국 사람을 위하여 여러 번 눈물을 흘렸고, 한국 사람을 위하여, 작은 한 몸을 바치리라고 결심하고, 기도하기도 하였다.

또한 같은 이광수의 작품으로서, 훨씬 뒤의 것이지마는, "혈서血書"에 나오는 주인공은 아래와 같이 말했다. "나는 사랑보다도 큰 일에 몸을 바친 사람이었다" 하였는데 그 큰 일이란 곧 일본 제국 주의에 반대한 애국 운동을 가리킨 것이다.

이러한 애국적 운동이 민족 정신을 통하여 드디어 문학 작품에까지

나타나게 된 것은, 최남선이 처음으로 시작하였다는 것을 춘원은 아래와 같이 말하고 있다. "민족 정신을 노래로, 역사로, 즉 글로 한 이가 육당 최남선씨다"라고. 말하자면 육당의 소년시 같은 것은 모두가 다 민족 정신을 내세운 작품들이었다.

회고하건대, 이러한 민족 정신은 육당이나 춘원과 같은 몇몇 사람의 선진 작가先進作家의 작품에만 국한된 것이 아니고, 문학에 뜻 두는 모든 청소년들의 미숙未熟한 작품 속에도 나타나 있었다. 4249<1916>년 "청춘" 현상 문예 작품을 심사한 후, 그 소감을 춘원은 아래와 같이 말했다.

> 내가 기뻐할 것은 10세기 동안 생활을 정지停止했던 한국인의 정신의 소리를 들은 것이다. 아직 보는 눈이 얕고, 나타내는 힘이 부족하다 하더라도, 다시 살아난 자의 첫소리라면, 그 의의가 어찌 크지 아니하랴! 신문명의 물결이 반도에 들어오기 시작해서, 어언간於焉間 30년이 되는 동안, 이제야 신청년의 가슴 속엔 새 싹이 드게 된 것이다.

말하자면 민족 정신은 우리 새소설에 대한 하나의 현대적 이념이었던 것이다.

4. 자유 연애론

오늘에 와서는 청춘 남녀가 자유 연애를 하는 것쯤 그리 이상할 것도 없지마는, 그 때만해도 청춘 남녀가 서로 애정을 속삭이는 일 따위는 꿈에도 생각 못할 일이었다.

본래 우리 나라에서는 근조 500년간 유교 사상에 젖어 "남녀 유별男女有別"이니, "남녀 칠세男女七歲면 부동석不同席"이니 하는 완고한 사상思想에 젖어 있었다. 그리하여 자유연애란 삼강 오륜三綱五倫에 어그러지며, 윤리에 벗어난 일로 알았었다.

그러나 개화기에 이르러서 남녀 간의 애정관愛情觀도 마침내 시대적 비판을 받게 되었다. 물론 유교 사상에 젖은 한문학자라든가, 완고한 노인들의 머리 속에는, 아직 낡은 인습因襲이 그대로 남아 있었으나, 20 안팎의 청소년들은 여기서도 낡은 윤리를 반대하고, 새로운 자유연애를 받아 들이는데 주저하지 않았다. 더구나 문학 청년들에게 있어서는, 이 새 애정 문제야말로 바로 신문학관의 전부를 대표하는 것처럼 되어 있었다. 당시 아직 젊고 진보적인 작가 이광수가 자유 연애관의 선봉先鋒이 된 것은 당연한 일이다. 그는 첫작품 "젊은 꿈"에서 공격의 화살을 던졌다.

> 나는 한국인이로소이다. 사랑이란 말은 듣고 맛을 못본 한국인이로소이다. 한국에 있어서 어찌 남녀가 없으오리까마는, 한국 남녀는 사랑으로 만나 본 일이 없나이다. 한국인의 가슴에 어찌 애정이 없으오리까마는, …사회의 습관과 도덕이라는 바위에 눌리어, 그만 말라 죽고 말았나이다. 한국인은 과연 사랑이란 것은 모르는 국민이로소이다. 그네가 부부로 될 때에 얼굴도 못 보고, 이름도 못 듣던 남남끼리 다만 계약이라는 형식으로 혼인을 맺어, 일생을 이 형식에만 얽매어서 지내는 것이로소이다.……옷을 지어 입을 때에도 제 마음에 드는 바탕과 빛갈에, 제 마음에 드는 모양으로 지어 입거늘……, 하물며 일생의 반려伴侶를 정하는데에 어찌 다만 부모의 계약이라는 형식 하나로 하오리이까?……

이 선전 포고는 과도기에 처한 사회에 얼마나 큰 파문波紋을 일으켰을

까는, 짐작하고 남음이 있다. 이 작품을 실은 잡지사로, 또 그 후 "무정無情"을 실은 "매일신보사每日新報社"로 한문학자를 비롯하여 완고한 사람들이 이광수 같은 부도덕不道德한 작가는 사회적으로 매장埋葬하여 버리라는 글발이 빗발치듯 하였다 한다. 그러나, 반면에 청소년들은 박수갈채를 보내었던 것이다. 또한 그것이 젊은이들에게 얼마나 큰 감격과 자극刺戟을 주었는가에 대하여는, 김동인金東仁이 4262<1929>년 7월 "조선일보"에 발표한 근대 소설고近代小說考에서 아래와 같이 썼다.

> 이광수가 처음에 사회에 던진 문학은 반역적反逆的 선언이었다. 실로 용감한 동·키호테였다. 그는 유교에 선전을 포고하였다. 결혼에 선전을 포고하였다. 온갖 도덕, 온갖 제도, 온갖 예의, 온갖 법칙-이 용감한 동·키호테는 이 때까지의 옳다고 생각해 온 온갖 것에게 반역하였다. 그리고 이 모든 반역적 사상은 당시의 전 한국 청년의 일치되는 감정으로서, 다만 민중은 차마 이를 발설發說하지 못하여 침묵을 지키던 것이다. 뭇 사람(청년층까지도)은 아직껏 남아 있는 낡은 도덕의 뿌리 때문에, 혹은 예의 때문에, 이를 이야기 못하고 있을 때에, 이광수의 반역적인 깃발은 높이 들리었나. 청년들은 모두 그 깃발 아래 모여 들지 않을 수 없었다. 이런 일도 가능하다. 이런 반역적 행사도 가능하다고 깨달을 때에, 한국의 온 청년은 한 마디의 불평도 없이, 이광수의 이 깃발 아래 모여 들었다.

참으로 이 자유연애관은 과도기의 대표적 사상이며, 우리 나라와 같이 뒤떨어진 나라에 비로소 자기 스스로에 대한 의식과 개성에 대한 의식이 이루어지는 증거로 되었다. 더구나 문학 작품에 있어서, 이 애정의 문제는 신선하고 새로운 생명의 열매처럼 되었던 것이다. 이광수는 이 작품만이 아니라, 뒤이어서 써낸 장편소설 "무정無情"이나, "개척자開拓者" 등의 모든 작품에서도 모두 자유 연애를 중요하게 다루었다. 그 중에서 "무정"의 한 장면場面, 새 교육을 받은 여성 병옥이가 낡은 윤리관倫理觀에 젖어 있는 여 주인공 영채에게, 참된 남녀의 애정이야기를 아래와 같이 하고 있는 것이다.

> 영채씨도 이러한 낡은 사상에 종이 되어서, 지금껏 속절없는 괴로움을 맛보셨읍니다. 그 속박束縛을 끊으시오. 저를 위하여 사는 인간이 되십시오. 자유를 얻으십시오.

여기에도 역시 근대적인 인간의 개성에 눈을 뜨기 시작하는, 신여성新女性의 신선한 모습들이 눈앞에 떠오르는 것이다.

우리 나라의 신문학은 이 새로운 애정에서 새 영역領域을 찾아낸 것이었다. 말하자면, 여기서 우리 문학은 근대적인 문학 과정으로 들어섰다고 말할 수 있으며, 또한 근대적인 개성의 문학을 만드는데 성공한 셈이다.

5. 이광수와 소설 "무정"

이광수는 최남선과 함께 우리 나라의 신문학을 수입한 선구적先驅的 작가이다. 최남선은 후에 역사학으로 전환하고 말았지마는, 이광수는 신문학 운동 이래 근 40년간 꾸준히 문학 활동을 계속한 작가로서, 이 나라의 현대 작가 중 가장 중요한 사람이다.

작가로서의 춘원을 아는데 있어서, 먼저 한 마디 말하고 싶은 것은,

그가 40년간 작가 생활을 해왔지마는, 결코 그는 문학 생활에만 온갖 정력을 기울이지는 않았다는 사실을 들고 싶다. 춘원은 작가 생활을 하면서도, 그의 야심은 항상 정치 방면에 있었다.

여기에 대하여 춘원은 기회 있을 때마다 말하고 있다.

> 나는 어려서부터 문장은 여기餘技라는 교훈 속에 자랐으므로, 문사文士가 되리라고는 생각지 않았다. (1936년의 회상문)

그러면, 춘원은 맨처음에 왜 문학을 시작했는가 하면, 같은 글에서 "그 시대 한국의 신청년의 사상과 고민苦悶을 그리고, 아울러 한국 청년들의 나아갈 길에 대한 암시를 주자는 것이었다"고 말했다. 그는 문학을 하나의 계몽적인 수단으로 쓴 것 밖에 안된다. 김동인은 춘원을 다음과 같이 평하였다. "그는 소설을 언제든지 설교의 수단으로 삼았다"는 것이다.

육당이나 춘원은 처음부터 문학인이라기보다도, 애국 운동의 한 전위 부대로 등장한 사람들이다. 두 사람이 다 유명한 민족주의자 안창호安昌浩의 지도 밑에서, 청소년 시대를 보낸 사람들이다. 그들이 우선 정치에 중점을 두고, 문학을 둘째로 돌리면서, 선전 계몽 수단으로 생각한 것은 그런 사정에서 온 것이다. 이러한 시대적인, 또는 사회적인 환경 속에 춘원이 자라나고, 문학을 시작했다는 것은 작가로서의 춘원을 아는데 중요한 사실이 된다. 따라서, 우리는 춘원의 문학도 계몽성의 문학으로 본다.

다음으로, 춘원은 문학적인 면에 있어서, 러시아의 근대 문호文豪 톨스토이의 인도주의人道主義의 영향을 받고, 작가가 된 사람이다. 춘원의 작품에는 기독교적인 사상도 나오고, 불교적인 사상도 나오지마는, 결국 이 두 가지는 인도주의적인 위에 통일되어있다.

그 인도주의적인 경향傾向은 이미 첫 장편長篇 "무정"의 주인공 "이형식"의 성격 위에 어느 정도로 반영反映되어 있지마는, 그보다도 철저하게 나타난 것은 춘원의 대표작 중의 하나인 "흙"(1937년)의 주인공 "허숭"의 성격에서이다.

"허숭"은 본래 지식층의 출신으로서, 부호의 딸과 결혼을 하여, 부유한 가정을 이룬 사람이지마는, 그는 깨달은 바가 있어, 사회적 지위, 재산, 가정까지도 희생하고, 부나로드 운동의 지도자로서, 발벗고 농촌으로 들어간다. 춘원은 톨스토이처럼 도시都市를 죄와 악의 소굴巢窟로 보는 대신에, 순박淳朴하고 단순한 농민 속에서 참된 인간성을 찾으려고 했다. "허숭"은 작자의 인도주의의 화신化身으로서, 그는 도시의 죄와 악에 대하여, 농촌에다가 순박한 인간들과 함께, 이상향理想鄕을 만들려는 하나의 유토피안이다. 그리고 그 목적은 죄와 악을 물리침에 있지마는, 그 방법은 거기 대한 비판과 투쟁이 아니고, 그것을 무조건 용서하고, 무저항주의無抵抗主義로 나가는데 있었다. 또한 춘원의 인도주의를 보는데는, 그 밖에도 "사랑"이나 "무명無名"(1939년) 같은 것이 있는데, 우리는 이런 것을 읽어 봄으로서, 더 확실한 내용을 파악把握할 수 있다.

춘원은 소설을 쓴 외에 또한 민족개조론民族改造論을 쓰고, 한국의 현재와 장래 등에 관한 여러 가지 정치적 논문도 썼다. 그러한 정치적, 사회적인 넓은 지식은 나아가서 그의 문학 작품 위에 넓은 세계를 이루게 하였다. 그의 작품에는 어느 것에나 사상이 들어있다. 톨스토이에게서 받은 인도주의, 기독의 사상, 불교에 대한 연구, 우리 나라 고대사에 대한 지식 등은 춘원의 작품에 사상적인 배경을 주었다.

그리고 그의 문장은 함축성含蓄性이 있고, 선線이 굵으며, 또한 유창하기 그지 없는데, 이것 역시 춘원의 특색의 하나이다.

여기서 춘원을 말하는데 있어 너무 그 뒤에 있은 일에까지 말이 길어졌다. 우리는 이제 신문학의 초창기로 돌아가서 그의 맨처음의 대작인 "무정"에 대하여 그 작품의 문학사적인 뜻을 캐어보기로 하자.

"무정"은 춘원의 맨첫번에 있은 장편 소설일 뿐만 아니라, 우리 나라의 현대 문학사상에서 가장 처음의 장편 형식을 택한 소설인 것이다. 이 작품에서 비로소 우리 나라의 독서계에서는 근대적인 장편 소설의 모양이 어떤 것인가 하는 것을 알게 되었다. 여기에 우선 "무정"에 대한 문학사적인 지위를 우리는 높이 평가하지 않을 수 없다.

"무정"은 우리의 맨첫번에 있은 장편이기 때문에 작품으로선 거칠고 통일이 부족한 미숙한 작품이며, 또한 그 구상과 전개에는 혼란이 많으나, 이것은 보통의 혼란이 아니고 여기엔 시대로서나 작가로서나 하나의 활짝 핀 청춘의 정열과 이상이 차고 넘쳐서 그 흘러내릴 방향을 찾지 못하고 헤매는 충만의 혼란상이 있다. 여기엔 근대 문명에 대한 동경, 신학문에 대한 찬양 등과 같은 여러 가지 정열과 이상이 여러 겹으로 쌍곡선을 그린 형상을 이루고 있다. 가령, 마지막 장편에서 젊은 남녀 5명이 외국으로 유학을 가는데 여기에는 과학을 희망하는 사람, 교육가를 지망하는 사람, 음악이나 또는 미술을 지망하는 사람들로 나누어져 있는데, 이 한 장면에서도 이 시대의 젊은 남녀가 지닌 이상과 정열에 차고 넘친 하나의 화려한 전진곡을 우리는 들을 수 있는 것이다. 그만큼 "무정"은 우리 문학 운동의 초기를 찬란하게 꾸민 하나의 이상주의적인 훌륭한 작품이다.

이 작품이 당시의 젊은 층의 독자들에게 큰 영향을 던져 주었다는 사실은 앞에서 말한 바와 같다. 이 작품은 당시의 독자에게 근대문명에 대한 새로운 복음을 전하는 성서聖書와도 같은 것이었다. 따라서 시대적으로 이 작품은 커다란 사명을 가진 역사적인 소설이다. 그런 의미에서 "무정"은 우리가 가진 바 현대 문학사에 있어서 하나의 커다란 등불과도 같은 작품으로 되고 있는 것이다.

6. 외국 문학의 소개와 번안翻案

앞의 1장에서 말한 바와 같이, 우리 나라 현대 문학은 처음부터 외국의 근대적인 문명과, 문화의 본을 따서 등장한 것이다. 우리가 그것을 합리적으로 받아들이기 위해서는, 근대 문학을 번역하고 소개하는 일과 동시에, 이를 추진시켰어야만 할 것인데, 그 당시 신문학을 시작하던 우리네의 실력으로서는 문학, 어학의 역량力量이 이에 미치지 못했었기 때문에, 결국은 4246년 경에 이르러서야 그런 일이 시작되었다. 그도 외국 문학을 확실하게 소개한다든가, 정확한 번역을 한다든가 하는 것이 아니고, 하나의 번안翻案이었던 것이다. 이와 같은 번안 소설은 "무정"이 발표되기 얼마 전에 많이 유행되었는데, 이런 번안 소설이란 일본의 유행 소설이나, 또는 유럽의 유명한 대중적 작품의 줄거리를 요약要約하여 옮겨 놓고, 실지 인물이나 지명地名은 모두 우리 나라의 것으로 고쳐 놓은 것을 말한다.

이 때 번안 소설을 쓴 이가 세 사람 있었는데, 일재一齋 조중환 趙重桓, 우보牛步 민태원 閔泰瑗, 하몽何夢 이상협李相協 등이다. 조중환은 4246 <1913>년에 "장한몽長恨夢"을 "매일신보"에 연재했는데, 일본 소설 "곤지끼야사金色夜叉"를 번안한 것으로서 독자에게 대환영을 받았다. 이수일李守一과 심순애沈順愛를 남녀 주인공으로한 이 번안 소설은, 독자간에 큰 화제 거리가 되고, 유행가로 불려지고 해서, 커다란 반향을 초래하였던 것이다. 조중환은 그 외에도 "쌍옥루雙玉淚"를 써 냈는데, 이것도 일본의 작가 키쿠치유우호오菊地幽芳가 쓴 "내죄악"을 번안해서 낸 것이었다.

우보 민태원은 "부평초浮萍草", "애사哀史" 등의 번안 소설을 쓰고, 하몽 이상협은 "눈물淚", "정부원貞婦怨", "해왕성海王星" 등을 썼는데, 그 가운데서도 가장 인기를 끈 것은 "해왕성"이었었다. "해왕성"은 19세기의 프랑스 작가 아렉산더·듀마의 유명한 대중소설 "몽테스크리스토 백작"을 번안해 놓은 것으로서, 상당히 팔리었다. 이와 같이 외국 명작들의 번안 소설이 많이 쏟아져 나오게 되었었다.

그러나, 외국 문학에 대한 소개와 번안이 좀더 진지眞摯하게 취급된 것은, 번안의 시대가 얼른 지나가고, 4251<1918>년 9월 해몽 장두철海夢張斗徹이 주재主宰하던 "태서 문예신보泰西文藝新報"라는 순 한글 문예 주간 잡지文藝週間雜誌가 등장하게 된 때부터이다. 이 잡지는 주로 외국 문예를 번역 소개하기 위하여 간행되었었다. 장두철은 창간사創刊辭에서 다래와 같은 선언宣言을 하였다.

> 본보本報는 태서의 유명한 소설, 시조, 산문, 가곡, 음악, 미술, 각본 등, 일반 문예에 관한 기사를 문학 대가의 붓으로 직접 본문으로부터 충실하게 번역하여 발행할 목적이온바 다년간 계획해 오던 것을 오늘에야 비로소 발간을 보게 되었읍니다……

그 후 이 잡지는 외국 문예의 동향과 작가의 소개, 작품의 번역물飜譯物 등을 실었었는데, 이 때에 주로 활동한 사람은 시인 김억金億이다. 김억은 필명筆名을 안서岸曙라 하고, 평북 출생인 우리 나라 초기 시인의 한 사람인데, 번역 문학에 가장 먼저 눈을 뜬 사람이다. 그는 "태서문예신보"를 통하여, 러시아, 프랑스 시인들의 시들을 번역하였다. 그가 번역한 러시아 작가 트르게네프의 산문시散文詩를 예로 든다.

> 방 안에는 우리 둘이 앉는다－나의 개와 나와…… 바깥에는 무서운 바람이 뒤덮는다.
>
> 개는 내 앞에 앉아서, 나의 눈을 쳐다본다. 나도 그의 눈을 본다.
>
> 그는 나에게 무슨 말을 하고 싶어 하는 듯하다. 그는 벙어리다. 말이 없다. 자기가 자기조차 모른다. 나는 그의 말을 안다.

안서는 그 외에도 19세기 말의 프랑스 시인과 그의 작품들을 많이 번역하여서 소개하였다. 또한 장두철, 백대진白大鎭 등이 영국 문학을 소개하는 등, 당시 외국 문단外國文壇의 소식은 우리 소식 이상으로 자세히 보도報道되고 있었다. 이것이 곧 우리가 맨처음 외국 문학을 받아 들인 경로經路였다.

[연습문제]

1. 신문학의 초창기란 어느 시대를 가리키는가?
2. 언문 일치 문장이란 어떤 문장인가?
3. "소년"잡지에 대해서 아는 것을 써 보라.
4. 이광수란 어떤 작가인가?
5. 초창기의 최남선의 공로에 대해서 써라.
6. "무정"을 읽고 감상을 써 보라.
7. 번안 문학의 뜻을 설명하라.

제3장 "창조파創造派"와 그 문학

1. 순문예純文藝를 위한 새로운 기운

4241<1908>년 "소년"이 발간된 때부터, 4252<1919>년 3·1운동이 일어난 때까지, 약 10년 간을 우리 신문학사의 제 1기라고 본다면, 이 1기의 후반後半으로 오면서 차차 새로운 문단적文壇的 형식이 마련되어 지고 있은 사실을 본다. 그 1기에서는 문단이라 했댔자 육당, 춘원 이 두사람의 차지가 된 셈인데, 후반기로 오면서 신인 작가군新人作家郡의 등장을 보게 되어, 이에 문단의 면모面貌는 재래在來와는 그 성질을 달리하게 되었던 것이다. 그 증거로서는 춘원이 1916년 "청춘"지에 응모된 현상 분예 삭품을 심사한 감상에서, 많은 신인들의 문학 역량을 인정하여,

> "신문명의 물결이 반도에 들어오기 무릇 30여 년 이래에, 각 방면으로 들어온 겨자芥子 만한 발효소醱酵素들이, 신청년의 가슴 속에 파고 들어 조금씩 싹이 터 오다가, 이제야 비로소 풍겨지는 향기香氣가 뚜껑 틈으로 새어 나오기 시작한 것이 아닐까?"

라고 말했는데, 여기서 우리는 신인들이 4249<1916>년 무렵부터 나오고 있은 기운을 엿볼 수 있다. 다음에는 1918년에 나온 "태서문예신보"에서 번역을 하는 신인들이 많이 나타난 사실이다. 예를 들면, 김억은 번역 외에도 창작시創作詩 "봄", "무덤" 등을 9월호에 발표하였으며, 이일李一도 소설 "후회"를 연재連載하고, 또 "나의 노래" 등의 시를 발표했으며, 그 외에 백대진, 전영택 등 처음 보는 이름들이 많이 등장되었다. 이것은 문학계가 차차 넓은 테두리로 커 가고 있는 증거다.

그리고, 한 가지 주의하여야 할 점은, 이런 신인들이란 모두가 전기前期의 육당과 춘원의 문학적 영향 밑에서 자라난 사람들임에도 불구하고, 춘원의 문학을 반대하고, 새로운 문학관을 가지고 나온 경향傾向이다. 특히 "창조파"의 문학 입장에서, 어디까지나 춘원의 문학을 비판하는 말을 선언하면서, 그 등장을 보게 된 사실이다.

육당, 춘원이 우리 문학의 제1기를 연 것이라면, 이 이들은 후기에 와서, 신인의 입장에서 육당과 춘원을 계승하여, 이 땅 위에 하나의 문단을 꾸며 놓기에 이르렀다. 그 중에서도 가장 두각頭角을 나타낸 것이 김동인을 비롯한 소장파小壯派이었으니, 그들은 장차 "창조파"의 문학을 세울 씩씩한 일군들이었던 것이다.

雜誌 青春·創造·廢墟의 表紙들[13]

13 원문에는 '雜誌 青春·創造·廢墟의 表紙들'의 사진이 나온다.

2. "창조파"의 등장登場

4252<1919>년 2월에 그 때 일본 동경 유학을 하고 있던 김동인金東仁, 주요한朱耀翰, 전영택田榮澤, 김동환金東煥 등 젊은 작가, 시인, 화가 등에 의하여 "창조創造" 라는 문예 동인지同人誌가 발간되었다. "창조"는 우리나라에서 처음 생긴 문예 동인지인 동시에 이 문예지를 중심으로 우리 신문학이 전환을 하게 된 것이다.

먼저 말한 바와 같이, "창조파"의 사람들은 전기의 문학, 다시 말하면 육당과 춘원의 문학을 비판하고 나왔다는 것이 주목되는 점이다.

그럼, "창조파"는 춘원의 문학을 어떻게 비판하고 나왔었는가 하면, 그것은 정치 문학에 대한 불만이었던 것이다. 춘원은 그 문학관에 있어서, 순수한 문학적 입장보다는, 정치적인 애국 운동을 위한 수단으로서 문학을 이용한 것인데, 새로 등장한 김동인 등의 창조파는, 문학 그 자체에 목적을 두는 것, 말하자면 순수 문학을 삼는데서 순수 문학純粹文學을 위한 주장을 내세운 것이다. 이에 대하여 김동인은 후에 쓴 "근대 소설고近代小說考"에시 "창조"시대는 우리가 처음으로 갖는 무대舞臺라고 했다.

> 소설의 취재를 구구한 한국 사회 풍속 개량에 두지를 않고, 인생이라 하는 문제와, 살아가는 고통을 그려 보려 하였다. 권선 징악勸善懲惡에서 한국 사회 문제 제시로-다시 일전하여, 한국 사회 개화로-이러한 과정을 밟은 한국 소설은 마침내 인생 문제 제시라는 소설의 본 무대에 올라섰다.

그들은 춘원과는 전혀 다른 각도에서 인생의 제시 문제를 내세우고,

한층 더 독자적인 입장에서 문학을 하려는 새 의욕으로 신문학의 깃발을 들었다. 그리하여 그들은 "창조" 발간 취지에서 "우리의 속에서 일어나는 말을 수 없는 요구要求로서, 이 잡지가 생겨났읍니다"라고 하였다.

3. 인생의 제시와 리얼리즘

"창조파"는 "인생의 제시"라는 말을 자기네 문학의 표어로 썼다. "인생의 제시"란, 이광수가 민족주의적인 입장이나, 또는 이상주의적인 입장에서, 인생과 현실을 바라본 것에 대하여 이들은, 인생의 그 자체를 현실 그대로 보고 그리는 것이라 하였다. 이에 대하여 전영택은 "창조" 제2호의 편집 여언編輯餘言에서, "우리는, 다만 우리가 생각하고 고심하고 번민하는 기록을 여러분께 충실히 보이는 것뿐이올시다"라고 말했다. 또 그는 자기네가 작품에서 인생의 불행을 그리게 되는 이유를 변명해서 아래와 같이 말했다.

> 너는 어째 죽음만 쓰느냐 하실 이가 있을 듯하나, 무슨 비관적인 사상을 가진 것이 아니외다. 다만 인생 그것을 그대로 나타내어 보노라고 하였읍니다. 그리고 내 머리에 박혔던 인상을 떠본 것입니다.

이와 같이 전영택이 말한 대로, 인생 그것을 그대로 표현해 본다든가, 또는 일단 머리에 박힌 것을 떠본다는 사실은 결국 문학적인 태도에서 보나, 수법守法에서 보나 하나의 사실주의적인 문학을 의미한 것이다. 사실, 그들은 자기의 문학을 사실주의 문학이라 의식하고, 직접 리얼리즘이란 말을 사용하였던 것이다. 여기서도 김동인은 춘원의 문학을 비판하면서, 자기네의 "리얼리즘"을 말하고 있는데, 춘원의 문학까지는 소설의 흥미를 그대로 "이야기의 재미", 또는 "연애나 정사情事의 재미"로서 만들어 놓았음에 비하여, "창조파"는 그 이야기의 흥미를 물리치고, "오직 리얼리즘의 실현이야말로 소설에 있어서의 최고 목표로 생각한다" 라고 말한 것이다. ("삼천리"지 "춘원 연구" 참조)

그 점에서 우리는 신문학사가 4252<1919>년의 "창조파"의 등장으로써 처음으로 사실주의적인 순문학적 사조를 받아 들여서, 본격적인 근대문학의 발판을 이루어 나간 사실을 알게 된다.

4. "창조파"와 문장의 개조改造

"창조파"가 리얼리즘이란 근내 문학의 사실적인 수법을 받아 들일 때, 그들이 종래의 문장에 만족할 수가 없었을 것은 당연한 일이다. 육당과 춘원이 이미 신문장의 건립 운동建立運動을 일으키고, 언문일치의 문장을 썼지마는, 그것이 완전한 것이 될 수 없었다. 여기에 김동인 등의 "창조파"가 불완전한 것을 더 완전한 것으로 만들어 보려고 하였다. 어째서 자기네가 문장을 개조하게 되었느냐 하는 것을, 김동인은 "근대소설고"에서 말했다.

<첫째로 문체이었다. 구어체口語體를 쓰는 것은 물론이었지마는, 그 구어체의 정도는? 우리가 "창조"를 발행하기 전 해에 춘원이 발표한 글을 보면 다음과 같은 것이 있다.

소주는 압록강을 건너서 오기 때문에 서북 지방에 먼저 퍼지고, 맥주는 동해를 건너 오기 때문에 영남 지방에 먼저 퍼진 것이다. 여기서도 우리는 지리 관계의 재미를 깨닫겠더라……

물론 그 "깨닫겠더라"의 "더라"도 말할 때에는 사용되는 것이지마는, 우리의 마음은 "깨닫겠다"라고 하여 철저히 하여 놓지 않으면 용납容納하지 못하였다. 당초 춘원의 작품은 구어체라 하여도, 아직 많은 문어체의 흔적이 있었다. "이더라", "이라" 등을 그의 작품 도처에서 볼 수가 있었다. He나 She도 우리 말에 없는 바였다. 춘원의 작에 "그"라고 한 것이 두세 군데 있지마는, 보편적으로 사용되지 못하였다. 춘원은 지금의 "그"라고 쓸 곳을 한 개 이름, 다시 말하면 고유명사固有名詞로 하여 버렸다. "He"나 "She"를 전부 몰아서 "그"라고 한 것은 우리가 처음이다.>

김동인은 같은 글에서, 춘원의 문장이 구어체의 글로서 불완전했다는 것과, 특히 서사敍事를 하는데 불완전한 점이 많았다는 것을, 춘원의 문장을 실례로 들어 가면서 말했다. 그 중 한두 가지만 들어 보면, 가령 풍경을 그릴 때에 춘원은 모두 "한다", "이라" "… …이다" 같이 현재로 쓰고 있는데, 그것으로서는 근대인의 날카로운 심리와 정서를 나타낼 수 없는 바를 깨달았다. 현재법을 쓰면, 주제와 객체의 구별이 똑똑하지 못함을 깨달았다. 우리는 용감히 이를 배척하였다-김동인은 이와 같이 말하고 있다. 새로 쓰는 자기네 문장이 어떤 것이냐를 예를 들어 증명하기 위하여, 자기의 작품 "약한 자의 설음"에서 쓴 말을 현재어와 대조해서 보여주고 있다.

속에서 나오는 태우는 듯한 더움과 밖에서 찌르는 무르녹는 듯한 더

위와, 싸늘한 부챗 바람이 합하여, 엘리자베드의 몸에 쪼르륵 소름이 돋게 하였다(재래의 표현법으로는 "한다"로 될 것, 아래에 든 괄호 안의 말은 종래에 쓴 현재어) 부채의 시원한 바람의 쾌미快味는 그에게 졸음이 오게 하였다.(한다)

5. "창조" 출신의 작가와 시인

"창조"의 동인同人은 후기로 오면서, 여러 사람이 추가되었으나, 역시 그 중심은 앞에 든 김동인, 전영택, 주요한 세 사람을 손꼽게 된다. 이 세 사람은 순전히 "창조"를 발판으로 삼고 문단에 나온 사람들인데, 김동인, 전영택은 소설 부문이요, 주요한은 시의 분야였다. 이들은 각각 우리나라 초기의 소설과 시를 개발한 사람들이다.

【1】 김동인

김동인은 "창조" 창간호와 제2호에 "약한 자의 슬픔"이란 중편 소설을 연재하고, 동지同誌 제3호에 "마음이 옅은 자여"를 실어, 그 재능이 인정되었다. 처음에 발표한 작품들에 의하면, 그는 초기에는 주로 자연주의식 수법을 쓰고 있었다. "약한 자의 슬픔"이란 마음과 성격이 약한 여성 엘리자베드를 주인공으로 한 비극을 그린 것으로, 주인공의 고민하는 심리적 상태를 세밀하게 그린 작품이었다. 그러나, 1920년에 발표한 "배따라기"는 앞에 든 작품들보다 퍽 우수한 작품이면서, 그 경향에선 앞의 예와 다른 일종의 보헤미안의 작품이었다. 여기서 그는 각도를 달리해서, 로만 티즘의 작품을 시험했다고 볼 수 있다. 그러나 4258<1925>년 경에 와서 그의 주요한 작품 "감자"("조선문단") 등은 다시 전형적典型的 자연주의풍自然主義風의 작품이었다. 이 시기에 그 외에도 "유서遺書"(1924년), "명문明文"(1925년 1월), "정희貞姬"(1925년 "조선문단" 연재) 등을 발표했는데, 이것들은 대체로 자연주의적 작품들이다. 4264<1931>년 경부터 단편 "발가락이 닮았다", "붉은 산" 삼천리, "논개論介의 환생還生", "잡초雜草", "광염狂炎소나타" 등과, 장편 "여인女人" "혜성", 역사 소설 "젊은 그들"을 발표하였는데, 이 시기의 작품들은 반드시 자연주의적 작품만은 아니었다. 4265년 "신동아" 11월호 이고성李高城의 "조선의 문단"이란 시평時評 속에서, 동인의 작품평을 하여, 아래와 같이 말한 것이 있다.

> 그 중 "발가락이 닮았다"는 금년도 수확收穫의 하나이다. 부부와 부자의 사랑을 중심한 인생의 갈등을 알알이도 잘 그려 냈다. 그의 구상構想이 묘하고, 글이 무르녹은 것으로 유명하다. 그러나 그의 작품 내용은 멀리 현대인의 사상, 감정과 떠나 있다……그는 자기 폭로 소설 "여인"을 쓴 것 같이, 사실은 사실대로 인정하고, 부인하지 않는다. 그의 특징은 우두커니 정신 없는 사람같이 생각하고 있는 것이다. 이 때에, 사실은 창작 세계에서 기쁘게 뛰놀고 있는지 모른다.……그는 침묵의 인人이다. 뚝하고 있다.……그의 사상은 "자유럽게 사는 것",그는 어떠한 구속도 배격한다. 금년 33세…….

이 시평時評에서 우리는 동인의 사람됨과, 그 문학관과, 또한 작품 경향을 짐작할 수 있다. 평론가評論家에 따라서는 동인을 순 자연주의 작가로 보는 사람도 없지 않지마는, 이는 오직 위에 든 몇 개의 작품만을 가지고서 말하는 일면 밖에 더 되지 못한다. 그의 온 작품을 통해서 볼 때에,

그는 확실히 예술지상주의藝術至上主義에 속하는 작가이다.

동인은 어딘지 영국의 유미파唯美派 작가인 오스카·와일드를 연상시킨다. 그의 오만 불손傲慢不遜하고 유아독존唯我獨尊의 성격, 인생을 향락적으로 본 점, 예술 의욕을 발판으로 한 새로운 문학관 등, 모두가 와일드와 통하는 면모요, 작품이다. 그는 역시 이런 관점에서 유미파唯美派에 속하는 우리 나라에서 독특한 작가이다. 동인과는 "창조"의 동인同人이요, 친구이던 전영택의 말에 의하면, 동인은 자기의 문학관을 말하되 "예술은 자기가 창조한 세계이다"라고 했다는 것이다.

동인의 작품으로선 이상에 예를 든 것 외에도 단편집 "저회低徊"와 역사 소설 "운현궁雲峴宮의 봄"(1933년, "조선일보" 연재)이 있고, 해방 후에도 많은 단편을 발표했으나, 이 때는 벌써 건강을 상한 때문에, 작품다운 것을 내놓지 못하고 4284<1951>년에 작고作故하였다.

【2】 전영택

전영택도 동인과 같이 평남 출신으로서, 필명筆名을 "추호秋湖, 또는 "늘봄"이라 하는데, "창조"를 발판으로 문단에 데뷰한 작가이다. 그는 소설을 썼는데, "창조"지 제2호에 낸 "천치天痴? 천재天才"와 제3호에 낸 "운명運命"들은 당시 동인의 소설이 그러했던 거와 같이, 자연주의적인 것이었다. 그는 "창조"의 편집 끝에 말한 바 불행한 인생을 그렸었다. 즉 그 시대의 어두운 면을 그려 간 것이다. "천치? 천재"라는 불행한 소년을 그린 이 작품은, 결말을 아래와 같은 문구로서 끝내었다.

칠성이 찬 바람 몹시 부는 겨울에, 버드나무 밑에서 눈 위에 쪼그리고 앉아서, 두 손을 모우고 호호 불면서, 바들바들 떨다가 죽은 것은, 오직 밤새도록 자지 않고 반짝이던 하늘의 별들이 내려다 보았을 줄 아나이다.

또는 당시 그의 문제작이던 "운명"에서, 인물 묘사人物描寫의 수법을 볼 수 있다.

동준은 설명을 그치고, H의 머리와 한 편 뺨과 방바닥을 짚은 한 편 손을 번갈아, 무의식적으로 구경하고 있었다. H의 머리는 가운데를 갈라서 뒤에다가 쪽찌듯 하였는데, 이마에 두어 오라기 늘어져서 눈을 가리는 것을, H는 연방 치우고 있었다. 죽은깨가 드문드문 있는 뺨은 까마특특한데, 붉은 빛이 도는 것이 몹시 예뻤다. 길고도 가늘고, 살이 보둥보둥한 손가락은 맑게 꿰보일 듯한데, 장손가락을 암짓암짓하고 있었다.

이 두 작품 외에 단편집 "생명의 봄"에 들어 있는 "사진"도 전형적典型的인 자연주의 작품이며, 그 뒤에 발표한 "흰 닭"(1924년 "조선문단")과 "화수분"(1925년 "조선문단")에도 그 수법은 모두 자연주의적인 것으로 되어있다. 그가 후에 쓴 대표작 "화수분"의 끝 장면을 참고로 읽어 보자.

나무 밑 눈 위에 나무 가지를 깔고, 어린 것 업는 누더기를 쓰고, 한 끝으로 어린 것을 안아 가지고, 웅크리고 떨고 있다. 화수분은 달려들어 안았다. 어멈은 눈을 떴으나 말을 못한다. 화수분도 말을 못한다. 어린 것을 가운데 두고, 그냥 껴안고, 밤을 지낸 모양이다. 이튿날 아침에 나무 장사가 지나가다가, 젊은 남녀의 껴안은 시체와, 아직 자다 깬 어린애가 등에 따뜻한 햇빛을 받고 앉아서, 시체를 툭툭 치고 있는 것을 발견하여, 어린 것만 소에 싣고 갔다.

그러나, 전영택의 작품을 보는데는, 또 한 가지 면을 주의해서 살펴야 한다. 그것은 "생명의 봄"(1920년"창조" 3월) 이후의 작품들에 나타나 있는 인도주의적 색채이다. 그것은 전영택이 기독교인인데서 온 종교적인 휴맨이즘의 표현이었다. "흰 닭"에서 그는 닭은 죽이는 장면을 그릴 때에 닭의 입장에서 썼다.

> 암탉 세 마리는 이제 죽을 줄도 모르고, 알 낳는 닭이 수탉 찾는 이상한 소리를 하면서, 비끄러맨 끄나풀을 질질 끌고, 먹을 것도 없는 뒤뜰에서 먹이를 찾는지, 여기저기 왔다 갔다 땅을 쫍는다.

여기에 작자의 말에 의하면 닭은 잡아 먹을 것이 아니라 집의 식구와 같이 생각해야 한다는 것이다. 그는 직접 논문 "생명이 개주"에서, 문학과 종교적인 것과를 관련시켜서 말하고 있다.

> "나는 이렇게 생각하는 위에 한국 민족 생활에도 그 중심은 종교가 되어야 하겠고, 한국 문화 발달에도 중심 근거는 종교라야 되겠다. 곧 한국 민족과 그 문화의 생명은, 종교가 되어야겠다고 단정하지 아니할 수 없다.

그렇게 생각한 때문에 전영택은 결국 문학보다도 종교를 더 크게 본 것인지, 4258<1925>년 이후에는, 별로 문학에 힘쓰지 않았으며, 작품다운 것도 발표하지 않고, 종교계에 전적으로 투신投身하게 된 것이다. 해방 후에는 "유관순전"이라는 것을 내놓았을 뿐이다.

【3】 주요한

주요한 역시 같은 평양 출생, 앞에 든 "창조"에서 김동인, 전영택과 같이 문학에 힘쓴 사람으로, "창조" 창간호에 "불놀이"를 발표했는데, 그 시는 우리 나라 자유시自由詩의 초기 대표작으로 상징적象徵的인 것이었다. 주요한은 그 때 동경에서 일본의 상징파 시인 카와지川路에게 시를 배웠기 때문에 그의 시풍詩風은 당시 일본에 유행된 상징시였다.

"불놀이"와 같은 시가 발표된 것은 우리 나라 새로운 시의 역사 위에 획기적劃期的인 것이었다. 그러면 "불놀이"란 시는 대체 어떤 것인가를 보기 위하여, 여기에 그 시 한 절만 예로 들어 보기로 하자.

> 아아, 날이 저문다. 서편 하늘에 외로운 강물 위에 스러져 가는 분홍빛 놀……아아, 해가 저물면 날마다 살구나무 그늘에 혼자 우는 밤이 또 오건마는, 오늘은 사월이라 파일날, 큰 길을 물밀어 가는 사람 소리는 듣기만 하여도 흥그러운 것을, 왜 나만 혼자 가슴에 눈물을 참을 수 없는고?……(생략)

그러나, 주요한은 차차 처음의 상징적인 안개와 같은 베일을 벗겨버리고, 민족주의적인 입장에서 이상주의의 서정시抒情詩를 노래하게 되었다. 그래서 주요한은 우리 근대적인 시인 가운데서, 민족주의적인 이상주의의 시인으로 알려진 것이다. 4252<1919>년 3·1 독립 운동이 실패된 후에, 우리 나라 문단에 전적으로 비관주의적인 퇴폐頹廢 사상이 흘렀는데,

거기 대립對立해서 또 하나의 경향이 흐르고 있었다. 그것을 실망 속에서 오히려 이상을 잃지 않기 위한, 곧 희망을 찾는 것이었다. 그리고 이 이상주의를 대표한 것이 소설에선 이광수이며, 시에선 주요한이다. 그는 4254<1921>년 "창조" 9월 호에서 "별밑에 앉아서"라는 시를 발표하여, 민족에 대한 하소연 속에 한 줄기의 희망을 노래하였다. 그 뒤에 발표된 "쓰러진 꽃줄기", "부르짖음" "모든 것이 다 갈 때" 등의 시들이 모두 그런 경향에 드는 작품들이다. "모든 것이 다 갈 때"(1921년)에서 그는 우리 환경이 아무리 실망적인 것이라 해도, 앞날에 희망을 잃어서는 안된다고 노래하였다.

> 우지 마라 언제든지 모든 것에 뛰어난,
> 참과 참 삶이 올 날이 있을 것이다.

그리하여 주요한은 이 시대의 이상주의적인 아름다운 시를 엮어서, "아름다운 새벽"(1924년 "한성도서" 간행)이란 시집을 내놓았던 것이다. 그는 뒤에도 주로 민족주의적인 입장에서, 자기가 쓰던 "동광東光" 잡지 등에 시를 발표하였다.

그는 문학 방면 외에, 신문, 정치, 경제 등 여러 가지 부면에 걸쳐서 남다른 수완手腕을 보였다. 해방 후엔 역시 계속하여 시도 발표하긴 했으나, 시보다는 경제, 또 경제보다는 정치에 활약活躍하고 있다.

[연습문제]

1. "창조"의 동인同人은 누구누구인가?
2. "창조파" 문학의 특징을 설명하라.

3. 김동인의 예술관은 무엇인가?
4. 신시新詩의 기원을 밝혀라.
5. 외국 문예 사조의 들어온 경로를 적어라.
6. "인생파"의 뜻을 말해 보라.
7. 전영택의 작품 경향을 적어라.

제4장 20년 전후의 세 가지 문학

1. 3·1 운동이 미친 영향

4252<1919>년 3월 1일 일어난 3·1독립운동은 근세 우리 민족사 위에 높이 솟은 하나의 기념탑記念塔과도 같다. 이것은 당시 우리 정치 운동의 한 분수령分水嶺으로 되었을 뿐 아니라, 그 뒤에 온 우리 문학 운동 위에도 커다란 영향을 미쳤던 것이다. 만일 이 3·1운동이 성공했더라면, 우리 민족은 정치적으로 독립을 하는 동시에, 문학에도 활기를 띠게 하였을 것은 자명自明의 사실이다. 그러나 실상은 그렇지 못하였다. 일본의 야만적 탄압에 허다한 희생을 바친 채 실패로 돌아가고 말았다.

3·1운동은 우리 민족이 최후로 희망을 걸은 운명의 고개였다. 그러나 이 운동이 실패로 돌아가고 말자, 우리 앞에는 벼랑이 가로놓이게 되었다. 그리하여 4253<1920>년 경 우리 나라는 다시 어둠에 싸이게 되었다. 하긴 그 때 일시적이긴 하나 다소 기분이 명랑해지는 것 같은 소식이 있었다. 일제는 우리 민족에 대한 통치 방법을 바꾸었다. 그 전에는 소위 무단 정치武斷政治를 하던 것을 슬쩍 소위 문화 정치文化政治라는 이름으로 바꾸어 놓았다.

말하자면, 우리 민족에게 정치를 제하고 경제나 문화 방면에선 자유를 준다는 뜻이었다. 이것은 일본 제국주의가 우리 민족을 달래어 보려는 장난에 지나지 않았으나, 절망의 구렁 속에 빠졌던 우리 겨레는 물에 빠진 사람이 지푸라기라도 붙잡는 격으로 어떤 희망을 가져 보려 했었다. 정치에선 실패했으나 경제, 문화로서 다시 일어나 보자! 이런 한 줄기 희망이 우리 민족의 가슴에 싹트기 시작하였다.

전에는 "매일신보"란 기관지 하나밖에 없던 것이 4253<1920>년 7월 이후에는 "동아일보", "조선일보"와 같은 민간 신문이 창간되고, "개벽" 잡지가 나오게 되었으며, 직접 문학 동인지로서도 "폐허廢墟", "장미촌薔薇村" 같은 것이 나왔다. 그래서 한때 문화 출판의 공기가 활기를 띠운 사실은 문화 부흥이란 말까지 듣게 하였다.

그러나, 이런 활기는 결국 일시적 현상에 불과하였다. 정치적 자유가 없는 식민지 백성이 경제, 산업에 어떻게 성공할 수 있으며 문화가 발전할 수 있으랴? 겨우 반 년이 다 못가서 일본으로부터 건너오는 큰 자본 앞에 가난한 이 땅의 자본이 견디어 나지 못하였고, 농촌의 황폐 등은 실지에 있어 민족적 파산을 보여 주었다. 19세기 말기에 있은 프랑스의 패전적인 분위기가 극도의 퇴폐주의적인 문학 시대를 가져 온 것과 같이, 우리 나라에도 3·1운동 후에 온 실망적인 분위기는 확실히 시대적인 커다란 어둠의 배경이 되지 않을 수 없었다.

그와 같은 배경을 중심으로하여, 4253<1920>년대 이후의 우리 신문학 사상엔 몇 가지 문학 조류가 흐르고 있었다. 첫째는 퇴폐주의적인 문학 사조요, 둘째가 병든 낭만주의의 사상이요, 세째가 비관적인 자연주의였다. 우리는 이제부터 이들에 대한 시대적 고찰을 해 보자.

2. 퇴폐성頹廢性의 문학

【1】 이 시대의 문단의 방향은 무엇인가?

4253<1920>년 7월에 "폐허"라는 문학 동인지가 발간되었다. 이 "폐허"지에 모인 문학인들은 대체로 퇴폐적인 경향을 가진 사람들이다. 염상섭廉想涉, 오상순吳相淳, 김억金億, 민태원閔泰瑗, 황석우黃錫禹, 남궁벽南宮璧 같은 이들인데, 이들은 본래가 퇴폐적인 사람들은 아니었다. 시대적 환경 때문에 당시의 지식인, 문학인들은 거의 모두가 다 퇴폐주의적인 취미와 기분에 취하게 된 것이다. 작가와 시인이면 의례 데카당한 것이 원칙인 것처럼 되어 있었다.

【2】 밖에서 들어온 퇴폐 문학의 영향

"폐허"나 "장미촌" 같은 잡지에 모인 작가들이 퇴폐적인 문학을 했다는데는 단순한 국내의 비관주의적인 현실에서만이 아니었고, 여기에는 다시 외국 문학의 영향을 받은 바 적지 않다. 첫째로 프랑스의 19세기 말에 있었던 데카당이즘의 문학이요, 둘째가 러시아의 근대적인 우울 문학에서였다.

이 때 프랑스의 문학을 주로 소개하여 들인 것은 시인 김억이다. 그의 공로는 외국 문학을 번역 소개하여 우리 문학을 깨쳐 준 점이다. 데카당 문학을 수입해 들인 시인 김억은, 4251<1918>년 "태서문예신보"에 베르레느 등의 세기말적 시인이 쓴 작품을 번역 소개하였고, "폐허" 창간호에선 "프랑스의 고뇌苦惱"라고 해서 "악의 꽃"의 시인 보드레르를 아주 칭찬하였다. 그리하여 근대의 모든 시인은 작든 크든 보드레르의 영향을 아니 받은 사람이 없다.

그러나, 이 때 우리 문단에 영향을 끼친 것은 프랑스의 세기말적 문학만은 아니었다. 러시아의 근대 문학에서도 영향 받은 사실을 잊어서는 안된다. 우리 나라 초기 문단의 작가들이 주로 친근했던 외국 작가들은 프랑스의 모파상, 러시아의 톨스토이나 트르게네프 같은 사람들인데, 김억은 이미 4251<1918>년에 트르게네프의 산문시를 번역 소개하였다.

그 가운데서도 특히 토스트에프스키의 작품은 큰 영향을 주었으며,우리 작가 중에서 가장 러시아 문학의 영향을 많이 받은 사람이 횡보 염상섭이다. 그는 4253<1920>년부터 "표본실의 청개구리"라는 중편 소설을 "개벽"에 연재했는데 이와 같은 작품은 직접 토스트에프스키의 문학 영향을 받은 것이다. 김동인은 "근대소설고"에서 그 점을 지적하고 있다. 염상섭의 초기 작품들, "표본실의 청개구리" 외에 "암야闇夜", "제야除夜, (1921)" 그 뒤의 "무덤"(一名 萬歲前, 1924) 등 작품에 나타난 중요한 성격은 무겁고 우울한 것인데, 그런 우울성은 다분히 러시아 근대 문학의 영향을 받은 것이다.

우리가 그들의 문학을 퇴폐적이라고 하는 것은 실지로 그 작품들을 보고서 하는 말이며, 여기서 몇 가지 작품의 사실을 참조해서 보기로 하자.

【3】 퇴폐시대의 작품 경향

염상섭은 "폐허" 잡지의 서두에서 폐허의 재건을 부르짖었지만 그의 작품을 읽으면 어딘지 스스로 자기 자신을 저주咀呪하는 퇴폐적인 색채가 보인다. 예를 들면 그의 "암야"에서 "대관절 무엇을 해야 좋을지 모르는" 주인공은 자기를 "정신적 매춘부……"라고 자신이 욕을 하고 있다.

그리고 오상순의 허무적인 시 "허무혼虛無魂의 선언"("폐허" 창간호) 끝 절을 읽어보자.

바람아!
오, 폭풍아 폭풍아!
그 불꽃을
불어 내리어라,
쓸어 헤치라.
모두 무찔러 버리라.
오, 위대한 폭풍아!
세계의, 충만한 그 불꽃을.
오, 그리고
한없고 끝없는
허무에 춤추어 미치라……

다음은 "폐허"를 같이 한 사람이며, 잡지 "장미촌"을 주재主宰한 상징파 시인 황석우의 시 "폐허"에 발표된 "태양의 침몰"을 읽어보자.

태양은 잠기다.
저녁 구름의 전광자癲狂者의 게거품같이
얼음비같이 여울지고 보라빛으로 여울지는
끝없는 암굴은 잠겨 떨어지다.
태양은 잠기다. 넓은 들에 길 잃은

소녀의 애타하는 가슴 안 같은
황혼의 안을 스며 태양은 잠기다.
태양은 잠기다. 아아, 죽는 자의 움푹한 눈같이
이국異國의 제단의 앞에 태양은 휘돌아 잠기다.

이 시를 쓰고 나서 작자는 그 후기後記에 아래와 같은 말을 썼다.

> 이 전편의 시 안에 특히 저녁이란 말이 많이 쓰여 있으나, 이는 한 세기말적인 분위기에서 붙잡힌 나의 최근의 사상적인 경향을 가장 솔직하게 나타낸 자이다. 독자여! 양해하라.

이런데서, 그 시대의 작가 시인들의 퇴폐적 경향을 잘 알 수 있다. 이 퇴폐적 영향은 문단을 거의 휩쓸다싶이 하였고, 또 이것은 후에 상징적인 것을 찾으면서 우리 문단의 주요한 성격으로도 되었다. 넓은 의미에서 보면 다음에 말하는 "백조白潮파"의 낭만주의 문학도 결국은, 역시 같은 하나의 퇴폐주의 문학으로 볼 수 있는 것이다.

3. "백조파"와 낭만주의 문학

【1】 20년대의 낭만 부대

4255<1922>년 1월 문예 동인지同人誌로서의 "백조白潮"가 창간되었다. "백조"를 중심으로 모인 사람들은 홍노작洪露雀, 이상화李相和, 현진건玄鎭健, 박종화朴鍾和, 노춘성盧春城, 나도향羅稻香 등인데, 이들은 월탄月灘이 회

상기에서 말한 것과 같이 모두 다 20세를 넘을락말락한 젊은 시인 작가들로서 낭만주의 문학의 전위부대였다.

"백조"와 그 동인同人들을 통하여 우리 신문학은 21년의 낭만주의적 화려한 시대를 맞이하게 되었다. 청춘이나 낭만주의 그것은 정말 푸르고 화려한 것인지 모른다. 그 때 이야기를 노작露雀이 아래와 같이 말하고 있다.

> 그들은 모두 젊은 영웅들이요, 천재들이었다. 새로운 예술을 동경憧憬하고 커다란 희망을 가슴 깊이 품은 이들이니, 금방이라도 한편에 귀신도 울릴 만한 걸작으로서 담박 채찍에 문단으로 지쳐달리리라는 그런 붉은 야심이 왕성하게 복바쳐 불붙는 사내이들만이 모여 있었다……
>
> 한창 젊은이들이라, 밤낮이 없이 만장萬丈의 기염氣焰, 몹시도 잘들 떠들었었다……
>
> 그들은 상상이나 행위나가 모두 엄청나게도 대담하였고, 또 혹은 일부러 그렇게 꾸미기도 한 모양이었다. 인습 타파因襲打破, 노동 신성, 연애 지상戀愛至上, 유미주의唯美主義…… 무엇이든지 거리낄 것 없이 어디까지든지 자유럽고 멋있게 되는 대로 생각하고 그리고 행하자…… 그것이 그들의 신념이었다. 자유주의가 가르친 이 주장은, 그들의 뻗칠 대로 뻗친 붉은 피를 힘껏 흔들어 솟구쳐 놓아서, 뛰놀고 싶은 대로 뛰놀게 한 형편이었었다.

얼핏 보아서 현실적으로 퍽 적극성이 있는 문학처럼 보인다. 그러나, 돌아보면 "백조파"의 낭만주의는 그렇게 씩씩하고 명랑한 것이 아니고 병적病的 문학이었다. 본래 낭만주의에는 두 가지가 있는데, 하나는 시대적으로 보아서, 모든 것이 새로 일어나는 때에 이상주의적 희망에서 우러

나오는 정열과 사랑, 곧 이것은 건전한 정신을 키워 주는 낭만주의인데, 우리 나라에서는 가령 신소설이나 춘원의 문학에서나, 같은 이상주의적 문학을 한 때가, 바로 이와 같은 시대라 볼 수 있다.

그러나 이와 반대로 시대적으로 보아서 저물어 가는 시절, 눈 앞에 아무 희망과 이상을 가질 수 없는, 어두운 현실을 배경함으로써 하나의 색다른 낭만주의를 낳아 놓게 되는 것, 곧 이것을 우리는 병든 낭만주의라고 부르는 것이다. 그 병든 낭만주의는 대지 위에 발을 디디고 나서, 앞을 바라보는 것이 아니라 그 대지인 현실을 떠나서, 하염없는 꿈을 그리는 염세적厭世的인, 또는 현실 도피적逃避的인 기분의 문학이다. 말하자면, 1922년 "백조파"의 낭만주의는 둘째번의 병든 낭만주의에 속하는 것이었다.

그리고 이 낭만주의는 4252<1919>년 3·1운동이 실패된 뒤에 생겨진 비관적인, 또는 절망적인 사회 현상, 거기서 드디어 퇴폐주의적인 문학이 발생한 것과 같은 토대 위에 이 낭만주의가 자라나게 된 것이다.

【2】 "백조파" 문학의 특색

"백조파"의 젊은 시인이나 작가들은 즐겨서 푸른 코오트를 입었다. 하지만 그들의 문학적 색채色彩는 지나치게 창백한 것이었다. 그리고 모든 창백한 색채는 현실을 등진 염세적인 인생 태도의 반영을 말한 것이다.

따라서 "백조파" 문학의 첫 특색은 무엇이냐 하면 곧 염세주의적인 것이다.

월탄은 4256<1923>년 9월 "죽음의 예찬"을 발표하여, "해골, 무언無言, 뻔쩍거리는 진리眞理는 이곳에 있다"고 노래하였다.

비록 직접 죽음을 찬미한 것은 아니라 하더라도, 현세를 미워하고, 다른 세상을 그리워하는 한, 그 다른 세계가 죽음이든, 꿈이든, 알지 못하는 세계이든 간에 그 모든 것이 염세적인 경향이 아닐 수 없다. 그들은 방랑放浪을 좋아했다. 나도향은 그의 소설 "젊은이의 시절"(백조 창간호)에서 아래와 같이 부르짖고 있다.

> "떠나자! 거짓에서, 그 사랑 없는 곳에서 떠나라! 너의 갈 곳은 이 세상 어디든지 있고, 네 몸을 묻을 한 평의 적은 터가 어느 산 모퉁이에 든지 있느니라. 아, 갈 것이다."

(ㄱ) 감상感傷이 지나치다

현실을 떠난 것이요, 염세적이기 때문에, 지나치게 감상주의로 흐르게 된 것은 할 수 없는 일이다. "백조파"의 시, 소설, 수필이 감상에 젖었음은 실로 그 특색이다.

시인 중에서는 노작 홍사용의 글에 심했으니, "백조" 1호의 권두卷頭에서 애원하듯, 탄원歎願하 듯, 부르짖고 있다.

> 어찌노? 이를 어찌노? 아! 어머니 젖을 만지는 듯한 달콤한 비애가 안개처럼 이 어린 넋을 휩싸돌으니,

또하나 "백조" 2호에 실린 그의 시 "봄은 가더이다"를 읽어 보자.

> 봄은 오더니만 그리고 또 가더이다.
> 꽃은 피더니만 그리고 또 지더이다.
> 임아, 임아, 울지 말아라.

봄도 가고 꽃도 지는데
여기에 시들은 이 내몸을
왜 꼬두겨 울리려 하느니.
임은 웃더니만 그리고 또 울더이다.

더구나 그의 대표적인 "나는 왕이로소이다" "백조" 3호의 왕은 눈물의 나라의 왕이었다.

> 왕은 노상 버릇인 눈물이 나와서 그만 꿈까지 설게 울어 버렸소이다. 울음의 뜻은 모르면서도요…… 어머니께서 지우시는 눈물이 젖 먹는 왕의 뺨에 떨어질 때이면, 왕도 땅에서 시름없이 울었소이다.

라고 노래했던 것이다.

"백조" 동인同人의 작가인 나도향도 이 시기에 발표한 소설은 모두가 소녀적이요 감상적인 것들이다. 그 때 쓴 소설은 "젊은이의 시절"("백조" 창간호), "별을 알거던 울지나 말걸"("백조" 2호), "옛날의 꿈은 창백하더이다"(4255<1922>년 "개벽") 같은 것들인데, 우선 그 제목만 보아도 그 소설이 얼마나 감상에 젖어 있는가를 짐작하기에 족하다. 그 중 "젊은이의 시절"에서 한 대목만 예로서 들어보기로 하자.

> 누님, 저는 갈 터입니다. 삼각 산 높은 봉에 쉬어 넘는 구름과 같이 가요. 붉은 해가 세상을 넘어 가기만 하고 오지 않는 것 같이 가요. 산 넘고 물 건너 걷기도 하고, 배도 타고, 얼음 나라도 가고, 숲 사이로 흐르고 시내에도 가고 인도에도 가고, 이집트에도 가고, 예루살렘에도 가고, 이탈리아에도 가고, 어디든지 갈 터입니다.

여기에서 예로 든 몇몇의 글들을 읽어 보아도 그 때의 모든 글이 얼마나 감상적인가, 또 왜 그렇게 감상 주의였던가를 알 수 있다. 그것은 결국 인생의 권태倦怠 즉 염세적인 인생관에서 온 것이다.

(ㄴ) 꿈의 세계

"백조파"사람들은 현실을 떠나서 문학을 하였다고 했다. 그러면 그들은 현실을 떠나서 어디로 갔느냐? 첫째로 갈 곳은 꿈의 나라였다. 꿈 그것은 그들에게 있어서 가장 사랑하고, 동경憧憬하는 또 현실을 피하는 방법이기도 했다. 그 꿈은 그들에겐 언제나 성스럽고 신비神秘스러웠다. "백조" 3호에 실린 모 작가의 글, 꿈을 유산遺産으로 받은 이야기가 쓰여 있다. 어머니는 모든 복을 담은 큰 궤짝과 꽃마차 이야기를 한 것이 있다. 도향의 "젊은이의 시절"에도 두 가지 꿈 이야기가 나오는데 그 꿈들은 모두가 신비스럽게도 기적적奇蹟的인 것들이었다.

> 어느덧 공중에 달이 솟았다. 온 사막沙漠은 차고 푸른 빛으로 덮이었다. 지평선地平線 위 공중에서는 별들이 깜박거리었다. 아주 신비의 밤이었다.

"백조" 2호에 실린 "꿈의 나라"에 의하면, 꿈의 나라는 "빛의 고개"요, "행복의 나라"였던 것이다.

꿈은 결국 수수께끼와도 같은 나라였다. 모르는 나라이기 때문에, 그들은 기대할 수 있었다. "백조파"의 사람들은 그 미지未知의 왕국, 신비의 왕국을 그렸다. 또한 직접 꿈이 아니라도, 미지의 나라면 이것이 좋아 보이고, 신비스럽고, 동경憧憬되었다. 죽음을 예찬한 것도 죽음은 알 수 없는 세계이기 때문이다, 결국 신기한 것, 낯선 것, 그리움이 깃든 것은 "백조" 문학의 특색인 동시에, 또한 낭만 문학의 특색이라 볼 수 있다.

(ㄷ) 그들의 밀실密室은 어디였던가?

현실을 떠나면 어디로 갈 것인가? 먼저 말한 꿈의 세계란 그들의 즐겨 숨은 곳이었지마는, 그보다도 더 아늑한 장소, 비밀 장소를 준비하고 있었다. 현실은 그처럼 보기 싫고, 속되다 하더라도 한 번 그 밀실로만 간다면, 바깥과는 떨어진 장소에서 고요히 꿈꿀 수 있고, 애인을 기다릴 수가 있었다. 이상화는 "나의 침실" "백조" 창간호에서 다음과 같이 노래하였다.

> 마돈나 지난밤이 새도록 내 손수 닦아 둔 침실로 가자 침실로.
> 밝은 달은 빠지려는데 내 귀가 듣는 발자국- 오 너의 것이냐?
> 아, 어린애 가슴처럼 세월 모르는 나의 침실로 가자, 아름답고 오랜 거리로!

그 밀실은 상화의 침실이요, 월탄의 흑방黑房이었다. "아, 나는 돌아가다. 캄캄한 밀실로 돌아가다." (월탄 "흑방비곡")

(ㄹ) 시의 황금 시대

"백조파"의 주인공들은 어디까지나 시인이었다. 영국에서도 19세기 초기 낭만주의 시대에는 시인들이 주로 활약한 것과 같이, "백조파"의 시인들도 낭만 주의 문학에서의 주인이었었다.

위에서 말한 글과 같이 "백조파"의 시인들은 그 이념에선 낭만 주의요, 기분으론 퇴폐적頹廢的이요, 문학 태도에 있어서는 상징 주의象徵主義였고,

예술관으로는 유미唯美적인 것이었다.

여기서 우리는 문학상으로도 앞에 든 퇴폐 문학과 "백조파"의 낭만 문학과의 사이에는, 서로 깊은 연관聯關이 있는 사실을 찾아볼 수 있다. 퇴폐적인 것, 상징적인 것, 유미적인 것들이 모두 공통된 문학 경향이었다. 혹은 퇴폐 문학의 김안서, 황석우 등에서 시작된 상징, 유미唯美의 문학은 "백조파"에 와서 좀더 짙어지게 되었는지 모른다.

여기서 "백조파"에 속하는 사람이 아니지마는, 같은 서정抒情시인으로서, 소월 김정식金廷湜에 대하여 한 마디 써야겠다. 김소월은 시인 김억과 같이 평북 태생인 동시에, 그에게 시詩를 배운 제자였다. 그러나 소월은 얼마 안 가서 자기 스승의 경지境地를 뛰어 넘어서 독특한 신경지新境地를 개척開拓하였다. 그는 서정시인 특히 민요적인 아름다운 서정시를 쓴 독특獨特한 시인이다. 그는 시론詩論 "시혼詩魂"에서 꽃잎이 지는 우물 속에 즉흥卽興의 드레박을 넣을 때, 거기 시혼이 그 순간에 나타나는 것이라고 하였다. 유명한 시 "진달래꽃"의 한 절을 여기 인용引用해 보자.

> 나 보기가 역겨워
> 가실 때에는 말없이
> 고이 고이 보내드리오리다.
>
> 영변寧邊에 약산藥山
> 그 진달래꽃을
> 한 아름 따다 가실 길에 뿌리오리다.

"백조파"에 대하여 하나 더 말할 것은 나도향과 그의 소설이다. 지금 말한 것처럼 "백조파"는 대개가 시인이지마는, 동인同人 중 현진건과 나도향은 소설을 썼다. 현진건에 대해서는 다음 자연주의 문학에서 말할 것이요, 도향도 결국 자연주의적 작품을 남긴 작가지마는, 작가로서의 인상印象은 "백조파" 시대가 더 화려했기 때문에, 그의 소설에 대하여 한 마디 하고자 한다.

나도향은 4235<1902>년 서울 태생胎生으로서 본 이름은 경손慶孫이요, 도향은 아호雅號이다. 혹은 빈彬이란 필명筆名도 썼는데 문학은 춘원의 영향을 받은 작가였다. 그가 문단에 데뷰한 것은 "백조"동인으로서 소설을 발표한 때인데, 4256<1923>년 8월부터 "동아일보"에 장편 "환희幻戲"를 연재하게 되자, 19세의 소년 작가는 일약 문단의 총아가 되었다. 도향의 이름이 그처럼 높아진 것은 나 어린 소년이라는 핸디캡이 있었다. 그런데 도향이라 하면 곧 "백조" 시대를 연상하지만 실질상으로는 도향의 문학은 "백조" 시대보다도 그 후 자연주의 시대에 가서 일가一家를 이루었다.

"백조" 시대에는 그처럼 감상적 낭만소설을 쓰던 것이 4256<1923>년 "백조"3호에 "여자 이발사", "개벽"에 "十七원 五十전"을 발표할 무렵부터 그의 작품 경향은 큰 전환을 이루게 되었었다. 즉 이 때부터 그의 작품은 이지적이며 냉정한 작가적 안목眼目으로 현실을 비판하게 된 것이다. 4257<1924>년 "개벽" 3월호에 낸 "자기를 찾기 전" 같은 작품은, 그런 작품적 태도를 잘 표시한 것이다. 그 후에 도향은 "전차장電車掌의 일기"(1924), "J 의사의 고백"(1925), "꿈"(1925) 그리고 특히 후기後期의 대표작들인 "뽕"(1925), "물레방아", 중편 "지형근"(池亨根, 1926)과 "벙어리 삼룡"(1925년) "여명黎明"(창간호) 같은 작품을 발표하였으며, 그 중에서도 "벙어리 삼룡"은 우리 신문학사상 가장 우수한 단편 소설의 하나이다.

이 작품은 위고의 "노틀담의 꼽추"와 비교할 수 있는 작품으로서 무지

하나 순정적 인간의 강렬하고 특이한 애정을 그린 것으로 대강 줄거리는 아래와 같다.

> 머슴이요, 벙어리인 병신으로서 하늘의 별같이 바라다 보이는 주인 아씨를 남몰래 짝사랑하게 된 벙어리, 그 때문에 병까지 들어 주인 집에서 쫓겨났을 때 그의 눈에는 세상이 모두 원수같이 보였다. 그는 모든 것을 없애버리고 자기도 없어지는 것이 나을 것으로 알았다. 그래서 주인 집에 불을 질렀으나, 불 속에 든 주인 아씨를 생각하고 불 속으로 뛰어 들어 주인 아씨를 구해냈으나, 자기는 불에 타 죽는 것이다. 집은 모조리 타고 벙어리는 새 아씨 무릎에 누워 있었다. 그의 울분은 그 불과 함께 사라졌는지? 평화롭고 행복스러운 웃음이 그의 입가장자리에 엷게 나타났을 뿐이다.

6. 자연주의 문학이란 무엇인가

【1】 우리 문학과 자연주의

우리 나라 신문학에 있어서, 자연주의적인 문학이 언제부터 있었느냐 하면 4252<1919>년 "창조" 시대 김동인, 전영택의 작품에서 이미 그 자취를 찾아 볼 수 있었다. 그들 자신도 리어리즘이란 말을 썼으며, 그 작품의 주제主題나 수법도 자연주의와 가까운 것이었다. 그래서 우리는 자연주의 문학은 "창조파"에서 싹텄다고 본다. 그러나 그 싹이 정말 자라나게 된 것은 3·1운동 후의 어두운 환경 속에서이다. 자연주의란 본시 그 시대, 사회의 어두운 면을 묘사해서 이루는 문학인데, 우리 나라에서는 3·1운동 후의 불행한 환경이야말로 가장 좋은 터전으로 되었던지도 모른다.

자연주의 문학의 또 한 가지 특색은 졸라의 문학에서와 같이, 소위 과학자의 냉혹冷酷한 태도와 수법을 가지고 현실을 관찰하고, 제재를 실험한다는 것인데, 그러한 의식적인 태도 역시 3·1운동 후의 작품에서야 찾아 볼 수 있다. 예를 들면 4254<1921>년 "개벽" 5월호부터 연재된 염상섭의 "표본실의 청개구리"는 그 제목부터가 의식적으로 자연주의를 내세운 작품이다.

> "나"라는 주인공의 입을 통하여 중학 시절 박물 교사인 "수염텁석부리"선생의 박물실에서 청개구리를 해부한 인상을 적었다. 그 선생이 청개구리를 해부하여 가지고 더운 김이 모락모락 나는 오장五臟을 차례차례로 몰아내어 자기 아들 뉘 듯이 알콜 병에 채운 뒤에 둘러 서 있는 생도들을 돌아보며, 대 발견이나 한 듯이 "자 여러분, 이래도 아직 살아 있는 것을 보시오" 하고 말했다는 것이다.

이것은 소설 "표본실의 청개구리"를 쓴 작가 자신의 태도가 아니던가? 말하자면 작가는 이 작품에서 김창억이라는 미치광이의 인물 설정人物設定을 하고 그와 대립하여 "나"라는 지식 청년의 인물 설정을 했다. 결국 미치광이와 "나"라는 인물의 거리는 멀지 않다는 것, 그와 같이 사람을 미치광이로 만들고야 마는 것이 무엇이냐? 그것이 지금의 현실이다. 그 현실을 해부하여 보자! 하는 것이 작자의 의도였던 것이다. 말하자면 "표본실의 청개구리"에서부터 우리 나라 자연주의 문학은 시작되었다고 볼 수 있다.

그 뒤 자연주의는 4257<1924>년 무렵까지 우리 문단 특히 소설에서 꾸준한 세력을 잡고 내려왔다. 다른 나라도 그러하거니와 우리 신문학에서도 소설의 기초를 튼튼히 한 것이 자연주의 문학이다. 그 점 자연주의가 우리 문학에 대한 공로는 크다고 보아야 할 것이다.

【2】 염상섭과 그 작품

위에서 말한 바와 같이 "표본실의 청개구리"는 자연주의 문학으로서 처음나온 작품인데, 염상섭은 자연주의 작가 되기를 의식적으로 원하고 나온 첫 사람인 동시에, 대표적 작가이었다. 즉 염상섭은 자연주의 작가로 출발해서 자연주의로 늙은 사람, 다시 말하면 일생을 자연주의에 바친 사람이다.

그러나 염상섭의 문학을 자세히 알기 위해서는 대략 3기로 나누어 검토해 보는 것이 좋다.

첫째는 먼저 말한 "표본실의 청개구리"에서 4256<1923>년 6월부터 "신생활" 지誌에 싣기 시작한 "만세전" 본시는 "墓地"까지의 시대로, 여기서는 작품 경향이 순수하게 자연주의적인 것보다는 시대의 빛이 많이 물들어 있었다. 첫 단계는 퇴폐적인 문학, 병적인 낭만 문학이 유행한 시대이니만큼, 그 시대의 퇴폐적인 또는 우울한 기분이 그의 문학에도 영향을 던졌다. 그래서 1기의 소설들 즉, "표본실의 청개구리", "암야闇夜", "제야除夜", "죽음과 그림자", "만세전" 같은 작품을 통해서 나타난 것은 대단히 침울하고 어두운 것이 특색이었다. 김동인은 주로 이 1기의 작품 경향을 가리켜서 햄릿 식의 문학이라 하고, "굵은 선과 무거운 거와 많은 번민을 담은 것은 러시아 문학의 길"이라 하여 염상섭이 러시아 문학의 영향을 받았다고 말했던 것이다. 박종화도 염상섭의 작품을 "늘

어둠이 서 있었다"고 하였고, 그러나 "잊을 수 없는 사람들" "폐허 이후" 잡지부터 후의 작품은 그 경향이 정반대로 달라져 버렸다고 했다.

그의 제2기라는 것은 대개 4258<1925>년 이후 4261<1928>년 경까지의 문학 활동을 이름인데, 거기서 염상섭은 정말 자연주의의 본경지本境地를 나타내게 되었다. 문장은 밝아졌으나, 현실에 대한 순 객관적 작가의 태도가 작품의 효과를 더욱 차게 했다. "금반지"(1924년 2월 "개벽"), "전화"(1925년 2월 조선문단), "윤전기" 그리고 "조그만 일"(1926년 "문예시대"11월), "밥"(1927년 "조선문단" 2월)은 이 시기에 발표한 단편들인데 그 가운데서도 "조그만 일", "밥"이 가작이다. 다음에 "밥"의 한 부분을 소개한다.

> ……"밥이 없거든 태어나지나 말걸"하는 생각에 옆에 앉은 친구를 보니 누르스름한 양복바지 아래로 도사리고 앉은 발은 양말이 앞뒤로 뀌어져서 시꺼먼 발가락과 더깨가 앉은 발뒤축이 보기 좋게 내 눈앞에 어른거린다. 이 세상이 어떻게 되는 셈인가? 하여 나는 한숨을 지었다.

염상섭은 단편 소설에서 공이 크지만 장편 소설에서도 대표적 작가의 하나인데, 장편 소설도 이 시기 즉, 4264<1931>년 1월부터 "조선일보"에 연재한 "삼대三代"가 역작力作이었다. 이 외에도 "이심"二心, "매일신보", "목단꽃 필 때" 등의 장편 소설들을 발표했다. 해방 후에도 "취우驟雨", "미망인" 등의 장편 소설을 발표했으나, 벌써 옛날의 활력을 볼 수 없다.

염상섭의 제3기는 주로 해방 후의 작품들을 가리켜서 하는 말인데, 일제 말기 만주 지방에 살고 있을 때에도 역시 작품 활동은 계속했으나 특별히 들 만한 것이 없고, 8·15해방 이후 우리 문학의 재출발과 함께

상섭 문학도 새로운 출발을 하게 되었다. 해방 후 10년간 그는 문단의 현역現役이며 중진重鎭으로 활약하고 있다. 따라서 이 시기에 그의 작품은 어느 것을 드나, 제재題材를 다루는 솜씨가 무르익고 있음을 보게 하는 대신에 작품 경지境地는 가두街頭 스케치와 풍속에 치우쳐 일상성日常性의 것으로 되어버리고 지난 날의 냉혹한 리얼리티의 빛갈을 볼 수 없는 것이 유감이다. 여기에는 물론 주위의 현실 문제도 있고 연령, 건강의 문제도 있겠지마는, 대체로 문학적인 엄격한 성격이 약해진 인상을 받게 되었다.

【3】 현진건과 그 작품

자연주의 문학에서 또 한 사람의 대표작가를 들면 "이땅의 모파상"이란 이름을 가진 빙허憑虛 현진건이다. 그는 "백조"의 동인同人이었으나 작품은 낭만주의가 아니고 자연주의의 것이었다. 그리고 같은 자연주의이면서 염상섭과는 다른 성격을 보여 주었다. 월탄은 이에 관하여 상섭이 북구적北歐的이라면 빙허는 남구적南歐的이라고 말했다.

4253<1920>년 "희생화"라는 단편을 "개벽"에 발표했으나 습작習作에 지나지 못했고, 4254<1921>년 "빈처貧妻"에서 인정을 받았다. 일 평가는 "빈처"에서 실제의 묘사법이 시작되고 "타락자墮落者"에서 꽃이 피고, "불"에서 열매를 맺었다"고 말했다. 현진건은 "빈처" 뒤에 "타락자"(1923), "할머니의 죽음"(1923), "지새는 안개"(1923), "까막잡기"(1924), "운수 좋은 날"(1924), "불"(1925) 등을 썼는데 이 작품들은 모두 신문학 사상에 오를 만한 것들이다. 그 가운데서도 "할머니의 죽음", "지새는 안개", "운수 좋은 날", "불"은 모두 훌륭한 작품들이다. 사실寫實의 작가, 현진건의 사실 문장은 물샐 틈 없고 부드러운 것이 특색이다. 자연을 대상하여

묘사할 때도 그러하거니와, 인간을 묘사할 때에도 역시 그는 남들의 추종追從을 허하지 않는 섬세하고 절실한 수법을 쓰고 있다. 아래에 각기 그 하나씩을 예로 들어 보자.

다음은 자연을 묘사한 "지새는 안개"의 한 장면이다.

> 달은 시방 구름 속에 잠겨 있다. 구름은 이곳 저곳에 멍울멍울 떠 있는데, 어떤 것은 희며, 어떤 것은 연한 회색이다. 구름장의 한 복판은 두터워도 양 가장자리는 실실이 풀리어 바람이 하늘하늘 나부끼는 듯하다. 그리고 구름과 구름의 벌려진 틈에 맑은 하늘이 파릇파릇이 엿보이며, 한 개 두 개 조그만 별들이 졸음 오는 듯이 깜빡거리고 있다.

다음은 4262<1929>년 "문예공론" 7월호에 실린 "신문지와 철창"에서 인물 묘사를 한 장면이다.

> 돼지 꼬리 만한 상투, 설마른 암치쪽처럼 누렇게 뜬 주름 많은 얼굴, 불에 타다가 만 듯한 흰 수염, 휘어들고 꼬부라든 좁은 어깨, 졸음 오는 듯한 눈곱 달린 광채 없는 눈, 갈기갈기 찢어진 하피쪽 밑에서 내다 보는 콧물이 케케하게 말라붙은 광목 고의, 발은 벗었고 대님으로 상점에서 물건 살 때에 쓰는 끄나불을 매었다. 왼손에는 노란 수건을 들었고, 오른 손에는 생무껍질을 벗겨 만든 듯한 꼬부장한 지팡이를 쥐고 있다.

현진건은 장편 소설로서 "무영탑"("동아일보" 연재)과 같은 것도 썼으나 그는 장편보다도 단편 작가로서 더 우수한 사람이며, 우리 현대문학에 있어서 단편 소설을 만든 사람이라고도 할 수 있다. 우리 나라에선 장편보다도 단편 소설이 정통正統으로 되어 있는만큼 빙허의 작가적 지위는 아주 중하다고 할 것이다.

이상에서 말해 온 염상섭과 현진건 외에도 이 작가들과 같은 시대에 있던 소설 작가들 모두가 자연주의 문학에 참가했다고 볼 수 있다. 김동인은 그의 문학 전체로 보아서 결코 자연주의 작가가 아니지만, 4258<1925>년 1월에 발표한 "감자"("조선문단") 같은 것은 전형적인 자연주의 작품이다. 또 앞에서 말한 바 나도향도 전기前期에 그처럼 감상주의적 작가이던 것이 후기後期에 와선 자연주의적인 경향으로 방향을 돌렸던 것이다. 또한 전영택의 이 시기에 있은 작품이 그러했으며, 그 밖에 이익상李益相의 작품, 주요섭의 "추운 밤"(1921년 "개벽")과 같은 것도 역시 자연주의적인 작품으로 볼 수 있다. 그러므로 이 시기에 우리 문단에 흘러 들어온 모든 문학 사조 가운데서, 자연주의적 문학 인상이 가장 큰 동시에 현대문학 사상에 끼친 공로도 가장 큰 것을 지적한다.

이상 4256년 무렵까지의 문학 이야길 했는데, 그 밖에 여기 적히지 않은 시인으로서 변영로卞榮魯, 한용운韓龍雲, 김동환金東煥, 이은상李殷相 등이 4256년을 전후하여 문단에 등장하였다.

[연습문제]

1. 삼일 운동의 문학에 끼친 영향을 말하라.
2. 퇴폐 경향이 나타난 원인을 알아 보자.
3. "폐허"와 주요한 동인同人들을 적어 보라.
4. 낭만 주의 문학의 특질을 구명하자.
5. "백조파"의 문학 특징은 무엇인가?
6. 나도향과 그 작품을 이야기하라.
7. 자연주의와 현대문학의 관계를 알아 보자.

8. 현대문학에 끼친 "개벽" 잡지의 공로를 알아 보자.

9. 현진건의 작품 수법作品手法을 말해 보라.

제5장 자연주의 이후 10년간의 문학

4256<1923>년 무렵 즉 낭만주의와 자연주의 등 근대 사조의 문학이 성행하다가 한풀 꺾이면서 우리 나라엔 "신경향파" 그 밖의 이름으로 불리워진 정치 문학이 성행하게 되었다. 그 뒤 약 10년 간은 그 정치 문학이 문단을 지배하다싶이 되어 있었다. 그러나 그 정치 문학이라는 것은 너무 그 파의 정치주의에 치우쳤고, 실지로 문학사적 의의에선 반드시 기록 서술해야 할 가치가 희박한 것이기 때문에, 여기서는 번잡한 것을 피하여 그 과정만은 전부 생략省略을 하고, 다만 그 때 민족적인 문학 또는 순문학적인 동태 등에만 한해서 그 사실을 약술略述하기로 한다.

1. 민족 문학의 동태動態

【1】 고전 부흥의 운동

4258<1925>년 경부터는 정치적 색채를 띤 문학이 성행한 시대지마는, 일방 민족주의의 입장에 선 사람들에 의한 문학의 동태도 주목할 것이 있었다. 그 첫째는 국민문학 운동이다. 4259<1926>년은 마침 병인丙寅년으로서, 이 해가 바로 480여년 전 세종世宗 28년 훈민정음訓民正音 반포일인 것을 기념하는 동시에, 여기서 한글 운동을 일으켜서 국민적인 정신을

고창하게 된 것이다. 또 하나는 한글 운동과 관련해서, 오랜 옛날부터 우리 문학의 대표적인 양식으로 되어온 시조時調의 부흥 운동을 꾀한 것이었다. 시조는 이미 1700여년 전부터 우리 나라의 고유한 문학 형식의 하나로서 민족적으로 널리 애송愛誦되고 있던 바, 이것이 신문학 운동 이후 거의 무시되어 오다시피 된 현상을 다시 살리는 동시에, 그것을 신문학 위에 부활시키자는 주장을 내세웠다. 이 때에 이 국민 문학 운동에 참가한 사람들은 최남선, 이병기李秉岐, 손진태孫晋泰, 염상섭 등이었다. 이 국민 문학 운동은 문학사적으로 큰 의의가 있었는데 불구하고 별로 성과를 거두지 못하고, 유야무야有耶無耶 중에 끝나버린 한恨이 있다. 이 운동과 직접 관련된 것은 아니지마는, 4262<1929>년에 와서 정치 문학에 대하여 양 주동梁柱東 등이 문학의 형식론을 들고 나와서 형식을 무시한 문학과 논전을 한 것도 넓게 보면 하나의 민족주의적인 입장의 표시였다.

【2】 농촌 계몽의 문학

또 하나 이와 관련해서 말해 둘 것은 4263<1930>년을 중심하여 춘원을 비롯한 농촌 문학과 역사소설이 등장하게 된 사실이다.

이 농촌 문학은 그 때 "동아일보"사 등이 중심이 되어 전개한 사실과 관련된 것인데, 여기서 춘원 이광수와 심훈沈熏 같은 사람이 주동이 되어 농촌 문학 운동을 일으켰다. 중요한 작품을 들어 보면 춘원의 "흙"(1932), "동아일보"과 심훈의 "상록수"(1934), "동아일보" 같은 것이다.

역사 소설로서는 춘원의 "단종애사"와 "이순신"이 있고, 김동인의 "해지는 지평선", "윤현궁의 봄"과 윤백남의 "대도전大盜傳", "향우", "난아일대기蘭兒一代記", "봉화", "흑두건黑頭巾" 등의 작품이 있는데, 이 역시 국민 문학 운동의 일면을 대표한 것이라 할 수 있다.

2. 예술파 문학의 세력

【1】 정세의 변천

이에 정세의 변동이 왔다. 4263<1930>년을 넘어서면서 세계 각국에는 커다란 불안의 파도가 일어나게 되어 문학 사조에도 암흑의 물결이 휩쓰는 시기를 갖게 되었다.

먼저 국제 정세의 변천을 살펴 보면, 세계적으론 4266<1933>년을 전후하여 이탈리아와 도이칠란트에 대대적으로 파시즘이 일어났었고, 동양에선 일본의 군국주의가 대두擡頭하던 시대로서 4264<1931>년에 일본 군국 주의가 대륙을 침략한 "만주사변滿洲事變"이 도화선導火線으로 된 것이다. 이와 같이 동서에서 함께 반동적인 파시즘, 군국 주의가 일어나고, 문화, 사상, 인권人權의 자유가 정면으로 위협을 받게 된 암흑한 정세에서, 세계적으로 불안 공포의 역사가 닥쳐왔던 것이다.

여기서 우리 국내의 문학도 그 암흑시대에 직면하여 혼란을 일으키는 동시에, 여러 가지 경향으로 분산分散되어 갔다. 그 중에서 중요한 몇 가지 경향을 찾아 보면 첫째는 현실에 대한 지식인知識人의 양심적 고민을 그리는 것인데 대표작으로 유진오의 "김 강사와 T 교수"(1935, "신동아" 9월) 같은 것이다. 이 밖에 이효석의 "장미 병들다" 등 이와 비슷한 경향의 작품이 많이 나오게 되었다. 그러나 이보다도 이 때에 나온 더 주요한 경향은 풍자 문학諷刺文學의 등장이다.

【2】 풍자 문학諷刺文學의 등장

정세 악화에 따라 작자들이 직접 현실적인 것을 비판 항의할 수 없게 되었으며, 그 시대에 대한 옳지 못한 면을 들추어 내는 수법手法으로서 풍자문학이 일어나게 되었다.

가장 날카로운 면을 보이게 한 사람은 채만식蔡萬植이었는데, 그의 문학은 풍자 문학다운 많은 풍자적 작품을 남겼다. 작품의 예로서는 초기 작품으로서 “사라지는 그림자”(1931 “동광”), “레디 메이드 인생”과 “인테리와 빈자떡”을 들 수 있는데, 여기서도 우리 나라의 현실에 대한 풍자성을 엿볼 수 있으나, 그가 역시 본격적으로 풍자 소설을 쓰게 된 것은 현실적인 정세가 아주 악화된 4268<1935>년 후의 일이며, 작품으로는 “소망”(少妄, 1936, “조광”9월), “예수나 믿었더면”(1937 5월 “조선문학”), “치숙痴叔”(1938 4월 “동아일보”), “천하태평춘”(1938 “조광”)같은 것이다. 그 가운데서 “소망少妄”이란 작품을 예로 들어 보면,

> 남자 주인공은 현실에 대하여 극도의 증오憎惡와 반감反感을 가지고 있는 인물인데, 그는 세상에 대한 태도에서만이 아니라, 자기 주위의 모든 인물, 나중에는 자기 아내까지도 하등 동물이라고 부른다. 여름에 방안에 들어 앉기가 일수고, 여름 한낮에 겨울 의복 모자를 쓰고서 종로 거리에 버티고 서는 것이다.

여기에 우리는 족히 현실에 대한 신랄辛辣한 공격을 볼 수 있다.

또한 이상李箱 같은 사람도 풍자적인 소설을 썼는데, 유명한 것은 “날개”로서, 그는 이 작품을 통해서 자기 의식自己意識의 세계를 개척하여, 차거운 현대에 대한 날카로운 풍자를 던졌다. 이렇듯 현실에 대한 직접적

인 비판과 항거가 불가능한 정세에 직면하자, 여기에 우리 나라 현대 문학은, 직접적인 수법을 통하지 않고, 하나의 풍자 문학이라는 분야分野를 개척하게 된 것이다. 또 그 점에서 평론가 최재서崔載瑞는 4270<1937>년에 풍자 문학론을 발표했던 것이다.

【3】 예술파 작가와 "구인회"

4264<1931>년 이래 불안과 암흑의 정세 밑에서 정치 문학이 물러간 뒤를 이어서 하나의 주류主流가 나타났으니, 그것은 한 마디로 말해서 예술파藝術派적인 경향이다. 4263<1930>년 무렵부터 잡지 "시문학詩文學"과 "문예 월간文藝月刊"을 중심한 순 서정시적인 운동이 전개되었다.

여기에 참가한 주요한 사람들은 시인으로서 이하윤異河潤, 박용철朴龍喆, 김영랑金永郞 등 외에 그 때 해외문학파海外文學派라 해서 주로 외국 문학을 연구한 사람들 이헌구李軒求, 서항석徐恒錫, 소의순曺喜淳, 김광섭金珖燮 등이 참가하게 되었다. 또 이 "해외문학파"의 인물에 홍해성洪海星, 유치진柳致眞 등의 신극인新劇人을 가하여 극예술 연구회劇藝術硏究會라는 신극 운동 단체가 되고, 그것을 중심한 신극 운동이 전개되었다.

결국 4263<1930>년 경에 발생한 서정시적인 운동은 4266<1933>년 경으로 오면서 예술파적인 주류가, 우리 현대 문학의 가장 큰 세력으로 되어간 것을 우리는 당시의 현실성과 아울러서 기억하는 사실이다.

이와 같은 환경 속에서 "예술파"적인 문학 경향이 하나의 집단성集團性을 가지고서 등장하게 된 것이, 4266<1933>년 9월에 있은 "구인회"九人會의 출발이다.

"구인회"란 이효석李孝石을 비롯한 아홉 사람이 모인 것이라고 해서 그렇게 이름지은 것으로, 여기엔 어떤 행동과 강령 같은 것은 전혀 없는, 말하자면 순전한 연구의 입장에서 서로의 작품을 비판하여 많이 읽고, 많이 쓰는 것을 목적으로 하면서, 문인 상호간의 사교 그룹으로 만들어진 것이다.

이에 관련해서 "구인회"의 중요한 작가의 한 사람이었던 이효석의 예를 들면 "돼지"(1934년) 이후에 쓴 "산"(1936 3월 "삼천리"), "들"(1936 "신동아" 3월), "낙엽기落葉記"(1937 "조광"), "성수부聖樹賦"(1935 "조선문단"8월) 같은 작품들은, 소설을 오직 아름답게 쓰기 위하여 서정시抒情詩의 경지에까지 끌고 가려는 노력을 표시했던 것이다.

다음으로 "구인회"와는 직접 관계가 없지마는, 작품 경향에서 예술파적인 몇 사람의 문인을 들어 보면, 우선 시인으로선 김 영랑金永郎이 있다. 그는 4269<1936>년 4월에 "영랑시집"을 출판했는데, 이 시집은 우리나라 서정시 사상抒情詩史上에 하나의 큰 등불과도 같은 것이었다. 그는 "백조파"의 서정시인들이 시를 쓴 대로 복바쳐 오르는 감정을 그대로 그린 것이 아니고, 어디까지나 그 감정을 한번 받아서 거른 후에 정서를 풀어내어 시의 경지를 닦았다.

그의 시는 섬세纖細하고 또 상상적인 것을 반영하여 주고 있다.

저 깊은 땅밑에
사로잡힌 넋 있어,
언제나 먼 하늘만
내어다 보고 계심 같어.

부르면 내려올 듯

정든 달은
맑고 은은한 노래
울려날듯.

그는 이와 같이 유미적唯美的인 한 순간을 전형적으로 붙들어 시의 경지를 삼고 있었다. 또한 상상의 시인으로서 그는 단순한 서정적인 시의 경향에만 그치지 않고, 좀더 크게는 20세기의 상상파가 지닌 이미지를 가지려는 현대시의 한 모습도 품고 있었다.

또한 평론가 김환태金煥泰도 예술파에 속하는 사람이다. 그는 자신이 "나는 예술 지상 주의자藝術至上主義者, 남들도 그렇게 말하고 나도 자처自處한다"(1935, "조선일보")라고 말한 바와 같이 작품을 평하는데 있어서, 예술파적인 입장을 세워 문학 비평의 기본 성격을 규정規定했다. 그는 어디까지든지 재래의 비평 기준을 배척하고, 오직 작품 본위의 예술파적인 비평가로서, 4268<1935>년을 중심하여 활동한 평론가의 한 사람이었다.

3. 주지 문학主知文學

4266<1933>년 이후 "구인회"를 거쳐서 이 땅의 시단詩壇에는 감각파感覺派의 경향을 띤 새로운 시 운동이 일어났다. 여기엔 당시의 기교파에 속하였던 시인들이 모여서 활동한 문학의 한 경향이다. 이들은 19세기의 모던이즘을 받아들여 새로운 시의 운동을 일으킨 것이다. 모던이즘은 그 주요한 특징이 주지적主知的인데 있다. 이런 의미에서 주지적인 경향의 문학은, 이 시대의 전 세계적인 하나의 주류이었다. 그런데, 이 때에 우리

문단에 주지적인 문학을 받아들인 사람은 평론가 최재서로서, 그는 4267 <1934>년 주로 "조선일보" 문화면을 통하여 영국 문단의 주지 문학가 T. F. 흄과 헉슬리 등의 문학을 소개해서 받아들인 것이다. 동시에 최재서는 문예시평文藝詩評 등에서 주지적인 태도를 반영시켜서 우리 나라 평론에 한 세계를 개척하였다. 작품평을 통하여 이상 등의 소설을 주지적인 작품으로 내세운 것도 최재서이다. 그래서 이 때의 주지 문학은 평론을 통해서 온 것과, 모던이즘의 시 운동에서 온 것과 두 가지가 있다. 모던이즘의 시에서는 후엣 사람이지마는, 김광균金光均이 가장 성공하였다.

김광균은 정서를 읊은 것이 아니라, 감각을 그렸다. 시는 하나의 그림이다! 라는 현대의 시론詩論을 그대로 시의 경지에 이끌어 들인 것이다. 그 예로는,

하이한 모색暮色 속에 피어 있는
산협촌山峽村의 고독한 그림 속으로
파아란 역등驛燈을 달은 마차가 한 대 잠기어 가고,
바다를 향한 산마루 길에
우두커니 서 있는 전신주電信柱 위엔
지나가던 구름이 하나 새빨간 노을에 젖어 있었다.
("외인촌外人村의 1절)

시라 하기보다는 오히려 그림에 더 가깝다. 그는 이와 같이 다만 풍경을 시에 나타낼 때만, 이런 회회법繪畫法을 쓴 것이 아니라, 무엇이든지 형상이 없는 것도 일정한 형태로 바꿔 놓고야 만족하는 시인이었다.

4. 행동 주의行動主義와 휴먼이즘

4268<1935>년을 중심하여 유럽에서는 전기한 파시즘에 대한 지식인들의 반항 운동이 일어났다. 파시즘에 대한 유럽의 모든 지식인들은 "문명을 지키고 그것을 야만으로부터 구출救出"하지 않으면 안된다는 의식 밑에서, 직접으로 행동 주의를 부르짖게 된 것이다. 이것이 그들에게는 당시의 위기와 불안을 극복하기 위한 하나의 방법이기도 한 것이었다. 그러나, 한 편으로 지식인들의 행동 주의는 지식인 자기 스스로의 근대적인 위기를 극복하는 동시에, 그것은 새로운 인간의 건설 운동의 한 모습이었다. 다시 말하면, 이 지식인의 행동성은 근대적인 위기로서 나타나게 된 그 불안, 고민과 같은 모든 약점을 극복하고, 새로운 행동적인 인간성을 세워 보려는 의도意圖에서 출발하게 된 운동이었던 것이다.

이러한 행동 주의는 일본의 행동 주의적인 경향을 거쳐서, 이헌구李軒求, 함대훈咸大勳, 홍효민洪曉民 등의 우리 나라 문인에 의하여 이 땅에 들어온 것이 4268<1935>년 초의 일이다. 그리하여 이들은 행동 주의를 통해서 우리 나라 문단의 재건을 꾀하려 하였다. 특히 함대훈 같은 사람은 프랑스에 있은 지식인의 연맹과도 같은, 우리 나라 지식인 연맹의 결성까지도 주장한 일이 있다. 그리하여 4268<1935>년을 중심하여 우리 문학계에 행동 주의가 등장한 일이 있다.

또한 이 때에 휴먼이즘이 논의된 일이 있다. 그것은 결국 행동 주의의 연장延長으로서 4269<1936>년 이후 약 2년간 문단의 중요한 화제話題가 되었다. 휴먼이즘의 논의에서는 저자著者 등이 중심이 되고, 그 밖에 여러 사람이 참가하였다.

[연습문제]

1. 시조時調를 내세운 이유를 생각해 보라.
2. 고전古典과 현대 문학의 관계를 생각해 보라.
3. "휽"을 읽고 감상을 써 보라.
4. "구인회"九人會는 어떠한 활동을 했는가?

제6장 암흑기의 문학

1. 정세의 악화와 문단의 변모變貌

4269<1936>년 이후 우리 문학이 배경한 시대의 정세는 더 한층 험악해졌다. 4270<1937>년 7월에 소위 "노구교 사건"蘆構橋事件이라 해서, 일본의 중국 침략전中國侵略戰이 시작되었는데, 여기서부터 소위 전시 체제戰時體制라는 어두운 굴속의 시대로 된 것이다. 특히 그 때 우리와 같은 식민지植民地의 환경에선 더욱 민족적인 권리와 자유가 박탈당하고 있었다. 적어도 현실적으로 아무런 민족적인 일이나 의사를 발표할 수 없는 시대였다.

그러나 이런 험악한 시대에 있어서 우리의 문학은 절기節氣 아닌 개화開花의 현상을 보인 것이다. 이것은 얼른 생각하면 퍽 이상한 일이지마는, 그러나 거기엔 그만한 이유도 있었다.

첫째 현실적으로 이 때는, 정치적이나 사상적인 일은 할 수 없으니까, 온 민족이 예술이나 문학에 희망과 흥미와 기대를 가진 것이다. 정말 우리 신문학사에 있어서, 이 시기만큼 우리 문학 작품과 잡지가 독자들의 지지支持를 받던 일은 없다. 이것이 문학을 개화할 수 있는 하나의 환경적인 조건이다. 둘째는 이 때 우리 문학이 꽃 피었다는 것은 그 내용이나 사상의 뜻이 아니고, 순전히 형식과 문장의 의미로서이다. 이것이 문학사적으로 하나의 개화開花가 되었다는 것은, 그 전의 우리 문학이란 대체로 사상이나 내용이 주主가 되고, 형식이나 문장이 무시되어 왔던 것을, 여기서 닦을 기회를 얻게 된 것이다. 그래서 문장이 세련된 것, 작품의 기교技巧가 좋아진 것 등, 그 면에선 수준이 높아지고, 수적數的으로도 문학이 번창한 현상을 나타내었다. 한 예를 들면, 4269(1936)년을 전후한 3, 4년간에 시집詩集이 50편이나 나왔다.

그 중의 몇 가지만 들면, "영랑시집永郎詩集"(1936), "양羊"(張萬榮, 1937), "산호림珊瑚林"(盧天命, 1938), "파초芭蕉"(金東鳴, 1938), "동경憧憬(金珖燮, 1938), "물레방아"(異河潤, 1939) "박용철 시집朴龍喆詩集"(1939), "망향望鄕"(金尙鎔, 1939), "동물시집動物詩集"(尹崑崗, 1939), "와사등瓦斯燈"(金光均, 1939), "촛불"(辛石汀, 1939), "초롱불"(朴南秀, 1940), "화사집花蛇集"(徐廷柱, 1941), "향연饗宴"(金容浩, 1941) 등이다. 이 시집의 수를 보아도 우리 문학이 그 때 번창한 사실의 일단一端을 살필 수 있는 것이다.

그럼 이 시기의 문학 위에 나타난 정신적 특징이 무엇이냐 하면, 그것은 대개가 당시의 험악한 현실을 멀리 떠나고 싶어 하는 태도의 반영反映이었다. 지금 그 중에는 김광섭의 "동경"이나 윤곤강이나 김용제金龍濟 등과 같이, 그 시대에 대한 앞날을 동경하고 풍자諷刺하는 등의 것들도 있지마는, 그보다도 더 중요한 특색은, 모든 시인들이 자연과 친근하고 전원田園으로 돌아가는 현실 도피逃避의 경향이다. 예를 들면 김동명, 김상용, 신석정 등이 모두 그러하였다. 신석정은 "난초"와 "돌"을 노래했다. 석정은 "난초"에서 "난초는 도연명陶淵明보다도 청담淸淡한 풍모風貌를 갖추었다"고 하였고, 김상용은 옥수수가 익는 전원을 예찬禮讚하였다.

그러나 이것은 시인들만이 아니다. 소설가에도 그 예가 많다. 그 중에서 이무영李無影이 특례이다. 무영은 본시 4263<1930>년 경에 문단에 등장한 뒤, 많은 작품을 발표해 왔으나, 그가 정말 역량力量을 나타낸 것은 뒤에 와서 농촌 문학을 주장하고 나선 때인데, 그는 4267<1934>년에 "농부農夫", 4268<1935>년에 "만보노인萬甫老人", "흙을 그리는 마음" 등을 발표했으며, 다시 4272<1939>년에 와서 그는 서울을 떠나 시골로 돌아가는 동시에, 더 한층 "흙"의 문학을 제창提唱하면서 "제일장 제일과"(第一章第一課, 1940), "흙의 노예奴隷" 등을 발표하여 농민 작가의 태도態度를 명백히 하였다. 또한 이무영 외에도 4267<1934>년을 전후하여 등장한 작가들 박영준朴榮濬, 최인준崔仁俊 같은 작가가 모두 농촌 문학을 한 사람들이다. 뒤에 박영준은 "목화木花 씨를 뿌릴 때" 라는 단편집短篇集을 내었는데, 거기에 실린 소설은 대개가 농촌 취재取才의 작품들이다.

2. 인생파와 심리 세계의 문학

이 때의 문학이 지금 말한 것처럼 자연 농촌으로 돌아간 것이 하나의 특색이지마는, 그 밖에도 모두가 그 어두운 현실에 대해선 모르는 척하는 태도를 나타낸 것이 많다. 이미 말한 일이 있는 것과 같이 유진오兪鎭午 같은 작가도 이 시대엔 "나비"나 "주붕"酒朋 같은 시정市井 소설을 썼고, 그 밖에 작가들 계용묵桂鎔默, 조용만趙容萬 등도 예술파적인 또는 인생파적인 것, 따라서 현실적인 데서 보면, 거의 무색 투명無色透明한 작품들을 썼다. 계용묵은 4259<1926>년대에 나온 사람이지마는 그가 활동한 것은, 4268<1935>에 "백치白痴 아다다"를 발표한 이후인데, 그 뒤에 발표한 작품은 “청춘도靑春圖”, “행복幸福”, “탐구探求”, “장벽障壁” 등이며, 이것은 모두가 예술파적인 또는 인생파적인 작품들이다.

또한 조용만은 4266<1933>년에 나온 사람으로서, 처음에는 희곡戱曲을 쓰다가 나중에 소설로 전환轉換한 작가인데 4273<1940>년의 “초종기初終期”, 4274<1941>년의 “만찬晩餐” 등은 역시 하나의 인생 스케치의 것이다.

또한 이 때는 밖의 현실이 험악하기 때문에, 문학이 인간의 내부內部세계로 들어가기 쉬웠다. 마침 유럽의 20세기 문학의 한 조류潮流인 심리주의心理主義 문학을 받아들여 여기에도 그런 종류의 문학이 나타났는데, 그 대표 작가는 이상李箱이다. 그는 4267<1934>년 경에 “오감도烏瞰圖” 등의 시를 냈으나, 뒤에 소설을 썼다. 주요한 작품은 “날개”(1936), “종생기終生記”(1937) 등이다.

또한 고전 부흥론古典復興論과 역사 소설歷史小說이 유행된 것도 이 때의 시대상時代相이다. 4269<1936>년을 전후해서 주로 “조선일보”가 중심이 되어 고전에 관한 기사와 논문이 많이 실렸다. 예를 들면 “구소설舊小說에 나타난 시대성時代性”(1936), “한국문학韓國文學의 전통傳統과 고전古典”(1937), “고전부흥古典復興의 현대적 의의現代的意義”(1938) 같은 것들이다. 이 고전론과 직접 관련關聯된 것이 아니지마는 이 무렵 역사소설이 성행했다. 이것도 직접 소설에 취재하여서 작품을 쓰기 어렵기 때문에 역사소설로 돌아간 것이다. 이 때에 나온 역사 소설로선 김동인의 “운현궁雲峴宮의 봄”(1933), “제성대帝星臺”(1938, “조광”), 현진건의 무영탑無影塔”(1937), 박종화朴鍾和의 “금삼錦衫의 피”(1935), “대춘부待春賦”(1940) 등이다.

또한 이 때는 통속 소설通俗小說이 유행했다. 그것도 현실과 정면 대결正面對決을 하기 어렵기 때문에 작가들이 통속성으로 기울어진 경향을 살필 수 있는 것으로, 한 예를 들면 김말봉金末峰이 "밀림密林"(1935)을 "동아일보"에 연재하여 대번에 주목을 끌고, 두 번째 "찔래꽃"을 "조선일보"에 연재(1936)하여 일약 인기 작가로 되었다. 또한 김내성金來成이 백가면白假面"(1937), "마인魔人"(1937) 등을 발표하여 탐정 소설가로 주목을 끌고, 박계주朴啓周는 "순애보殉愛譜"(1940)를 써 내어 독자들의 환영을 받았던 것이다.

3. 이 시대의 중견 작가中堅作家들

4268<1935>년 이후는 먼저 말한 바와 같이, 작품의 발표가 활발한 시대인데, 이상에서 이미 몇 사람의 시인, 작가에 언급했지마는 아직 많은 사람들을 말하지 안 했었다.

첫 번쌔는 여류 작가女流作家들이었다. 우리 나라의 여류 작가로서 초기의 것을 말하게 되면, 4251<1918>년 경에 나정월羅晶月, 뒤엔 여류 화가 나혜석羅惠錫으로 알려졌다. 그 뒤엔 4256<1923>년 경부터 시와 소설을 쓴 김명순金明淳이 있으며, 같은 시대에 시를 쓴 김원주金元周 등이 있다. 또한 박화성朴花城은 4258<1925>년에 "조선문단"에 "추석 전야秋夕前夜"가 추천되어 등장했다가, 그 뒤 4266<1933>년에 "하수도공사下水道工事"를 "동광"지東光誌에 발표한 이후 많은 단편 소설과 "백화白花", "북국의 정열北國의 情熱"등의 장편 소설을 발표하는 등, 여류 작가로서 역량을 발휘하였다. 말하자면 이 사람들이 여류 작가로서 전기에 속하는 사람들이다. 뒤로 오면서 많은 유력한 여류 작가들이 나왔는데, 그들은 대개가 4264<1931>년 이후에 등장해서 4268<1935>년 경 이후에 문단적인 활동을 한 사람들이다.

그 중에선 백신애白信愛가 가장 선배인데 4259<1926>년 경에 문단에 등장한 사람이다. 그는 일시 작품 활동을 중단하다가 4266<1933>년에 "꺼레이", "신녀성"을 발표하고 나서 "광인 수기狂人手記"(1937), "소독부小毒婦"(1938, 조광), "정조원貞操怨" 등을 발표했는데, 그는 인간적으로 보나 작풍作風으로 보나 정열이 지나쳐서 너무 주관적인데 흘러버린 감이 있다.

강경애姜敬愛는 4264<1931>년 "어머니와 딸"을 "혜성慧星"에 발표한 뒤, 문단의 주목을 받아 "부자父子"(1932), "채전菜田"(1933), "소금"(1934), "지하촌地下村"(1936), "어둠"(1937) 등의 단편 소설을 쓴 외에 "인간 문제人間問題" 등의 장편 소설을 "동아일보"에 연재하였는데, 그의 작품은 소박한 자연주의적인 리얼리즘이 특색으로 되어 있다.

최정희崔貞熙는 4264<1931>년 경 "삼천리三千里" 잡지의 여기자로 있으면서 "푸른 지평선地平線", "쌍곡선雙曲線"(三千里, 1932), "다난보多難譜", (1933, "매일신보") 등의 단편소설을 가지고 등장했으나, 모두 습작물習作物에 지나지 않고, 그가 작품다운 소설을 쓰게 된 것은 4270<1937>년의 "흉가凶家"(조광지朝光誌) 이후 "정적기靜寂記"(1938), "인맥人脈"(1940), "지맥地脈"(1940) 등을 발표한 시대이다. 여기서 최정희는 자기 고백적인 수법을 써서, 자기의 감정을 대담하게 파헤치는 여류 작가 독특한 경지를 보여 주었다.

여류 소설가로서 또 한 사람 **장덕조**張德祚가 4265<1932>년에 "개벽사" 여기자로 있으면서 단편소설을 쓰기 시작했는데, 그의 작품이 인정된 것도 4269<1936>년의 "자장가"("삼천리" 3월) 이후이며, 그 뒤에 "어미와 딸", "어떤 여기자 이야기", "해바라기" 등의 가작佳作을 발표하였다.

시인으로선 모윤숙毛允淑과 노천명盧天命 두 사람에 대하여 적기로 한다. 두 사람이 다 이화 여전 출신으로서, **모윤숙**은 4263<1930>년, 노천명은 4266<1933>년 경에 문단에 나왔다. 모윤숙은 4267<1934>년에 시집 "빛나는 지역地域"을 냈는데, 여기엔 지방적인 정열이 분방奔放하게 넘쳐 흘렀다. 대체로 그 시가 감상주의적이게 된 것은 부득이한 일이다. 4270<1937>년에 "렌의 애가哀歌"라는 서정적인 장시長詩를 내면서, 여기선 성인이 된 여인의 연모戀慕와 동경憧憬을 그려 본 것으로, 시인의 성장成長을 말하는 것이었다.

노천명은 하나의 극기적克己的인 시인이다. 여성으로서 감상, 감정을 제어制御하고 어떤 순화純化된 감정 상태를 노래하여 여류 시인으로서 특수한 경지境地를 가다듬었다.

또한 4268<1935>년을 전후해서 유력한 작가들이 많이 나왔다. 그 주요한 이를 들면, 김유정金裕貞, 김동리金東里, 정비석鄭飛石, 김영수金永壽, 최인욱崔仁旭 등이 이 시대에 연차로 등장한 것이다.

김유정은 4268<1935>년 "조선일보"에 "소나기"가 당선되어 문단에 등장, 약 3년동안 활발한 작품 활동을 하다가 병과 가난 때문에 일찌기 작고作故한 사람이다. 그 짧은 동안에 그가 발표한 주요한 작품은 "산골", "가을"(1936), "동백꽃"(1936), "따라지"(1937) 등인데, 뒤에 이 작품들을 모아서 단편집 "동백꽃"을 출판했다. 애수哀愁에 찬 인생파적인 태도에다가 현실을 풍자諷刺한 유모어를 가하여 독특한 작풍을 보인 사람이다.

김동리는 4268<1935>년 "산화山火", 4269<1936>년 "바위" 등을 가지고 등장, 처음부터 자연이나 인간에 대한 신비神秘, 낭만浪漫을 그려서 특유한 경지를 개척하였다. 뒤이어 그는 "무녀도巫女圖", "황토기黃土記" 등을 발표하여 문단의 지위를 확보해갔다.

정비석은 "성황당城隍堂"(1937), "조선일보" 당선을 가지고 문단으로 나와서 그 청신 경쾌清新輕快한 경지와 문장이 문단의 주목을 끌었다. 그는 뒤이어서 "저기압低氣壓"(1938), "귀불귀歸不歸"(1940), "제신제諸神祭"(1940) 등을 발표하는 외에 "청춘의 윤리青春倫理" 등의 장편 소설을 발표하였다.

김영수는 4272<1939>년에 "소복素服"이 "조선일보"에 당선. 이 작품은 픽션으로서 상당한 통속성의 기교技巧가 있어 뒤에 이 작가가 대중 작가로서 성공할 요소를 보여 주었다. 같은 해에 **최인욱**은 "월하취적도月下吹笛圖"(조광지朝光誌)와 "산신령山神靈"으로서 문단에 등장, 4275<1942>년에 "멧돼지와 목탄木炭" "춘추春秋"를 발표하였는데 신인 당선으로선 이 작가가 가장 후기의 사람이다.

4. "문예지"와 신인新人 작가들

4268<1935>년 이후 4273<1940>년까지의 우리 문학을 말하는데 있어서, 그 문학의 터전으로 된 신문 출판 기관에 대하여 한 마디 적어야 하겠다. 첫째는 각 일간 신문의 문화면의 공적이 컸다. 먼저 적은 작가 중에 박영준, 김유정, 정비석, 김정한金廷漢, 김영수 등은 모두 "조선일보"의 신춘 문예의 당선을 통하여 문단에 나온 사람들이다. "동아일보"를 통해선 김동리, 곽하신郭夏信 등이 나왔고, "중앙일보中央日報"도 신인을 냈다. 다음은 이 시대에 발간된 두 가지의 문예 잡지의 공적을 특기해야겠는데, 그것은 "문장文章"과 "인문평론人文評論"의 두 문예 잡지이다.

"문장", "인문평론"은 4271<1938>년 8월에 창간, 4274<1941>년 4월

에 폐간을 당하기까지 그 동안 이 두 잡지를 터전으로 해서, 많은 작품이 생산되었고 또한 이 두 잡지를 통하여 적지 않게 유력한 신인들이 등장하였다. 특히 "문장"의 추천제推薦制를 거쳐서 나온 신인 작가가 많다. 여기 주요한 사람들을 적으면 4272<1939>년과 4273<1940>년에 걸쳐서 최태응崔泰應이 "바보 용칠", "봄", "항구港口", 임옥인林玉仁이 "봉선화鳳仙花" "고영孤影", "후처기後妻記", 허민許民이 "어산금魚山琴"등을 가지고 등장했는데 이들은 모두 소설 작가들이며, 또 시인으로선 김종한金鍾漢이 "할아버지", "계도系圖", 이한직李漢稷이 "온실溫室", "낙타駱駝", 박목월朴木月이 "길처럼", "그것은 연륜年輪이다", 박두진朴斗鎭이 "낙엽송落葉松", "들국화", 조지훈趙芝薰이 "승무僧舞", 봉황수鳳凰愁", 박남수朴南秀가 "밤길", "거리距離" 등을 가지고 등장했던 것이다. 그 밖에도 "문장"과 "인문 평론"을 통하여 등장한 신인들이 많다.

그러나, 그런 출판물과 문예 잡지를 통하여 우리 작가가 활동하고 신인이 나오게 된 것도 얼마 동안이요, 차차 그것도 허용許容되지 않는 절박切迫한 현실을 맞이하게 되었던 것이다. 즉 4270<1937>년에 일어난 소위 대동아 전쟁大東亞戰爭이라는 일본의 대륙 침략전이 장기전으로 되고, 다시 4272<1939>년에 미일 전쟁美日戰爭으로 들어가게 되자, 일본 제국 수의의 우리 나라 문화 운동에 대한 탄압이 노골화露骨化되어, 나중은 우리의 민족적인 언어言語도 사용하지 못하게 되었다. 4274<1941>년에 "문장" 등이 폐간을 당한 것도 그 때문이다. 그리하여 4274<1941>년 이후 약 4년 동안은 우리 현대문학 사상現代文學史上에 있어 완전히 암흑기暗黑期였다. 그러나 역사는 항상 앞을 향하여 전진하고 있었다. 4278<1945>년 8월 15일 세계적으로 파시즘의 패배敗北, 동양에선 일본의 패망으로 인하여, 우리 민족 앞에는 36년간의 쇠사슬이 풀리고 드디어 역사적인 해방의 날이 온 것이다. 그리하여 이때부터 우리 문학도 민족 문학으로서 새출발을 하게 된 것이다.

[연습문제]

1. 모던이즘이란 어떤 시파詩派인가 알아보자.
2. 주지主知 문학의 뜻을 설명하라.
3. 중일전쟁中日戰爭이 일어나면서 우리 문학은 어떻게 변했나?
4. 1936년 이후의 시詩 경향을 말하라.
5. 1936년 이후의 소설 경향을 말하라.
6. 1936년 이후에 나온 중요한 작가들을 말해 보라.
7. 8·15 해방은 우리 문학사에 어떤 영향을 주었는가?

國文學史索引

年代表

단기	서기	왕조	인물작품 및 사건 문헌	쪽
上 古		檀 君王 儉	檀君神話	20, 29.
		扶餘	解慕漱, 金蛙, 傳說	30
		高 句 麗	朱蒙 傳說	30
		新羅	朴赫居世, 昔脫解, 金閼智 傳說	30
		駕洛	首露王 傳說	30
		同上	迎神歌	21, 33.
		古 朝 鮮	箜篌引歌	32
		高 句 麗	類利太子 傳說	40
2317	17 B.C.	麗. 瑠璃 3	黃鳥歌	21, 33.
2361	28 A.D.	羅. 儒理 5	兜率歌	50
2362	29 A.D.	麗. 大武神 6	好童王子 說話	40
2365	32 A.D.	羅. 儒理 9	會蘇曲	50
2365~2623	292~300	麗. 烽上王	美川王(乙弗) 說話	38
2708	375	濟. 近肖古 30	高麗 "書紀" 撰	25
2750~2791	417~458	羅. 訥祗王	憂息樂. 鵄述嶺曲.	50, 51.
2791~2812	458~479	同. 慈悲王	碓樂.	50
2812~2833	479~500	同, 炤智王	怛忉歌	51
2833~2847	500~514	同, 智證王	竿引	50
2847~2873	514~540	同, 法興王	美智樂	50
2873~2909	540~576	同, 眞興王	徒領歌	50
2878	545	同, 眞興 6	居柒夫 "國史" 撰	25
2909	576	同, 眞興, 37	化郎制度確立	37
2909~2965	576~632	同, 眞平王	捺絃引, 薯童謠(百濟武王), 彗星歌(融天師)	51, 46, 61.
2933	600	麗, 嬰陽 11	李文眞 "新集"(國史)撰	25
2965~2908	632~647	羅, 善德王	風謠	61
2989~2994	654~661	同, 武烈王	陽山歌	50
2993	650	同, 武烈 7	百濟亡.	43
3001	668	同, 文武 8	高句麗亡.	43
年代未詳		百濟	禪雲山, 無等山, 方登山, 智異山, 井邑詞	40, 41. 51
同		新羅	思內奇物樂, 內知, 白實, 德思內, 石南思內, 祀中, 利見臺歌	
同		同	木川歌, 東京曲.	49, 50.
3014~3025	681~692	羅, 神文王	願往生歌(廣德婦)	52, 65.

3025~3035	692~702	同, 孝昭王	薛聰 吏讀整理	46, 47.
同	同	同	慕竹旨郎歌得烏曲	48, 61.
3035~3070	702~737	同, 聖德王	獻花歌(老人), 海歌(純貞公)	61
3070	737	同, 孝成王	怨歌(信忠)	48, 61.
3075~3098	742~765	同, 景德王	爲亡妹營齋歌(月明師)	48, 61.
3092	759	同, 景德 18	兜率歌(月明師)	48, 61.
3075~3098	742~765	同, 景德王	安民歌(忠談師), 讚耆婆郎歌(左同)	48, 61.
同	同	同	盲兒得眼歌(希明)	48, 61.
3118~3131	785~798	同, 元聖王	身空詞腦歌, 遇賊歌(永才)	48, 61.
3159~3169	826~836	同, 興德王	鸚鵡歌(興德王)	61
3194~3208	861~875	同, 景文王	玄琴抱曲, 大道曲, 問群曲(邀元郞)	54
3208~3219	875~886	同, 憲康王	處容歌(處容郞)	48, 61
3220~32303	887~897	同, 眞聖王	魏弘, 大矩和尙, "三代目" 條撰	51
257~3260	924	同, 景哀王	繁花曲	51
3268	935	同, 敬順9	神會作歌	61
同	同	同	新羅亡	
3330	967	高麗, 光宗 18	普賢十願歌(均如大師)	59
3306	973	同 24	均如大師卒(3256생)	59
3401	1068	文宗 22 睿宗朝	崔沖卒	62
3439~3455	1106~1122	仁宗 8	伐谷鳥(睿宗)	68
3463	1130	仁宗 23	郭輿卒	62
3478	1143	毅宗 5	三國史記撰(金富軾)	52, 64.
3484	1151	毅宗朝	金富軾卒(3408生), 鄭叙流配	68
3480~3503	1147~1170	高宗 28	鄭瓜亭曲(鄭叙)	68
3574	1241	高宗朝	李奎報卒(3501生)(白雲小說)	62
3545~3592	1212~1259	忠烈王 11	翰林別曲(諸儒)	67
3618	1285	忠烈王朝	三國遺事撰(僧一然)	60
3608~3641	1275~1308	忠烈王 15	雙花店	68
3622	1289	忠肅王朝	僧一然卒(三國遺事)	60
3647~3663	1314~1330	忠惠 4	關東別曲, 竹溪別曲(安軸)	87
3675	1342	同 5	禹倬卒	62
3676	1343	恭愍王 20	李兆年卒	62
3704	1371	恭讓王 4	李存吾卒	62
3725	1392		鄭夢周卒	62
年代未詳			西京別曲, 鄭石歌, 履霜曲, 가시리, 滿殿春, 靑山別曲, 相杵歌, 維鳩曲, 禮成江曲.	68
		李朝, 太祖 4	李穡卒	62
3728	1395	同 7	鄭道傳卒(文德曲)	62
3731	1398	太宗 9	權近卒(霜臺別曲)	83
3742	1409	同 18	吉再卒	62
3751	1418	世宗 7	華山別曲(卞季良)	83
3758	1425	同 12		

3763	1430	同 28	卞季良卒	
3779	1446	同 29	訓民正音頒布	72
3780	1447	同 29	龍飛御天歌刊	77
3780	1447	同 31	東國正韻成	122
3782	1449	端宗 3	月印千江之曲, 釋譜詳節刊	78
3788	1455	世祖 4	洪武正韻譯訓	118
3792	1459	同 7	月印釋譜刊	77
3795	1462	成宗 6	楞嚴經諺解	116
3808	1475	同 12	樂學軌範纂	48, 68
3814	1481	同 14	杜詩諺解刊	117
3816	1483	同 14	姜希孟卒(村談解頤)	102
3816	1483	同 23	聯珠詩格, 黃山谷詩諺解	117
3825	1494	同 24	徐居正卒(太平閒活, 東人詩話)	104
3826	1493	同 24	樂學軌範刊	48, 68.
3826	1493	燕山君 10	金時習卒(金鰲新話)	106
3837	1504	燕山朝	成俔卒(慵齋叢話)	101
3828~3838	1495~1505	中宗 12	禦眠楯(宋世琳)	102
3850	1517	同 22	四聲通解撰(崔世珍)	119
3860	1527	同 29	訓蒙字會刊	119
3867	1534	中宗朝	金絿卒(花田別曲)	83
3839~3877	1506~1544	明宗 10	黃眞伊	80
3888	1555	同 20	李賢輔卒(漁父詞)	86
3898	1565	明宗朝	陶山十二曲(李滉)刊	86
3879~3900	1546~1567	同	百聯抄解刊	117
同	同	宣祖 3	時用鄕樂譜刊?	68
3903	1570	同 17	李滉卒	86
3917	1584	同 20	李珥卒(高山九曲)	86
3920	1587	同 25	權好文(獨樂八曲)	67
3925	1592	同 26	宋純卒(俛仰亭歌)壬辰亂起	86
3926	1593	光海君 10	鄭澈卒(關東別曲, 思美人曲, 續美人曲 等)	91
3951	1618	廣海朝	許筠卒(洪吉童傳)	105
3942~3956	1609~1623	同	癸丑日記	106
同	同	仁祖 6	續禦眠楯	102
3961	1628	同 20	申欽卒	95
3975	1642	孝宗 7	朴仁老卒	85
3989	1656	顯宗 12	金光煜卒(栗里遺曲)	95
4004	1671	顯宗朝	尹善道卒	94
3993~4007	1660~1674	肅宗 4	旬五志(洪萬宗)	85
4011	1678	同 18	要路院夜話記(朴斗世)?	110
4025	1692	英祖 4	金萬重卒(九雲夢, 南征記)	107
4061	1728	同 23	靑丘永言(金天澤)	96

4080	1747	同 26	華東正音通釋韻考刊(朴性源)	119
4083	1750	同 27	訓民正音韻解(申景濬)成	119
4084	1751	同 39	三韻聲彙刊(洪啟禧)	119
4096	1763	同 40	海東歌謠(金壽長)成	96
4097	1764	英祖朝	日東壯遊歌(金仁謙)	85
4058~4109	1725~1776	正祖 19	李世春(時調唱法)	98
4128	1795	同 22	恨中錄惠(慶宮洪氏)	107
4131	1798	純祖 5	戊午燕行錄	102
4138	1805	同 21	朴趾源卒(熱河日記)	102
4157	1824	純祖朝	諺文志刊(柳僖)	119
4134~4176	1801~1834	憲宗 10	禦睡錄	102
4177	1844	高宗 13	漢陽歌(漢山居士)	85
4209	1876	同 21	歌曲源流(朴孝寬)成	98
4217	1884		申在孝(판소리 여섯마당)卒	114
年代未詳			張仁傑傳	109
			淑英娘子傳	110
			春香傳沈淸傳,	111
			鼈主簿傳	111
			興甫傳	111
			海西奇聞	111
	1894	甲午改革	鹿處士宴會	112
4227		高宗 31		
	1906	開		122
4239			李仁稙 血의淚, 雉岳山	123
		化		124
			崔瓚植 秋月色	125
		期	李海朝 花의血	126
			崔南善 雜志 少年 發行, 新體詩運動	127
	1910	日帝侵略		
		…		
4243	1913	民	長恨夢 其他 翻案文學登場	
	1915	族	春園李光洙 短篇 젊은 꿈을 雜誌 青春에	139
4246		反	發表	129
4248[14]		抗	長篇 無情(1918) 開拓者發表	
	1918	期	泰西文藝新報創刊	136
		…	金億 飜譯文學紹介	140
4251	1919	3. 1運動		140
		.	同人誌創造發行	
4252		.	金東仁 弱한者의 슬픔	144
		.	朱耀翰 불놀이, 별 밑에 앉아서(1921)	148
		.	發表	152
	1920	民	金東仁 短篇 배따라기, 감자(1925)	

4253		族	發表	148
		失	同人誌 廢墟發行	
		望	廉想涉 中篇 표본실의 청개구리 開闢誌	155
		期	(1920)에 連載	157
		.	金億 베르레느, 보드레르등을 飜譯	
		.		156
		.	吳相淳 黃錫禹, 廢墟誌에, 作品發表	156
		.		157
		.	同人誌 白潮 創刊	159
4255	1922	.	羅稻香 短篇 젊은이의 시절(1922)發表	163
		.	洪露雀 詩 봄은 가더이다를 發表	162
		︵	李相和 詩 나의 침실로 發表	164
		再	金素月 진달래꽃 發表	165
		建	玄鎭健 貧妻(1921)無影塔(1935)發表	171,
		期		172
		︶	朴鍾和 詩 죽음의 예찬 發表	161
	1923	.	田榮澤 短篇 흰닭 화수분(1925)發表	151
4256	1924	.	한글날紀念	173
4257		.	國民文學運動時調復興運動	174
	1926	.	李秉岐, 孫晉泰 論文發表	174
4259		.	桂鎔默 登場	184
		.	梁柱東 形式論發表	174
		.	農村啓蒙運動의 展開	174
	1929	.	詩文學誌 刊行	177
4262	1930	.		
4263		滿洲事變	文藝月刊發行, 海外文學派登場, 劇藝術	177
	1931	.	研究會結成, 異河潤, 朴龍喆, 徐恒錫, 李	
4264		.	軒求, 金永郎, 李無影登場	
		.	金光燮, 柳致眞 等 登場	177
		.	朴花城, 姜敬愛, 毛允淑, 崔貞熙, 張德祚	183,
		.	等 登場	187.
		.	李光洙 흙發表	174
	1932	,	九人會結成	177
4265		파	趙容萬登場	184
		시	金東仁 雲峴宮의봄	185
	1933	즘	朴花城 下水道工事	186
4266		擡	沈薰 常綠樹發表	174
		頭	蔡萬植 레디메이드人生發表	176
		.	李孝石 돼지發表	178
	1934	.	모던이즘시의 登場	179
4267		.	毛允淑 빛나는 地域	188
		.	崔載瑞 主知文學紹介	180

		.	李無影 農夫發表	184
		.	盧天命登場	188
		危	朴榮濬登場	184
		機	李箱 烏瞰圖發表	185
		時	金煥泰登場	179
		代	朴鍾和 錦衫의 피發表	185
		.	金光均登場	180
		.	俞鎭五 金講師와 T教授發表	175
	1935	.	行動主義論	181
4268		.	金裕貞登場	184
		.	桂鎔默 白痴아다다發表	184
		.	蔡萬植 少妄發表	176
		.	金末峰 密林發表	185
		.	李孝石 산, 들發表	178
	1936	.	金東里 바위發表	188
4269		.	金永郞詩集 發行	178
		.	姜敬愛 人間問題發表	187
		.	휴먼이즘論	181
		.	李箱 날개發表	185
		.	張德祚 자장가發表	187
		.	郭夏信登場	189
		.	金末峰 찔레꽃發表	186
		.	玄鎭健 無影塔發表	185
		.	鄭飛石 城隍堂發表	189
	1937	中日戰爭	金來成 白假面發表	186
		.	姜敬愛 어둠發表	187
4270		.	文章誌發刊	189
		.	人文評論發刊	189
	1938	.	金東仁 帝星台發表	185
		.	金珖燮 憧憬詩集發行	183
4272		.	盧天命 珊瑚林詩集發行	183
		.	金永壽 素服發表	189
		中	崔仁旭 月下吹笛圖發表	189
	1939	日	異河潤 물레방아(詩集)發行	183
		.	金尙鎔 望鄕(詩集)發行	183
4272		世	金東鳴 芭蕉(詩集)發行	183
		界	朴龍喆詩集發行	183
		大	尹崑崗 動物詩集發行	183
		戰	辛石汀(1929年登場)촛불(詩集)發行	183
		.	趙容萬 初終記發表	185
	1940	.	朴鍾和 待春賦發表	185
4278		.	朴啓周 殉愛譜發表	186

4274	1941	.	崔貞熙 地脈發表	187
		.	鄭飛石 諸神祭發表	189
		.	崔泰應 바보용칠發表	197
		.	林玉仁 鳳仙花發表	190
		.	李漢稷 溫室發表	190
		.	朴木月 길처럼發表	190
		.	趙芝薰 鳳凰愁發表	190
		.	朴南秀 초롱불詩集發表	183
		.	徐廷柱(1936年登場)花蛇集(詩集)發行	183
		.	金容浩 饗宴(詩集)發表	
		.	文章, 人文評論 廢刊	183
		.		

14 원문에는 2248로 나왔지만, 4248이 맞은 것 같아 수정 입력한다.

표준 국문학사

4293년 3월 25일 인쇄
4293년 4월 1일 발행

<값 370 환>

저자 **이병기**
백 철
서울 특별시 중구 소공동 17
발행 **신 구 문 화 사**
4826. 10. 5. No. 474

<공급처> 한국검인정교과서주식회사

[부록] 교육학 상세목록

25권) 교육학 I

1	중등국어 1	1949.8.5	금룡도서
2	중등국어 2	1949.8.5	금룡도서
3	중등국어 3	1949.8.5	금룡도서
4	중등국어 4	1949.8.5	금룡도서
5	중등국어 5	1949.8.5	금룡도서
6	중등국어 6	1949.8.5	금룡도서

26권) 교육학 II

7	문학독본 상	1948.8.30	상문당	이병기 편
8	표준 옛글(1,2,3 중1)	1955.3.20	신구문화사	이병기 정인승 엮음

27권) 교육학 III

9	표준 문예독본	1955.6.20	신구문화사	이병기 정인승 백철 엮음
10	표준 국문학사	1956.4.1	신구문화사	이병기 백철 엮음

28권) 교육학 IV

1) 교과서				
11	표준 고등글본	1956.4.1	신구문화사	이병기 정인승 백철 엮음
2) 교육 평론				
7	해방후 국어교육	새교육 1권 2호	1948.9.15	
8	古典과 國語教育	새교육 2권 2호	1949.3.25	1976.8
9	國文學과 國語教育	전북일보	1955.2.20.	
10	古代 朝鮮의 女流教育家	신생 제2권 11호	1929. 11.	
3) 편지작법				
1	편지讀本1	여성 4권8호	1939.8.	연재 전6회
2	편지讀本2	여성 4권9호	1939.9.	
3	편지讀本3	여성 4권10호	1939.10.	
4	편지讀本4	여성 4권11호	1939.11.	
5	편지讀本5	여성 4권12호	1939.12.	
6	편지讀本6	여성 5권2호	1940.2.	

4) 교가 및 기념가					
구분	순	학교명	일기 기록	비고	
초등학교	1	군산중앙초등학교			
	2	김제 중앙초등학교	1955.3.5.		
	3	능원초등학교	1949.12.30		
	4	동광학교 교가와 운동가	1922.11.16	미확보	
	5	여산초등학교	1946.10.6		
	6	재동국민학교	1947.12.23	미확보	재동국민학교가를 지어다 주었다는 기록있으나 현재 다른곡
	7	호영강습원노래	1922.11.20	미확보	
중·고등학교	1	경기고등학교			
	2	경성공업학교	1949.2.15교가校歌를지어달라한다	○-확인요	경성공업학교→경싱공립공업학교→서울공고로,
	3	경복중학교	1946.3.26		경복중→경복중·고로 분리되고 경복중은 폐교됨
	4	군산남중학교	1953.3.2		
	5	김제금산중·고등학교	1956.4.7		
	6	부산 경남중학교	1953.11.20.		
	7	부산상업고등학교 부산상업중학교	1950.1.9.		현 부산 개성고등학교
	8	부산 개성중학교	1950.4.5	미확보	부탁한개성중학 교가를 지어보냈다는 기록이 있으나 현재 다른 곡
	9	부산 계성여자중학교	1946.10.15	미확보	2000년 도심 공동화 학생 수 감소로 폐교
	10	부안 삼남중학교			
	11	삼례중학교 삼례공업고등학교	1950.8.2		
	12	서울중학체육가	1949.4.10	미확보	
	13	안성농업중학교	1948.1.28	미확보	안성농중安城農中서그 교가校歌를 가져갔다는 기록이 있다.
	14	이리고등학교			
	15	이리공업고등학교	1947.11.29		
	16	이리동중학교	1953.8.7		

	17	인천 박문여중학교	1948.5.9		현 박문중학교
	18	정읍고등학교			
	19	정읍여자고등학교			
	20	정읍중학교	1954.1.31		
	21	진천공립농업중학교	1949.7.9.	미확보	→진천농공고→진천생명과학고→한국바이오마이스터고
	22	천안중학교	1947.10.29		
	23	천안제일고등학교			
	24	충남 아산중· 아산고등학교			
	25	평화의 학원	1949.3.2	미확보	
	26	풍문고녀	1946.1.13		현 풍문고등학교
	27	정읍 호남중· 고등학교	1956.7.6		
대학교	1	국민대학교	1949.4.10		국민대학교교가 지었다는 기록있으나 현재 다른 곡
	2	대구사범대학교	1947.7.28.	미확보	현 경북사범대학교
	3	서울대학교 교가와 응원가	1949.10.11		
	4	수원농대	1946.10.30	미확보	현 서울농대
	5	전북대학교	1953.6.8.		
	6	진주사범대교가	1949.6.4		
기타	1	마라손 환영가	1947.6.21		서윤복선수제패가
	2	부신친일고무공업 사공장가	1949.7.9	미확보	
	3	식목가	1959.4.7. (동아일보)	미확보	
	4	유관순처녀 기념가			
	5	졸업가	1946.	문교부	
	6	학생의 노래	1946.11.25.	미확보	
	7	해방기념가	1946.7.31. 1946.8.9	동광신문 자유신문	
	8	조선특산품장려가	1948.	금융조합	

가람이병기전집 간행·편집위원

간행위원장

김익두(전북대 국문과 전 교수), 한창훈(전북대 국어교육과 교수) * 가나다순

간행위원

유범상(전북대 공과대 전 교수), 유화수(호원대 전 교수), 이경애(전북대 강사), 이래호(강원대 국문과 교수), 이민회(강원대 국어교육과 교수), 이원배(유족 대표), 이택회(남성고 전 교사), 이희경(유족 대표), 황재문(서울대 규장각 교수) * 가나다순

편집위원

김익두, 유화수, 이경애, 이래호, 이민희, 이택회, 한창훈, 황재문 * 가나다순

가람이병기전집 입력·교정자

(전북대학교 국어국문과 교수, 강사, 대학원생, 학생 외 기타)

고은미, 김겸손, 김다혜, 김도영, 김익두, 남상온, 노용무, 노은지, 문선아, 문지영, 박미영, 박주연, 박지학, 박혜숙, 백민자, 손슬기, 송다빈, 신지원, 양서윤, 오선주, 오슬기, 유인실, 유화수, 윤영옥, 이경애, 이래호, 이명애, 이민희, 이수영, 이수진, 이은주, 이숙효, 이지혜, 이진병, 이택회, 이환희, 임고운, 장　천, 장승익, 장조은, 장창영, 전민경, 전재아, 정주리, 조미희, 조인성, 채하름, 최기재, 최나영, 최낙용, 탁경훈, 한보라, 황재문, 허정주, 형성득 * 가나다순

가람 이병기 전집 27

교육학 Ⅲ(표준 문예 독본 · 표준 국문학사)

지은이 이병기
펴낸이 양오봉
펴낸곳 전북대학교출판문화원

초판 1쇄 인쇄 2024. 12. 16
초판 1쇄 발행 2024. 12. 25

전북대학교출판문화원 전북특별자치도 전주시 완산구 어진길 32 (풍남동2가)
전화 (063) 219-5319~5322
FAX (063) 219-5323
출판등록 2012년 8월 20일 제465-2012-000021호

저자 및 출판사의 허락 없이 이 책의 일부 또는 전부를 무단 복제·전재·발췌할 수 없습니다.
잘못된 책은 바꿔 드립니다.

값 28,000원

ISBN 979-11-6372-241-0 04810
ISBN 979-11-87892-59-5(세트) 04810

* 이 책은 2024년도 익산시와 전라북도의 지원에 의해 간행되었습니다.
* 본서에 사용된 작품 및 이미지는 저작권법 제28조에 따라 보도·비평·교육·연구 등을 위해 공표된 저작물을 정당한 범위 안에서 인용할 수 있다는 규정에 의거하여 수록하였음을 밝힙니다.